L. PICAT

RUFFEC

SON HISTOIRE

D'APRÈS LES DOCUMENTS RECUEILLIS

PAR UN VIEUX RUFFECCOIS

— RUFFEC —

IMPRIMERIE & LIBRAIRIE F. DUBOIS

SUCCESSEUR DE L. PICAT

RUFFEC

SON HISTOIRE

L. PICAT

RUFFEC

SON HISTOIRE

D'APRÈS LES DOCUMENTS, RECUEILLIS

PAR UN VIEUX RUFFECCOIS

— RUFFEC —

IMPRIMERIE & LIBRAIRIE F. DUBOIS

SUCCESSEUR DE L. PICAT

PRÉFACE

Par suite de circonstances diverses, nous avons été amené à tenter de combler une lacune : Écrire l'histoire de Ruffec.

Des notes assez nombreuses, trouvées dans les papiers de notre excellent ami, M. Gabriel Frère, avocat, après son décès, furent le point de départ de cette tentative ; un appel à tous ceux qui pouvaient apporter une pierre à l'édifice fut entendu et grâce à une coordination patiente, à de nouvelles recherches pour souder ces éléments épars, nous sommes arrivé à présenter un travail auquel les lecteurs de l'Observateur ont paru s'intéresser depuis que la publication en fut commencée, en septembre 1920.

Bien des points restent encore dans l'oubli, sans doute, mais il appartiendra à ceux qui nous suivent de compléter cet essai d'histoire locale.

Pour nous, notre tâche accomplie, il ne nous reste qu'à remercier tous ceux qui ont bien voulu nous aider et dont les noms sont cités à la suite des documents fournis ou signalés.

Ainsi est ouverte une voie dans laquelle les jeunes feront bien d'apporter leur appoint, car si dans chaque canton on pouvait réunir les renseignements que nous avons groupés ce serait contribuer à établir l'histoire minutieuse de notre belle France.

L. PICAT.

Novembre 1922.

I

RUFFEC DANS L'HISTOIRE

DE L'ANGOUMOIS

Faut-il essayer de parler de l'origine de Ruffec ?

Pour en trouver quelques traces, il nous a paru que le mieux était de parcourir l'histoire de l'Angoumois, en y relevant ce qui a trait particulièrement à notre petite ville.

On a beaucoup écrit sur cette province, moins étendue que le département actuel de la Charente, et qui, à la fin du xviiie siècle, comprenait 361 paroisses ou communautés, transformées en communes en 1790. Il y a eu l'*Histoire du Poitou* par M. Thibaudeau, dans laquelle il a été question d'une partie de l'Angoumois, puis plus tard, en 1725, l'*Histoire de l'Angoumois*, par Gervais, signalant plusieurs points intéressants, et bien d'autres, mais ces ouvrages sont aujourd'hui difficiles à trouver.

Aux temps les plus reculés, une partie du territoire de l'arrondissement de Ruffec dut rester longtemps sous les eaux, comme en témoignent les nombreux échantillons de « pierres calcaires à coquillage » dénommées *ammonites*, que l'on trouve dans les champs et les « chirons » autour de Ruffec, notamment dans la partie nord-ouest, en diverses communes du canton de Villefagnan, du pays mellois et des terrains niortais, encore en marais fertiles, dont les pentes descendent vers l'Océan.

D'après l'*Histoire de la Gaule*, la région de Ruffec, ou plutôt de Vieux-Ruffec, était couverte de bois, et l'organisation défensive des premiers habitants, les Ligures ou « hommes des bois », consistait en lieux de refuges perchés pour la plupart dans les sites les plus inaccessibles ou en pleine campagne, et où, au moment du danger, les combattants enfermaient leurs femmes, leurs enfants et leurs richesses.

Dans son étude sur les premiers habitants du Poitou, M. Chauvet, président des Antiquaires de l'Ouest, a écrit :

« Les hommes d'alors (période de la pierre taillée), recherchaient surtout les pays calcaires, dont les terrains perméables permettaient à l'eau de s'infiltrer rapidement dans le sous-sol, et qui donnaient les beaux silex indispensables pour la fabrication des armes et des outils.

« Suivant la juste observation de M. Lièvre, dans son ouvrage *Les Temps préhistoriques dans l'Ouest*, ils y pouvaient circuler et chasser à travers des forêts peu touffues, partout découpées de clairières arides. Ils hésitaient à s'engager dans les forêts inextricables qui plus tard seront la Gâtine et le Bocage. »

Afin de se défendre contre les grands carnassiers ils construisaient leurs huttes dans des îlots, sur les bords des rivières, peut-être aussi sur des arbres, comme certains sauvages modernes.

Avec l'âge de la pierre, à l'époque des grandes migrations des Celtes et aux temps préhistoriques, sont venus les dolmens, les tumulus ou *tumuli*, qui depuis longtemps ont fait l'objet des recherches les plus minutieuses et dont les détails, soigneusement réunis, groupés avec méthode, ont permis de jeter une lumière assez indécise sur ces époques lointaines. Comme presque partout dans l'ancienne Gaule, ces témoignages de l'occupation par des peuplades venues de partout ne manquaient pas en Angoumois ; ils prouvent que, dès les temps les plus reculés, notre pays était recherché. En effet, Limousin, Poitou et Saintonge étaient cotés pays de grands passages.

« Les temps préhistoriques pour nos régions de l'Ouest s'arrêtent à la conquête romaine, disait le *Bulletin de la Société archéologique et historique de la Charente*, en 1885.

« Nous n'avons sur nos contrées que de rares et vagues renseignements fournis par les géographes grecs ; il ne peuvent servir de base à une histoire. Aussi les populations qui précèdent immédiatement César ont-elles été classées par quelques archéologues dans une période indécise qu'ils ont appelée temps *protohistoriques* ; c'est pour nous l'âge du fer.

« Avant cette époque, nous n'avons pas de textes, et pour connaître les anciens peuples qui nous ont précédés sur notre sol, il faut recueillir et étudier les objets qu'ils ont laissés dans leurs tombeaux, dans les retranchements où ils se sont retirés, dans les cavernes et dans les huttes qu'ils ont habitées. »

Depuis les Gaulois jusqu'à nos jours, disait un ministre vers 1860, des monuments de toute espèce ont couvert le sol de la France. Quelques-uns ont complètement disparu, d'autres encore en grand nombre restent debout ou nous sont signalés par des

ruines. Ces monuments, qui révèlent à l'artiste les
variations successives de l'art et du goût, peuvent
aussi fournir à l'historien d'utiles indications sur
l'état politique, intellectuel et moral de chaque siècle.
Si des dessins et des descriptions fidèles nous en
avaient reproduit les formes et les dimensions, si
seulement un relevé exact nous en avait donné le
dénombrement, que de problèmes pouvaient être
résolus, que de lumière projetée sur des questions à
jamais douteuses !

Des voix autorisées se sont plus d'une fois élevées
contre le vandalisme qui, dans les provinces surtout,
s'est attaché à détruire tout ce que les siècles nous
avaient légué, mais les moyens proposés pour arrêter
les progrès de cette rage dévastatrice ont été impuis-
sants. L'ignorance d'une part, l'intérêt de l'autre, ont
aidé le temps à accomplir son œuvre destructive.

C'est ainsi qu'on ignore presque entièrement quelles
étaient les croyances religieuses des premiers Gaulois.
Les pierres dites « druidiques » ne révèlent point un
culte qu'on puisse définir, elles n'indiquent aucun
attribut de la divinité. En un mot, nous n'avons rien
de net sur la religion des Gaulois tant qu'ils demeurèrent indépendants et que du fond de leurs forêts ils
échappèrent à toute influence étrangère. La Bretagne,
avec ses innombrables « mehnirs » de Carnac et ses
spécimens si variés, semble bien avoir été la terre
privilégiée de ces installations.

Les dolmens, ou tables de pierre, formés d'une
masse plate supportée horizontalement par plusieurs
roches verticales, étaient très nombreux en Angoumois.
Il y avait aussi les demi-dolmens, formés d'une pierre
inclinée reposant d'un côté sur le sol et soutenue à
l'autre extrémité comme il a été dit. La table des

dolmens était quelquefois percée d'un ou même plusieurs trous.

L'arrondissement de Ruffec a compté et compte
encore de nombreux spécimens de ces pierres énormes
qu'on dit avoir été des tables de sacrifice sur lesquelles
nos ancêtres primitifs immolaient des animaux, et
parfois leurs semblables, pour rendre hommage aux
dieux ou se concilier leurs faveurs ; les tumulus, qui
marquaient les tombeaux des chefs, n'y étaient pas
rares. Ruffec a eu aussi son dolmen et il y a moins
d'un siècle on pouvait voir sur le plateau (cote 113)
qui se trouve à gauche de la route de Ruffec à
Condac un de ces mastodontes en pierre calcaire,
dans un champ qui porte encore le nom de « Pierre
levée », assez souvent attribué dans de pareilles
circonstances.

L'histoire de l'art présente une troisième et brillante
période, déterminée par l'arrivée de César sur le sol
des Gaules. Les Romains apportèrent une civilisation
qui changea la face des productions antérieures. De
toutes parts des camps s'établirent pour étendre et
conserver la conquête : des silos, des magasins militaires furent placés sous leur protection, et les
premiers autels des divinités romaines s'élevèrent
devant les tentes consulaires. Les alliances avec plus
d'une république gauloise commencèrent les mélanges
de religion et de mœurs. L'art, prêtant son concours
aux Druides, interpréta leurs idées religieuses et les
traduisit sur des monuments durables.

C'est particulièrement au début de ces importations
étrangères que l'art put être qualifié de Gallo-Romain
par la liaison intime qui s'établit alors dans les productions des deux peuples ; c'est donc à cette époque
que l'on peut attribuer en général les monuments de

sculpture offrant des divinités étrangères à Rome, des costumes, des usages du peuple soumis. On y peut rencontrer des silhouettes de Druides, des noms gaulois écrits en caractères romains, mais faciles à reconnaître aux racines et aux terminaisons barbares; des emblèmes, des nombres mystérieux, des branches de guy ou de chêne, des instruments sacrés ou d'un usage inconnu.

La présence d'une basilique était une condition indispensable pour les villes qui devaient être élevées au rang de municipe (ville soumise à l'autorité de Rome et qui participait aux droits de cité romaine, tout en se gouvernant par ses propres lois). Cet édifice, placé sur le forum et consacré aux transactions de négoce, ainsi qu'au tribunal, était la bourse de nos villes modernes.

Mais la distribution intérieure de ces basiliques, uniquement formée par des colonnes isolées; l'absence des voûtes en pierre, qui n'avaient pas encore remplacé les plafonds en bois; le peu d'épaisseur qu'une construction aussi légère avait fait donner ordinairement aux murs extérieurs, furent les causes de la destruction presque générale de ces monuments. Un autre motif de destruction non moins puissant fut l'emploi que firent les premiers chrétiens des riches colonnes de ces basiliques pour en décorer leurs églises, établies sur des dispositions analogues. La grande similitude qui régna entre ces deux genres d'édifices a fait souvent confondre les ruines d'une basilique romaine avec celles d'une église primitive.

De cette époque on a trouvé aussi et on trouve encore en France, en fouillant le sol, des armes, des ustensiles d'un usage civil ou religieux, des poteries et des monnaies. Tout près de Ruffec, la découverte d'un cimetière gallo-romain, en 1897, à Condac, a mis à jour plusieurs de ces objets, qui témoignent de la véracité des renseignements publiés à ce sujet. Il n'est guère de partie de la France, du reste, qui ne puisse fournir des découvertes de ce genre.

On comprend l'impossibilité de donner à ces vieilles histoires des dates précises, surtout quand on saura que les nombreux écrivains qui se sont occupés de l'histoire de l'Angoumois ont gémi sur les lacunes qui, forcément, ont été constatées.

Voyons un peu ce qui a trait à Ruffec et à son origine.

Dans ses *Notes rétrospectives sur Ruffec et ses environs*, M. Favraud, membre de la Société archéologique de la Charente, dit qu'elle se perd dans la nuit des temps et que l'histoire est absolument muette sur sa fondation, son développement et les faits et gestes de ses habitants. Si nous examinons le nom même de la localité, ajoute-t-il, nous lui trouvons une origine celtique, nom donné par les Romains à la partie de la Gaule ancienne comprise entre la Seine et la Garonne. Et poursuivant, de déduction en déduction, il arrive à conclure que *Rou* en celtique désignant chêne, Rouffec ou Ruffec signifierait donc : *Où il y a des chênes*. Il parle de la forêt de Ruffec pour appuyer ce témoignage.

Une autre preuve, plus probante, de l'origine celtique de Ruffec, serait les nombreux monuments de cet âge existant dans les environs : dolmen de Ruffec, tumulus de Cuchet, commune de Barro ; polissoir de La Chèvrerie, nombreux débris de silex dans les champs avoisinant la ville, etc.

Après avoir fait remarquer que l'époque romaine n'a pas non plus laissé grand'chose, si ce n'est la voie de Poitiers à Angoulême et celle de Charroux à

Aulnay, M. Favraud conclut ainsi : « Seul dans sa forêt, Ruffec doit être sans histoire pendant la période franque et même sous les Carlovingiens (751 à 987).

Une autre théorie relative à l'origine du nom de Ruffec voudrait qu'il vînt de « *Rufiacus* ». Ce serait alors le nom du domaine d'un certain *Rufus*, probablement un riche propriétaire gallo-romain.

A ce sujet, nous avons reçu de M. Emilien Traver, avoué à Melle, membre de la Société historique des Deux-Sèvres, un érudit qui a eu l'occasion de faire ses preuves dans l'étude des beaux monuments anciens de son pays, la lettre suivante, qui fait la lumière sur ce point important, l'origine du nom de Ruffec :

Monsieur,

J'ai lu avec beaucoup d'intérêt la *Chronique ruffeccoise* de M. Picat et je vous prie de vouloir bien m'inscrire comme souscripteur à la publication que vous projetez de faire paraître sous le titre : *Ruffec (son histoire)*.

Je me permettrai de présenter au patient chercheur qui a reconstitué d'une manière si documentée et si vivante le passé de votre ville, quelques observations au sujet de l'origine du nom de Ruffec.

Depuis une quarantaine d'années, grâce aux travaux de M. d'Arbois de Jubainville et de M. Longnon, la science qui a pour objet l'origine des noms de lieux, ou *toponymie*, a fait des progrès immenses et est arrivée à des résultats que personne ne peut plus contester.

L'ingénieuse hypothèse de M. Favraud, d'après laquelle Ruffec viendrait du celtique *Rou*, désignant le chêne, ne saurait être admise. D'ailleurs, il n'est point établi que dans l'ancienne langue celtique il y ait eu un terme *Rou* pour désigner le chêne. L'ouvrage de M. Dottin, paru en 1920, qui contient tout ce que l'on sait sur la *langue gauloise*, ne cite point ce mot.

Le mot *Ruffec* est, très certainement, un nom d'origine gallo-romaine. Il vient de *Rufiacus* et indique le domaine de son fondateur, qui se nommait *Rufius* ou *Ruffius*. *Rufius* est un nom de famille, ou *gentilice* romain, qui vient lui-même du surnom (*cognomen*) *Rufus*, lequel signifie *Le Roux*.

Il suffit, à cet égard, de se reporter à l'ouvrage de M. d'Arbois de Jubainville, intitulé *Recherches sur l'origine de la propriété foncière et des noms de lieux habités en France*, pages 306 et 307, et à la remarquable *Etude historique et étymologique des noms de lieux habités de la Côte-d'Or*, par MM. Berthoud et Matruchet, page 122.

Le cours de M. Longnon (le maître incontesté de la toponymie), dont la publication a commencé en 1920, chez Champion, indique également la même étymologie (voir page 84).

Dans les pays de langue d'oc, les noms de lieux gallo-romains en *-acus* ont formé les noms en *-ac*, si répandus dans tout le Midi de la France. Dans d'autres régions, ces noms ont donné des finales en -ay, -ey, -é, -y. Exemple : Lezay, Vaudrey, Juillé, Montigny.

Dans le Poitou et la Saintonge, la forme *acus* s'est transformée en *ecus*. Au début du XIV° siècle, on notait encore en -ec la finale, à présent réduite à -é, des noms Latillé, Ligugé, etc. D'ailleurs, ainsi que le fait remarquer M. Longnon, cette finale -ec et sa variante -ecq subsistent encore dans Cersec, Pressec, Lirec (Vienne), Aizecq, Chassiecq, Ruffec (Charente), Prahecq, Sciecq (Deux-Sèvres), par exemple.

De *Ruftacus* ou *Rufftacus* viennent les dix-neuf noms de communes suivants : Roffey ; Rofflac ; sept Roufflac ; Rouffy ; deux Ruffec (Charente et Indre) ; trois Ruffey ; deux Rufflac ; Ruffieu ; Ruffieux.

C'est ainsi que la toponymie éclaire d'une lumière toute spéciale l'origine de nos villes, de nos bourgs et de nos villages.

Veuillez agréer, etc.

Emilien TRAVER.

Voici donc mise au point, avec toute autorité, une question jusqu'ici restée dans l'ombre.

Un écrivain prétend que l'histoire particulière de cette partie de la Gaule aquitanique (de la Loire aux Pyrénées), qui comprenait l'Angoumois et par suite le département actuel de la Charente, n'est point connue avant l'invasion de César (l'an 701 de Rome et 53 de l'ère chrétienne) et l'est bien peu depuis cette époque jusqu'à 848, date de la nomination des premiers comtes d'Angoumois par Charles-le-Chauve, roi de France.

L'auteur de la *Statistique départementale de la Charente* ajoute : Au commencement du vᵉ siècle, les Vandales ayant passé le *Rhin* et s'étant réunis aux Alains, se répandirent dans les Gaules, occupées pendant plus de quatre siècles par les Romains, les ravagèrent et pénétrèrent en 406 jusque dans l'Aquitaine, qui en était la province la plus belle et la plus fertile.

La venue de Clovis, en 507, établit son autorité sur le Poitou, la Saintonge, le Bordelais, l'Auvergne, le Quercy, le Rouergue, l'Albigeois et le Toulousain.

La prise d'Angoulême, en 508, fut le couronnement de cette campagne, mais ne fut point la fin des guerres qui devaient désoler ces territoires.

C'est au cours du règne de Clotaire II que fut réunie sous ses lois, en 613, toute la monarchie française, qu'il transmit à son fils, le légendaire Dagobert Iᵉʳ.

D'après les notes recueillies, en 963, époque à laquelle Guillaume, comte du Poitou et duc d'Aquitaine, aliéna une partie de son comté et le donna pour fief à Guillaume Taillefer II, — c'est cette partie du Poitou qui devait devenir la terre de Ruffec, — il n'y avait sur l'emplacement qu'occupe Ruffec ni ville ni village. Il existait seulement une *villa* ou ferme ayant appartenu à un certain *Rufus* ou *Ruffiacus*, dont le nom resta à notre ville, qui releva longtemps du *pagus* ou *bourg* de Brioux (Deux-Sèvres). Le *pagus* était la cité rurale gallo-romaine. Ce cadre du *pagus*, modifié par les invasions et la féodalité, s'est pourtant conservé, attestant la vitalité de la civilisation gallo-romaine.

Guillaume Taillefer II appartenait à la grande famille de soldats aventuriers et conquérants dont Guillaume Iᵉʳ fut le fondateur. Guillaume le Noble fut un seigneur de Ruffec, surnommé Taillefer parce que, dans une bataille contre les Normands, il avait pourfendu jusqu'à la ceinture, d'un coup d'épée, le chef ennemi, malgré l'armure dont il était couvert. Cette légende, qui a survécu au temps, devait être basée sur un fait grossi sans doute, mais qui témoigne de la vigueur de nos aïeux.

Guillaume Taillefer II prit donc possession de son fief en 963. Après avoir reçu l'investiture de son suzerain (le roi Lothaire) et parcouru son nouveau domaine, il voulut y construire un château fort qui commanderait au fief tout entier et chercha un endroit propice. Son choix se porta sur le lieu dit *villa Ruffiaco*, qui devait plus tard être Ruffec.

Nous en reparlerons, car pour rendre notre travail plus facile à suivre, nous le diviserons en plusieurs chapitres : D'abord un aperçu de l'histoire de l'Angoumois ; puis, pour Ruffec : le château, la ville, les églises, le cimetière, etc. Pour l'instant, revenons aux origines de notre petite cité, dont le nom est assez rarement mentionné dans l'histoire de l'Angoumois.

En 991, Guillaume Taillefer II, qui fut un des fondateurs de l'abbaye de Nanteuil, aliéna Ruffec en faveur du vicomte de Marcillac, Oldéric.

Une notice sur l'abbaye de Nanteuil, due aux patientes recherches de M. Rempnoulx-Duvignaud, raconte qu'au temps du roi Eudes (887-893), d'après Corlieu, « les Normans, gens cruels et déloïaux, descendus sans nombre de leur païs, couroyent comme formis et riblayent toutes les Gaules, et mêmement l'Aquitaine ; à la venue desquels le peuple se retire avec ce qu'il peut de ses biens ès-lieux plus forts de la haute Aquitaine. »

C'est du temps de Guillaume II que l'histoire fait mention de la seigneurie de Ruffec, qui lui fut donnée en fief avec celles de Confolens et de Chabanais.

On trouve citée en 1025 la *villa Ruffiaco*, du *pagus* de Brioux.

Ruffec fut également le chef-lieu d'un archiprêtré de l'archidiaconé de Briancay (Brioux) au diocèse de Poitiers, ce qui justifie que sous la domination romaine il faisait partie de la cité des Pictons ; il releva de cet évêché jusqu'à la nouvelle organisation de la France. Sa juridiction archipresbytérale s'étendait sur quarante paroisses.

D'après M. Beauchet-Filleau, le savant et patient chercheur poitevin, trois conciles se tinrent à Ruffec, en 1258 et 1304, sous la présidence du pape Clément V (Bertrand de Goth), puis en 1327.

D'après ce même auteur, en 1025, Guillaume, vicomte de Marcillac, et son frère Oldéric, étant en guerre avec leur autre frère, Alduin ou Audouin, le plus jeune, qui avait eu en partage la terre de Ruffec, se saisirent de lui par trahison; lui coupèrent la langue, lui crevèrent les yeux et s'emparèrent de ses biens. A cette nouvelle, Guillaume II, comte d'Angoulême, fit la guerre aux traîtres, les força à demander grâce et remit Ruffec à son infortuné seigneur, après avoir brûlé le château de Marcillac.

La baronnie de Ruffec conserva ses seigneurs particuliers jusqu'au xve siècle.

En 1150, il est dénommé un seigneur du nom de Jean de Ternay.

Le *Bulletin de la Société archéologique de la Charente* de 1893 a publié la liste des abbesses, prieurs et chapelains de l'Angoumois, depuis 1152 jusqu'à la Révolution.

En 1201, il est question d'Hyrvoix comme seigneur de Ruffec, qui avait abandonné 65 sous 8 deniers à l'abbaye de Nanteuil, à prendre sur les bouchers de la ville de Ruffec.

Et dans la lecture des documents consultés, on trouve des choses inattendues.

Ainsi, d'après une communication faite par M. Touzaud à la Société archéologique le 13 février 1895 et empruntée au *Correspondant*, dans son *Histoire économique de la propriété et des salaires depuis 1200 jusqu'à 1800*, contrairement aux idées reçues, le droit de chasse au profit des classes privilégiées de l'ancien régime ne remonte pas au-delà du xvie siècle. Auparavant, la chasse était libre pour tout le monde; ou même, dans certains domaines, à raison de la grande quantité d'animaux sauvages qui s'y trouvaient, la chasse constituait une obligation pour le seigneur.

Un autre établit que pendant longtemps, jusqu'à plus de moitié du xviiie siècle, la culture du safran était un grand objet de commerce en Angoumois. Diverses communes de l'arrondissement de Ruffec : Bayers, Verteuil, Moutonneau, Mansle, Salles, La Forêt-de-Tessé, étaient parmi celles qui en cultivaient le plus.

Des pièces authentiques, datées du 15 septembre 1390, ont établi que Ruffec se trouvait traversé par la voie romaine qui allait d'Angoulême à Poitiers, suivant la même ligne que la route nationale d'aujourd'hui, par Mansle, Touchimbert, la Chaussée, et vers le nord les Maisons-Blanches, Chaunay, Couhé, Vivonne, etc.

Les caractères principaux des voies romaines connues en France étaient : leur peu de largeur, qui dépassait rarement six ou sept mètres; leur forme bombée ; leur direction, presque toujours en ligne droite ; leur situation sur les plateaux ou à mi-côte des hauteurs ; la profondeur de l'empierrement, divisé en plusieurs couches distinctes de matériaux ayant parfois jusqu'à plusieurs pieds d'épaisseur. Assez souvent on a constaté, dans les couches inférieures, l'emploi de terre glaise ou de masses de terre cuite, ou enfin de briques ou de tuiles. Généralement, la couche inférieure était formée de dalles plates : c'était le *statumen*. Au-dessus, une couche de sable ou de glaise, selon les régions. Puis une couche de cailloux bruts ou « *ruderatio* » noyés dans la chaux. Enfin, la couche supérieure était formée de cailloux ou de pierres taillées en pavés.

Quelques-unes de ces voies antiques, surtout dans le Midi, étaient pavées de pierres énormes, taillées irrégulièrement, mais assemblées avec beaucoup de précision.

En 1346, Aliénor, seule héritière de la baronnie de Ruffec, qui était un partage du comté d'Angoumois, épousa Hervé de Volvire, sixième aïeul de Philippe de Volvire, en faveur duquel cette baronnie fut érigée en marquisat le 1er janvier 1588, au profit d'Anne de Daillon, sœur du comte de Lude, gouverneur du Poitou.

Par le traité de Brétigny, près de Chartres (mai 1360), le comté d'Angoumois fut cédé à Edouard III, roi d'Angleterre, avec la Gascogne, là Saintonge, le Poitou, etc., jusqu'à la Loire. En 1361, le prince de Galles s'empara d'Angoulême, qui avait résisté, et s'y installa avec sa femme. En 1372, les habitants de cette ville chassèrent les Anglais et remirent la cité au roi Charles V, qui les en récompensa par lettres patentes du mois de mars 1373. Néanmoins, la guerre continua dans le pays jusqu'en 1386, époque à laquelle les Anglais en furent définitivement chassés.

En 1364, après la fête de Saint-Barnabé, qui, on le voit, est très ancienne dans le pays, il est dit qu'un sieur Jehan Pallardi, chevalier, comme tuteur de Jehan, sire de Ruffec, mineur d'âge, rend un aveu pour la terre et châtellénie de Ruffec à Me Edouard aisné, fils au noble roy d'Angleterre, prince d'Aquitaine et de Galles, en regard de son comté d'Angoulême.

En 1392, Charles VI donna l'Angoumois à son frère Louis, duc d'Orléans, assassiné le 23 novembre 1407, lequel le transmit à Jean, le plus jeune de ses fils.

De 1460 à 1470, Jean de Volluyre est désigné comme seigneur de Ruffec.

Des quatre enfants laissés par Philippe de Volvire, ce fut l'aîné, autre Philippe, qui lui succéda en cette qualité. Philippe de Volvire laissa d'Aimerie de Rochechouart une seule fille, Eléonore, mariée en 1631 à François de l'Aubespine, marquis de Châteauneuf-sur-Cher, dont la fille Charlotte épousa en 1672 Claude de Rouvroy, duc de Saint-Simon, père du célèbre auteur des *Mémoires*, qui vint à Ruffec à différentes reprises, bien que ses mémoires n'en parlent point.

La terre de Ruffec resta dans cette maison jusqu'en 1763, époque à laquelle elle fut acquise par le comte Charles de Broglie, lieutenant-général des armées du roi, ambassadeur de France près du roi et de la république de Pologne, chef de la diplomatie secrète, qui la possédait encore à la Révolution.

Le marquisat de Ruffec recevait les hommages de 50 terres nobles, dont la Vergnée, Londigny, La Faye, Valence, etc., et s'étendait sur 32 paroisses. Nous y reviendrons un peu plus loin.

A l'avènement au trône de François Ier, le pays se ressentit des dispositions bienveillantes de ce dernier pour cet Angoumois qui l'avait vu naître (il était né à Cognac).

Un petit ouvrage fort intéressant, ayant pour titre *Album historique des Deux-Charentes* et publié à Angoulême, sans date, relate que François Ier naquit à Cognac le 12 septembre 1494, fils de Charles d'Orléans et de Louise de Savoie. Sa mère, en revenant de se promener dans le parc du château, fut surprise par les douleurs de l'enfantement et accoucha de ce gros garçon, comme le nommait Louis XII, sous un arbre, longtemps célèbre dans la contrée, appelé Orme-Fille. « L'arbre a disparu et on l'a remplacé par une espèce de petit monument que l'on prendrait pour un tombeau, s'il ne ressemblait davantage à un buffet ».

Le jeune prince grandit sous l'œil de sa mère, en même temps que sous la direction intelligente du seigneur de Boissy, Arthur Gouffier, qui lui inspira de bonne heure un goût très vif pour les lettres, mais sans le détourner complètement des licences de la cour somptueuse que tenait sa mère au château de Cognac.

A partir de cette époque, l'Angoumois n'a plus d'histoire particulière.

François Ier, devenu roi de France en 1515, fut le dernier comte d'Angoulême.

Louise de Savoie jouit pendant seize ans du duché d'Angoulême qui, en 1548, fut réuni à la couronne, sous le règne de Henri II.

Le *Bulletin de la Société archéologique* a publié en 1885 des documents intéressants sur la capitale de l'Angoumois au début du xvie siècle. Les voici :

Le premier jour d'avril 1502, on voit tout à coup le corps de ville d'Angoulême prendre des mesures inaccoutumées pour la garde des portes, comme si l'ennemi menaçait la place. Personne ne peut entrer sans une autorisation du maire ou des officiers de la comtesse.

L'ennemi qu'on redoute et qui s'approche par La Rochelle, Niort, Poitiers, Saint-Jean-d'Angély, Cognac, La Rochefoucauld, Agris, Vouzan, Brie, Le Pontouvre et Roffit, c'est la peste.

Comme plusieurs malades ont déjà succombé, le maire et les échevins font conduire hors des murs les veuves, les enfants et les meubles des premières victimes de la contagion et renvoient aussi tous ceux qui les ont approchés durant leur maladie.

Mais ce n'est pas seulement la peste qui est à Angoulême, c'est aussi la disette, et le corps de ville est obligé en même temps de pourvoir à la nourriture des indigents.

Le blé demeurait rare, et il y avait encore près de quatre mois à passer avant la récolte. Trois personnes furent gagées pour recueillir à domicile les aumônes de toute nature, pain, vin, viande qui étaient distribuées aux malheureux chassés de leurs foyers.

Mais cela ne suffisait pas à la « nécessité du pauvre peuple, » car on n'était point riche sur le plateau d'Angoulême. On était, il est vrai, plus pauvre encore dans la banlieue, et chaque jour la misère montait des faubourgs et de la campagne aux portes de la ville. Les échevins, les conseillers et les pairs, qui ont, comme dans toutes les circonstances graves, appelé avec eux les notables à la maison commune, décident que « le pain sera décoppé à lopins convenablement pour la substantation de chacun pauvre pour un jour, si possible est, et après distribueront le pain et aumône tant à ceux du dehors que du dedans. »

La misère du moins était un mal connu, auquel on savait ce qu'il fallait, mais il n'en était pas de même de l'autre; la science médicale n'existait pas; docteurs, chirurgiens et barbiers n'en savaient pas beaucoup plus que les autres; on s'adresse à eux pourtant: le maire est chargé, avec le procureur de la ville, de voir M° Vincent et les autres médecins et de « faire prix avec eux s'ils veulent s'avanturer d'aller visiter les malades. »

Pareillement a été appointé que mondit sieur le maire ou les procureurs de céans marchanderont avec quelques gens, soit hommes ou femmes, pour ensevairer, porter et ensevel.r ceux qui seront trépassés de maladies contagieuses, comme peste ou de mal chaud, et sera marchandé combien on payera pour chacun corps trépassé, et est entendu de ceux qui n'auront de quoi eux faire ensevairer et ensevelir.

Autre commandement était fait à tous les habitants « qu'ils n'ayent aucunement manier et poteller aucune chair ou viande qu'ils voudront acheter aux bancs à bouchers, font seulement qu'ils marchanderont avec un petit bâton blanc ce qu'ils voudront acheter, et aussi sera fait commandement aux bouchers d'ainsi en faire user chacun à leurs bancs, et ce à peine d'amende. »

Les bourgeois font eux-mêmes la garde aux portes pour reconnaître les gens qui se présentent.

Les finances de la ville souffrent elles aussi. Ceux qui ont pris à ferme la perception des revenus communaux sont en prison pour défaut de paiement ou demandent à résilier.

Vers la fin de juin le fléau redouble de violence. Les notables fuient; on ne sait pas où est l'autorité; des désordres se produisent. En décembre, la peste a cessé. Mais les finances de la ville furent longtemps à se remettre de cette rude année 1502; on ne put même pas faire aucune réparation aux remparts, dont l'entretien était en temps ordinaire le plus gros article du budget et l'objet des préoccupations constantes de la municipalité.

La peste passée, la misère et la famine continuèrent leur œuvre et entretinrent longtemps la mortalité.

Sous François II et Charles IX (1558 à 1574), le duché d'Angoumois fut en proie à tous les désastres accumulés par les guerres atroces dites de religion dont un historien, M. Charles Lacretelle, a retracé ainsi les grandes lignes :

A cette époque funeste, toute la France fut couverte de deuils, mais ce fut dans les provinces au-delà de la Loire que les fureurs des partis se déployèrent avec le plus de violences. Au nom de la religion, l'humanité fut méconnue par les deux partis, dont les prêtres et les ministres bénissaient tour à tour les exploits. Des villes entières furent abîmées ; des milliers d'hommes tombèrent sous le glaive de leurs frères ; les femmes et les vieillards furent massacrés ; d'immenses bûchers dévorèrent nuit et jour d'innombrables victimes ; des enfants arrachés au sein de leur mère y furent jetés sans pitié ; le bois vint à manquer à ces horribles embrasements et la cruauté ingénieuse inventa de nouveaux genres de supplices... Bientôt, le royaume entier fut en feu. Notre beau pays d'Angoumois n'échappa point à ces horreurs, dont le souvenir devrait suffire à éloigner toute pensée de guerre civile.

L'hiver de 1568 à 1569, un des plus rigoureux du siècle, vint encore aggraver cette situation désastreuse, et la fameuse bataille de Jarnac fut un des côtés saillants de cette époque troublée. C'est là que fut tué le prince de Condé, à l'âge de 32 ans.

Dans un travail de M. de Gigon, sous-intendant militaire de 1re classe, sur la bataille de Jarnac et la campagne de 1569 en Angoumois, il est dit :

La campagne de printemps de l'année 1569, qui était la continuation des opérations entamées pendant l'automne de 1568, en Poitou et en Angoumois, est l'épisode le plus saillant de l'histoire militaire de l'Angoumois. C'est à peu près la seule guerre dont notre pays ait été le théâtre, qui ait trouvé place dans l'histoire générale de la France.

Les historiens y ont consacré quelques lignes extraites, suivant le tempérament de l'écrivain, des mémoires protestants ou catholiques de l'époque, car c'est bien d'une guerre religieuse qu'il s'agissait.

M. de Gigon, après avoir déclaré que son travail est exclusivement militaire, retrace la composition des armées au xvie siècle, leur armement, leur tactique, en un mot leurs conditions d'existence et d'action.

Le prince de Condé, chef des troupes protestantes,

craignant une arrestation par ordre de la reine Catherine de Médicis, décidée à rompre la paix de Lonju-
meau, s'était réfugié à Verteuil, chez le comte de
La Rochefoucauld, d'où il gagna La Rochelle vers le
14 septembre, pour organiser des levées de troupes.

Le roi Charles IX, apprenant cela, révoqua l'édit
de pacification et ordonna la constitution d'une armée
à Orléans, dont le duc d'Anjou fut nommé généralissime.

Les forces royales étaient peu nombreuses ; quelques compagnies de gendarmerie tenaient seules
garnison dans l'ouest, tandis que l'infanterie régulière
garnissait les places de la Picardie, de la Champagne
et du Piémont ; les châteaux-forts et places de
l'intérieur étaient à peine défendus par des vétérans
peu nombreux et mal commandés, ce qui explique
les succès faciles des protestants au début de la
campagne.

De La Rochelle, le prince de Condé avait fait un
appel pressant aux réformés de toutes les provinces
de France, à la reine d'Angleterre et aux princes
protestants d'Allemagne, qui promirent à bref délai
des secours en hommes et en argent. Avec le premier
noyau de troupes rassemblé et composé spécialement
de Poitevins, de Saintongeais et d'Angoumois, le chef
huguenot se porta au-devant de la reine de Navarre,
qu'il joignit à Archiac.

D'autres renforts lui parvinrent en octobre et le
mirent à même de constituer une armée de 10 à 12.000
arquebusiers et de 3 à 4.000 chevaux, qui lui permirent de se rendre maître sans difficulté de presque
toutes les places fortes du Poitou, de la Saintonge et
de l'Angoumois.

Des cartes géographiques, intercalées dans le *Bulle-*

tin de la *Société archéologique* de 1895, permettent de suivre exactement les opérations.

De son côté, le duc de Montpensier qui, sous la haute direction du duc d'Anjou, avait sous ses ordres une armée de 10 à 12.000 hommes de pied et 4 à 5.000 chevaux, se trouvait à Châtellerault le 4 octobre, poursuivant sa route par Poitiers sur Confolens, pour essayer de venir en aide au défenseur de la ville d'Angoulême, le marquis de Mézières, qui se rendit le 19 de ce même mois.

Après des péripéties militaires assez émouvantes, le duc de Montpensier fut appelé à remonter vers le nord, par Ruffec et Civray, pour rallier le généralissime qui, parti d'Orléans le 25 octobre, avait établi à Châtellerault le quartier général des royaux, comprenant alors 12.000 hommes de pied français, 6.000 Suisses, 7.000 chevaux et 8 pièces de canon.

Les protestants avaient des forces à peu près égales, mais quand les avant-gardes de Condé rencontrèrent l'armée royale, bien postée, Condé leur fit repasser la *Vienne* et s'installa près de Lusignan.

Malgré les rigueurs d'un hiver que l'on a qualifié d'exceptionnel, différents combats eurent lieu entre les deux armées, avec des alternatives variées, lorsqu'enfin, les troupes des deux armées dépérissant par les maladies contagieuses et la désertion, elles furent contraintes de prendre leurs quartiers d'hiver le 1er janvier 1569.

La reprise des hostilités eut lieu vers la mi-février et cette campagne du printemps se déroula presque entièrement dans les vallées de la *Vienne* et de la *Charente*, sommairement décrites par l'auteur.

Il y est dit que dans la région qui nous intéresse plus spécialement, c'est-à-dire dans les bassins moyen et inférieur de la *Charente*, il existait au XVIe siècle peu de bonnes routes. Les principales, presque toujours d'anciennes voies romaines, étaient celles de Poitiers à Angoulême (de Ruffec à Mansle sur la rive droite de la *Charente* et de Mansle à Angoulême sur la rive gauche, par Tourriers et le pont de Touvre) ; de Saintes à Limoges, par Rouillac, Agris, La Péruze et Saint-Junien ; de Saintes à Angoulême, etc., et de Ruffec à Rouillac, par Aigre.

Tandis que les catholiques formaient une ligne qui s'étendait en arrière de la *Loire* et de la *Vienne*, de Saumur à l'Isle-Bouchaud, sur une longueur de plus de 48 kilomètres, les protestants s'étaient disséminés dans leurs places fortes du Poitou, de l'Angoumois et de la Saintonge, avec leur quartier général à Niort. Leur position était particulièrement forte sur la *Charente*, qui formait face à l'est comme le fossé d'un grand redan dont les flancs étaient fortifiés au nord par Civray, Ruffec et Verteuil ; au sommet par Angoulême et au sud par Châteauneuf, Jarnac, Cognac et Saintes. Ces villes fortes gardaient presque tous les ponts et l'armée ennemie, une fois rassemblée à Saint-Jean-d'Angély, avait toute facilité pour déboucher à son gré sur l'un ou l'autre flanc. La position des réformés paraissait difficile à attaquer ; néanmoins, leur grande dissémination, nécessitée par le manque de ressources budgétaires, était un inconvénient sérieux ; d'autant plus que dans ces régions épuisées par le passage et l'occupation des armées depuis le commencement de la campagne, on n'était pas certain d'y pouvoir vivre encore quelques mois.

L'armée royale se mit en route le 14 février et remonta la *Creuse* avec l'intention de se porter sur Limoges par Le Blanc, Montmorillon et Bellac, si les réformés se trouvaient dans la vallée de la *Vienne*. Un arrêt à Montmorillon, position centrale, permit l'arrivée des renforts attendus.

Des considérations militaires, étudiées à Confolens, décidèrent le duc d'Anjou à poursuivre sa marche en avant pour se rapprocher de la *Charente* et empêcher l'armée de Condé de se replier sur le midi. Après avoir couché le 26 à Champagne-Mouton, l'armée royale arriva le 28 au pont de Verteuil.

Pendant le séjour de Confolens, des détachements envoyés par Biron, maréchal de camp général, s'emparèrent de Civray et de La Rochefoucauld, où le commissariat de l'armée établit des magasins de subsistances.

Le château de Verteuil, résidence des La Rochefoucauld, situé sur la rive droite de la *Charente*, n'était pas défendable et ne se défendit pas.

Le même jour, un détachement de l'armée royale, filant par la rive droite, vint mettre le siège devant la ville de Ruffec. Le château avait seul une petite garnison de 50 hommes ; sommée de se rendre, elle refusa. L'artillerie royale eut vite raison de ces velléités courageuses. Le château, intenable, se rendît à discrétion, et ses défenseurs, conformément au code martial de cette époque, furent passés au fil de l'épée.

Melle, en Poitou, assiégé par un autre détachement, eut le même sort.

L'armée royale vint ensuite s'établir tout entière à Verteuil, l'infanterie dans la ville et aux environs immédiats, la cavalerie dans un rayon assez étendu du côté de l'ouest.

De son côté, l'armée protestante, qui avait commencé son mouvement de concentration avant son adversaire, ne put le continuer assez vite, en raison du grand nombre de ses malades ; une partie fut dirigée sur Confolens pour prendre quelques passages sur la *Vienne*. Une attaque irréfléchie de cette ville eut des résultats fâcheux.

L'armée catholique s'installa le 28 février au camp de Verteuil, dans une position excellente, qui lui permettait de s'opposer à toutes les entreprises ennemies.

Le 6 mars, elle quittait Verteuil pour camper à Montignac.

Dans le récit minutieux des marches et contre-marches des armées belligérantes, il est encore question de Ruffec et de Confolens, dans la direction desquelles l'armée de Condé se dirigea à maintes reprises.

Nous arrivons enfin au jour de la bataille de Jarnac, qui eut lieu le 13 mars.

Au lever du soleil, les catholiques, massés au-delà du pont de Châteauneuf, traversèrent la *Charente* à l'aide de ponts préparés pendant la nuit et surprirent les protestants, bientôt obligés de commencer leur retraite.

Les détails de cette mémorable journée, fort intéressants, ont, dans le travail de M. de Gigon, une importance qui ne nous permet pas de les reproduire dans notre modeste cadre.

Le soir même, le duc d'Anjou prenait possession de Jarnac.

L'effet moral des combats de la journée, au cours desquels Condé perdit la vie, fut immense ; on crut le parti huguenot anéanti et si l'armée royale avait eu un parc de siège, les conséquences en eurent été décisives. Les protestants se trouvaient sans chef reconnu, l'amiral de Coligny ne succédant pas de droit au général en chef tué ; la direction de l'armée

n'existait plus ; une dislocation complète était à craindre, lorsqu'enfin, après une revue générale des troupes
disponibles, passée à Tonnay-Charente par la reine
de Navarre, le commandement fut donné à Coligny,
sous le couvert du jeune prince de Navarre.

Et de nouveaux combats eurent lieu jusqu'à la fin
du règne de Charles IX, survenue en 1574, et dont un
des épisodes les plus sanglants fut la Saint-Barthélemy, qui excita tant de haines.

L'Eglise protestante de France, non anéantie, mais
réduite aux abois, résolut de conserver sa doctrine et
alors se multiplièrent des assemblées religieuses qui
se tenaient en plein air, dans les bois ; il s'y faisait
des lectures pieuses et des prières adaptées aux
circonstances. On y entendait le chant des psaumes
et on y recevait quelquefois la visite tant désirée de
pasteurs zélés et courageux qui, au péril de leur vie,
venaient baptiser les enfants, consoler les affligés,
prêcher l'Evangile et administrer la cène.

L'Angoumois était, sur la route d'Espagne, la
dernière province du ressort judiciaire du Parlement
de Paris. Le marquisat de Ruffec, ainsi que la
baronnie de Cellefrouin et les châtellenies d'Aunac,
de Nanteuil et de Mansle en faisaient partie.

Le grand nombre de tribunaux et le chiffre encore
plus considérable de petites juridictions dont l'Angoumois était couvert, devenaient une source intaris-
sable de procès et de contestations.

A toutes ces juridictions succédèrent, en 1791, les
tribunaux de district, qui furent remplacés à leur
tour par les tribunaux civils, créés en exécution de
la Constitution de l'an III.

D'après l'ouvrage le plus récent, *Géographie historique et communale de la Charente,* par M. Martin-

Buchez, ancien professeur d'histoire, dans les premières années du règne de Louis XI (1463), Jean de Volvire, baron de Ruffec, entra dans toutes les ligues ourdies contre l'autorité royale par le duc de Berry, frère du roi, alors que tous ses voisins semblent être restés fidèles à la cause du roi, qui était la cause nationale.

Philippe de Volvire, au contraire, fut un des capitaines les plus remarquables de son temps. Vivant à l'époque troublée des guerres religieuses, il prit franchement parti pour la cause royale et fut un des plus fermes soutiens du catholicisme. Gouverneur de l'Angoumois en 1573, il fut assassiné le 6 janvier 1585, au cours d'un voyage qu'il fit à Paris. Son corps, ramené à Ruffec, y fut inhumé, mais les habitants d'Angoulême le réclamèrent et le ramenèrent en grande pompe dans cette ville ; il fut enterré au milieu de la grande allée de la cathédrale, où l'on peut voir encore la pierre qui scelle son tombeau.

Ce fut l'aîné de ses enfants, Philippe, qui lui succéda comme seigneur de Ruffec.

Toujours d'après le même auteur, plusieurs évènements de notre histoire nationale ont eu leur répercussion à Ruffec.

En 1548, lors de l'insurrection de la gabelle, une partie des insurgés, sous la conduite de Boisménier et de ses lieutenants, se dirigea sur Ruffec, y détruisit le grenier à sel et s'y livra au pillage. C'est au retour de cette expédition que les chefs furent faits prisonniers à Saint-Amant-de-Boixe.

Le protestantisme fit à Ruffec d'assez nombreux adeptes. Aussi, quand éclatèrent les guerres civiles, les protestants purent-ils rester maîtres de Ruffec pendant quelque temps. Mais en 1569, l'armée catholique, commandée par le duc d'Anjou, s'empara de la ville et les en chassa, comme il a été dit.

Au Moyen-Age, la ville de Ruffec était entourée d'une ceinture de murailles dont le périmètre était peu étendu. Ce sera l'objet d'un chapitre spécial.

A une époque imprécise, 1465 ou 1466, d'après M. Beauchet-Filleau, le savant poitevin, le château de Ruffec avait été démoli par suite de la rébellion de son seigneur, engagé dans le parti du duc de Guienne, révolté contre Louis XI, son frère. Les seigneurs du Fou et de Torcy, qui l'étaient aussi d'Aizie, et en cette qualité avaient droit de suzeraineté sur moitié de la châtellenie de Ruffec, avec le comte d'Angoulême, obtinrent des lettres-patentes du roi Louis XI, en mars 1468, pour faire fortifier la ville de Ruffec.

En 1575, à la mi-décembre, toujours d'après M. Beauchet-Filleau, la reine Catherine de Médicis rejoignit son fils le duc d'Alençon, plus tard duc d'Anjou, à Ruffec, où la cour séjourna quelque temps, et le jour de Noël une trève fut publiée en cette ville, entre catholiques et protestants.

Naturellement, une pensée vient à l'esprit. Quels rapports y eut-il entre la commune de Vieux-Ruffec, une des vingt du canton, et notre petite ville ?

Rien dans l'histoire de l'Angoumois n'établit de corrélation entre la commune de Vieux-Ruffec et le chef-lieu de l'arrondissement. Cette première eut-elle droit à quelque citation d'histoire ? Mystère ! Mais tout est possible, car une des communes voisines, Condac, placée au confluent de la *Charente* et du *Lien*, avait dès l'an 987 une viguerie, sorte de tribunal de justice, alors que celle de Ruffec ne fut établie qu'en 996.

Voici ce que les historiens nous révèlent :

A la date du 15 juin 1475, Jean de Voluyre, seigneur de Ruffec, avait vendu à frère Guerry, prieur de Vieux-Ruffec, membre dépendant du moustier et abbaye de madame de Nanteuil-en-Vallée, le droit de guet, garde et juridiction que le seigneur avait sur Fontbaillant (huit maisons) et Chez-Fillon (une maison), moyennant 40 livres tournois.

Cette vente était faite à réméré pour quatre ans et le seigneur pouvait reprendre ses droits en versant 40 livres à frère Guerry ou à son représentant.

Le 12 juillet 1476, cette convention fut ratifiée par frère Guerry et elle le fut de nouveau après sa mort par frère Jacques Everbaud, prieur de Vieux-Ruffec, et François de Voluyre, par un acte passé au château de Ruffec, le 28 mai 1506, signé Bernard et Jourdin.

En 1676, Jean de La Rochefoucauld, chevalier, prêtre, seigneur abbé (?) de Bayers, était prieur de Vieux-Ruffec, y demeurant.

En 1750-1762, il est question de François Corgnol de Tessé, escuyer, sacriste de l'abbaye de Nanteuil, seigneur chastelain de la chastellenie et prieuré de Vieux-Ruffec. On voit encore, écrivait M. Rempnoulx-Duvignaud, dans l'église de cette paroisse, une vieille bannière de toile peinte, représentant la sainte Vierge entourée d'une guirlande de fleurs ; au bas de cette peinture, moins que médiocre, figure l'écusson des Corgnol.

Le 10 novembre 1770, Monseigneur Beaupoil de Saint-Aulaire, évêque de Poitiers, supprime le service solennel qui chaque année devait être dit, le 25 novembre, par les religieux de l'abbaye de Nanteuil, pour les seigneurs de Ruffec, fondateurs en partie de l'abbaye.

Cette même année, d'après dom Fonteneau, une

partie des revenus de l'abbaye de Nanteuil fut consacrée à la création d'un collège à Ruffec.

L'historique de l'Angoumois nous montre, à la fin du Moyen-Age, Ruffec avec deux églises et un château-fort, témoignage d'une certaine fortune publique. Les écrivains ne sont pas d'accord sur l'état de l'agriculture, base principale des ressources du pays.

En 1893, M. Touzaud, un travailleur consciencieux, a publié une notice intéressante sur cette question, depuis les temps anciens jusqu'à la Révolution.

Le règne de Louis XI (1461-1483), si diversement apprécié par les historiens, a eu son importance pour Ruffec. Ce roi de France fut le créateur de la poste aux chevaux, qui devait prendre ici une extension considérable, par suite de la grande artère Paris-Espagne qui traverse la ville.

S'il est une amélioration qui s'est vite développée, c'est bien ce service de la poste aux chevaux, dont a bénéficié la poste aux lettres. Au xviiie siècle, les départs de Paris pour les diverses régions de la France et *vice versa*, ne se faisaient qu'une fois par semaine. Ce n'est qu'en 1828 qu'ils devinrent quotidiens. Les malle-poste assuraient ce service sur seize routes de première section et neuf de deuxième, formant affluents des premières.

Le record de la vitesse était atteint sur la route Paris-Bordeaux, où l'on faisait 616 kilomètres en 48 heures, soit 12 kil. 83 à l'heure.

En résumé, il partait chaque jour de Paris 70 voitures, emmenant 900 voyageurs, alors qu'aujourd'hui le mouvement entre Paris et la province se chiffre par centaines de mille !

Jusqu'au milieu du xixe siècle, à l'inauguration des chemins de fer, les fonctions de maîtres de postes furent considérées comme des situations de premier ordre.

Dans la *Revue de Saintonge et d'Aunis,* il est dit que le roi Louis XI, n'étant encore que dauphin, accompagna son père Charles VII dans le voyage que celui-ci fit en Poitou, Limousin, Angoumois et Saintonge, « pour y détruire ce qui restait des bandes d'écorcheurs. » C'est aux environs de Ruffec que le jour du Vendredi-Saint de l'année 1442, le prince, faisant une partie de bateau sur la *Charente,* avec deux gentils-hommes, fut entraîné par le courant près d'un moulin et, la barque ayant chaviré, faillit se noyer.

Au temps de Charles IX (1560-1574), qui régna d'abord sous la tutelle de sa mère, Catherine de Médicis, eut lieu en 1560 la première guerre de religion, prélude de tant de ruines. Ce fut lui qui donna le signal de la Saint-Barthélemy, laquelle ne fut pas sans faire couler du sang dans la province d'Angoumois.

Son frère Henri III lui succéda jusqu'au jour où, après bien des vicissitudes occasionnées par la situation religieuse, il mourut sous le poignard de Jacques Clément, le farouche moine ligueur. Avant de rendre le dernier soupir, il reconnut comme son successeur Henri de Navarre, qui ne fut roi de France qu'en 1589, jusqu'en 1610. Par miracle, il avait échappé au massacre de la Saint-Barthélemy.

Les catholiques refusèrent d'abord de le reconnaître, en raison de son attitude comme chef du parti protestant. Mais, disent les historiens, grâce à son habileté patiente, à son énergie, à sa bravoure, à sa persévérance, il arriva peu à peu à conquérir tout son royaume. Pour cela, il lui fallut guerroyer longtemps, avec des alternatives de succès et de revers.

D'après un travail important de M. Lièvre, long-temps président de la Société archéologique de la Charente, rien ne pourrait donner une idée de la désolation du pays d'Angoumois en 1591, ravagé qu'il était à la fois par la misère, l'épidémie et le brigandage succédant à la guerre civile. Ruffec dut se ressentir de cette époque troublée, bien qu'on n'ait signalé aucun fait précis.

Se basant sur des renseignements puisés aux délibérations du corps de ville d'Angoulême, dont les plus anciennes ne remontent pas au-delà de 1502, M. Lièvre ajoute : Ce n'est qu'à la fin du xvie siècle, la question religieuse, qui avait si profondément troublé les trente ou quarante dernières années, étant résolue, que le peuple put se mettre au travail et qu'une aisance relative revint avec la paix. Les épidémies elles-mêmes diminuèrent d'intensité et de fréquence.

Des documents publiés au sujet des xvie et xviie siècles, il ressort que cette période, si elle ne fut pas la plus calamiteuse pour l'Angoumois, n'en est pas moins suffisante pour donner une idée à peu près exacte des souffrances du passé.

Après bien des vicissitudes, notre pays retrouva le calme et la paix sous l'administration de Richelieu. Le passage de ce ministre à Angoulême fut signalé en mars 1619.

En 1629, grande peste, et en 1630, retour de la misère et de la famine.

En 1636, au printemps, les paysans, poussés à bout par la famine, se révoltèrent dans la Guienne et la révolte se propagea rapidement dans le Périgord, la Saintonge, l'Angoumois et le Poitou. Ils se groupaient en armes au son du tocsin et couraient les foires pour chercher les gabelleurs, comprenant sous ce nom tous ceux qui étaient chargés du recouvrement des impôts.

En 1643, les chemins, complètement négligés depuis longtemps, se trouvaient dans un état tel que beaucoup de voituriers et de cultivateurs renonçaient à amener leurs blés à Angoulême. Les habitants des communes voisines, convoqués pour remédier à cet état de choses, recevaient « pour deux sous de pain et un sou de vin par jour, en raison de la disette et nécessité desdits habitants ».

En 1650, les troubles de la Fronde se propagèrent jusqu'en Angoumois et vinrent aggraver la situation.

De 1661 à 1687, famine générale et misère.

En 1693, récolte insuffisante.

Le siècle finit avec la misère et la disette.

Assurément, il serait intéressant de pouvoir signaler et étudier les manifestations de la vie provinciale au cours de ces siècles passés, mais les renseignements font défaut ou nécessiteraient de longues et patientes recherches. Dans d'autres régions, il a été publié des documents intéressants sur les contrats d'apprentissage dans les divers métiers ; sur les marchés conclus entre des églises ou des particuliers, avec des artistes peintres, verriers ou sculpteurs, fondeurs de cloches ; sur des contrats de mariage ou testaments contenant d'utiles nomenclatures de meubles et de vêtements ; sur des associations commerciales et devis de constructions, etc., etc., mais en Angoumois il y a eu peu de ces recherches décrites, bien qu'on ait dû fouiller dans les vieux papiers des archives départementales.

Le XVIIIe siècle, commencé sous le règne de Louis XIV, vit s'accomplir pas mal de réformes dont profita le pays de France, mais qui n'empêchèrent pas le grand roi de laisser un royaume épuisé par tous les sacrifices qu'il lui fallut faire. Rien de particulier n'a été publié sur l'Angoumois, au cours de cette longue période.

Pourtant, la révocation de l'édit de Nantes causa un préjudice sérieux à sa prospérité par l'émigration de nombreuses familles, qui allèrent porter à l'étranger leurs richesses et leur industrie.

Dans ses mémoires, Saint-Simon a fait le récit des grandes misères qui résultèrent d'un hiver terrible en 1709.

La guerre de sept ans (1756 à 1763) sous Louis XV, malheureuse pour la France, ne fut guère favorable au retour du bien-être.

Au début du xviiie siècle, les idées libérales, qui commençaient à germer, trouvèrent écho dans l'Angoumois et en 1789, les Etats provinciaux, réunis à Angoulême, désignèrent les membres chargés d'aller porter au roi les doléances de la province.

Au cours du temps passé, l'Angoumois reçut la visite de nombreux princes ou hauts dignitaires, auxquels les populations firent toujours un accueil empressé.

Le 1er juin 1375, ce fut à Cognac une grande fête, quand, sur leurs palefrois superbement harnachés, Bertrand du Guesclin et Jehan de Berry, vainqueurs des Anglais, firent leur entrée triomphale au milieu des acclamations populaires.

Avec les Valois, les fêtes furent plus nombreuses vers la fin du xve siècle. En 1514, François d'Angoulême faisait son entrée dans sa ville natale avec sa jeune épouse, Claude de France.

En 1526, François Ier était encore à Cognac « pour

les féries de Pentecoste. » Il visita les malades. En 1530, nouveau séjour du roi.

Il n'est pas jusqu'à l'ennemi du roi de France, Charles Quint, qui, en 1539, lors d'une trêve, ne reçut les hommages des Cognaçais, à son passage dans cette ville.

En 1569, le séjour au château de Charles IX et de Catherine de Médicis provoqua, en août et septembre, de nouvelles manifestations populaires. Plus tard, ce fut Louis XIII, qui fut fêté à son entrée dans la ville, le 28 juin 1621.

En juillet 1628, le duc d'Angoulême faisait un voyage dans l'Ouest. Il fut reçu, aux portes de Cognac, par le maire et les membres du corps de ville, qui lui présentèrent les clés de la cité dans une bourse de velours du prix de dix livres.

Au XVIII⁰ siècle, la plupart des fêtes se rapportent à des victoires, ou à la naissance de princes du sang. Le programme de ces fêtes est à peu près toujours le même : salves d'artillerie, *Te Deum*, feux de joie sur les places et dans les rues...

Dans une note publiée en 1893 par le *Bulletin de la Société archéologique*, sous la signature de M. Touzaud, il est dit :

ÉVÉNEMENT MÉMORABLE. — L'an mil sept cent quatre-vingt-neuf et le vingt-huit juillet, à onze heures du matin, la première assemblée de mémoire d'homme des Etats généraux, une fausse nouvelle se répandit que les ennemis étaient entrés dans le royaume, qu'ils étaient répandus dans toutes les villes et même jusqu'à Ruffec. En conséquence, on avertit tous les bourgs et bourgades de s'armer. La plus grande consternation s'empara des esprits ; chacun s'arma à la hâte de ce qui lui tomba à la main, comme faux, fourges (fourches), fusils, et allèrent au secours de Ruffec. Il se trouva heureusement que c'était une fausse nouvelle. S'était un spectacle bien allarmant de voir les femmes, enfans et vieillars se réfugier dans les bois comme au tan des guerres civiles. Chaque paroisse fit la garde pendant huit jours. Je l'ay transcrit pour servir de mémoire à la postérité, et affin qu'on ne s'effrait pas une autre fois si facilement.

Comme à notre époque, le danger avait réveillé le patriotisme, constitué l'union sacrée.

Dans la région de Fouqueure, M. Maurin, de cette commune, découvrit, en 1885, toute une série de monnaies romaines, notamment à La Terne ; elles sont aujourd'hui au musée d'Angoulême et portent des inscriptions diverses des temps de Jules César (14 ans avant Jésus-Christ), Gallien (235), Vespasien, famille Pompéïa, etc.

M. Rempnoulx-Duvignaud a signalé la découverte, à même époque, dans la région de Champagne-Mouton, d'une série de monnaies d'or, au nombre de huit cents environ, comprises entre le règne de Louis XII et celui de Henri IV.

Dans la commune de Messeux, au lieu appelé le Pont-de-la-Vergne, on trouve les vestiges d'une construction souterraine, en forme de four, avec des tuiles à rebord.

Voyons maintenant ce qui a trait spécialement à l'histoire de Ruffec.

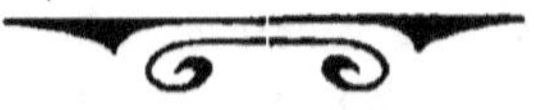

II

LE CHATEAU

En l'an 963, Guillaume Taillefer II, comte d'Angoulême, ayant pris possession du fief de la baronnie de Ruffec, qui venait de lui être concédé, résolut de construire son château près de la villa Ruffiaco, qui lui sembla l'endroit le plus favorable, au double point de vue stratégique et géologique.

Deux vallées s'y rencontraient. L'une conduisait à la *Charente* : c'était celle qu'on désigne aujourd'hui vallée du *Lien*. L'autre était arrosée par un large ruisseau qu'on appelle la *Péruse*, mais qui ne coule plus à ciel ouvert qu'après d'abondantes pluies, car il est devenu souterrain.

Notre pays était réuni aux pays de Saintonge par une voie naturelle importante et la voie romaine qui descendait du Massif central vers la mer s'y appuyait. En effet, se dirigeant vers Brioux, elle passait dans la forêt de Ruffec, où il en reste encore des traces, et longeait régulièrement la vallée de la *Péruse*.

De direction perpendiculaire, une seconde voie romaine (l'existence et la situation de cette voie sont établies par des pièces datées du 12 septembre 1390), allant d'Angoulême à Poitiers, passait près du confluent de la *Péruse* et du *Lien* et contribuait à lui donner de l'importance. En un mot, ce confluent, d'accès facile, devait être armé d'un poste de défense, pour commander la route nord-sud et la route est-ouest, pour surveiller la région qui sert de passage naturel de la *Loire* à la *Garonne*, et du Massif central à l'Atlantique.

Le château ne s'éleva sur aucun des trois plateaux (plateau de Ruffec, plateau des Ormeaux, plateau de la route de Confolens) séparés par les deux vallées. Aucun d'eux, en effet, n'était assez escarpé pour assurer sur tous les points une défense suffisante.

D'ailleurs, une heureuse disposition géologique permettait d'établir la forteresse en un endroit plus favorable.

En effet, dans le mouvement convergent des eaux qui se produisit là aux époques des bouleversements terrestres, il y eut une désagrégation des matières terreuses et sablonneuses qui mit à nu un vaste rocher solide, émergeant des eaux quand celles-ci eurent établi leur cours et pris leur niveau parmi les prairies qui environnent Ruffec. C'est sur lui qu'on établit les fondations du château, au sein de la vallée, à proximité des cours d'eau.

Mais ce rocher était, malgré tout, de dimensions relativement restreintes, et c'est pour cela sans doute que le château ne prit jamais une très grande importance. On chercha à utiliser toute l'étendue de ce roc; on en fit une assise régulière, on le compléta par des travaux de maçonnerie, on lui donna une forme rectangulaire. On peut encore se rendre assez facilement compte de ces travaux.

On l'entoura d'abord d'un mur très épais et assez haut, qui devait former l'enceinte extérieure.

Ce mur, d'une épaisseur moyenne de 9 pieds, était complété par des ouvrages de défense aux quatre coins.

Deux bastions carrés défendaient le coin nord-ouest et le coin sud-ouest. Ce sont probablement les restes de ce bastion sud-ouest que nous retrouvons dominant la vallée, sous forme d'un mur d'une épaisseur de 3ᵐ30, dans l'immeuble appartenant à la famille Dumas.

Un troisième bastion carré défendait l'angle sud-est.

A l'angle nord-est, enfin, se trouvait le poste de défense le plus important. Il s'agissait en effet de commander la vallée de la *Péruse* et le confluent des deux cours d'eau. Deux tours assuraient la protection d'une sorte de bastion avancé : l'une qui est « la tour du Nord » et dont on voit la position sur les bords du *Lien*, l'autre un peu plus loin, aux proportions imposantes, que la tradition appelle encore « tour Sainte-Catherine. »

Dé cette tour, dans la direction du nord au sud, existait un corps de bâtiments venant se souder à angle droit à une autre construction qui, de l'est à l'ouest, allait se terminer par un pignon en tire-point et aboutissant sur la terrasse du bastion quadrangulaire nord-ouest. De ce point, le mur d'enceinte allait rejoindre l'autre bastion quadrangulaire sud-ouest et c'est dans ce mur que se trouvait la porte d'entrée du château, où sont encore deux superbes vases en pierre du pays établis sur des colonnes carrées.

Ce mur d'enceinte, construit au xᵉ siècle, avait été merveilleusement édifié, à tel point qu'il faut recourir à la poudre, aujourd'hui encore, pour en détruire les quelques vestiges qui nous sont parvenus. Ni le temps, ni les hommes, n'ont pu réussir à faire totalement disparaître ces grandioses constructions.

Si nous examinons d'un peu plus près leur structure, nous voyons qu'elles sont formées de pierres du pays,

où dominent surtout les silex bruts, noyées dans un
ciment dont on n'a pu retrouver le secret. Ces puissants
massifs de maçonnerie étaient revêtus extérieurement
de larges dalles superposées et taillées, qui constituaient l'élément décoratif de la forteresse au dehors.
Elles n'étaient pas d'ailleurs sans utilité et, tout en
donnant à l'édifice une heureuse uniformité d'aspect
extérieur, elles formaient à la partie supérieure les
créneaux des murailles.

Plus instructive encore est pour nous l'architecture
de la tour Sainte-Catherine, la plus importante et la
plus digne d'intérêt. Le sous-sol était voûté en forme
d'ogive, n'ayant pour toute ouverture qu'un trou circulaire au sommet de la voûte.

Le mur de la tour n'était percé du côté sud que par
un œil-de-bœuf, coupé par une énorme barre de fer;
cette ouverture permettait la surveillance dans cette
direction. Du côté nord, qui était le côté offensif de la
forteresse, un chemin de ronde partait de la tour,
établi dans l'épaisseur même du mur de soutènement.
La tour Sainte-Catherine surveillait donc les deux
directions et les deux vallées, presque à l'endroit
précis du confluent. Elle était très haute et avait
trois étages au-dessus de la plate-forme de la cour
intérieure du château, dont elle était séparée.

Il reste encore une vaste salle voûtée, dans laquelle
on peut pénétrer par le jardin bas de Mme Sallé. On
a tout lieu de croire que c'était là la salle des gardes,
d'où l'on pouvait rayonner, à l'intérieur, avec des
plans inclinés, aujourd'hui en grande partie effondrés,
conduisant aux créneaux à des hauteurs diverses et
facilitant la défense.

La tour du Nord avait presque les mêmes dimensions. Elle formait l'angle de la partie habitée du

château. Ces anciennes habitations étaient à la place
où furent plus tard bâties celles que nous voyons
actuellement. Le reste du terrain compris à l'intérieur
du mur d'enceinte était occupé par des constructions
accessoires, des dépendances, et creusé de souterrains,
de magasins d'armes, etc.

De chaque côté de la grande porte d'entrée se
trouvaient deux petites maisons d'habitation : l'une
où logeait le chancelier du château et dans l'autre
l'intendant.

Tous les jardins qui entourent actuellement l'ancienne
forteresse étaient à l'état d'un vaste étang alimenté
par une infinité de sources toujours existantes fournies
par les eaux souterraines de la *Péruse* qui, au
moment des crues d'hiver, envahissent les cavités
rocheuses du sous-sol, ainsi que les caves des maisons
de la rue de l'Abreuvoir.

Pour que les murs du château fussent baignés
d'eau, une digue avait été établie à l'est et cette
digue sert aujourd'hui d'assiette au chemin dit de
Tivoli. La bonde de l'étang se trouvait au pont voisin
du moulin de Plaisance, à la sortie des « laveries »
actuelles.

Les murailles de l'enceinte crénelée étaient encore
protégées par de profonds fossés et la partie la plus
proche de l'habitation était très fortifiée par le cours
d'eau qui baignait le pied des murailles.

Au-dessous des deux ailes de la partie habitée du
château existait une cour basse où avaient été établis
les celliers destinés à loger les récoltes des vignes.
Les autres bâtiments de servitudes, affectés à l'usage
du château, s'étendaient dans la direction du sud au
nord et occupaient les terrains bâtis et non bâtis
limités par la rue qui longe la place actuelle de

l'église, derrière cette dernière, et s'en allaient par
delà la route actuelle de Ruffec à Confolens, presque
à l'immeuble de M. Audin, jardinier.

Là se trouvaient les prisons seigneuriales (actuellement maison Rivet, marchand de vins), la maison
du « maître Jacques » (école libre), les magasins à blé,
à fourrages, à bois, le four banal, etc., etc.

Autour du château était un immense parc. Une porte
d'entrée, dit-on, était sur la petite place triangulaire,
aujourd'hui dite de Jarnac, mais on peut croire que
cette entrée était celle de la *Garenne*, comprenant les
terrains situés derrière la villa Duportal, les immeubles Desmoulins et la nouvelle prison, entre les routes
de Jarnac et de Villefagnan.

La loge du portier du château existe encore et se
trouvait bâtie au pied du coteau dit des Ormeaux,
adossée au mur d'enceinte du parc. Cette loge com-
muniquait avec le chemin actuel des Ormeaux par
une porte simple ouvrant sur une terrasse face au
château. De cette terrasse descendait un escalier en
pierre le long du mur du parc, dont une porte était
reliée à celle du château par une longue avenue qui
existe encore.

La glacière du château était adossée au mur du
chemin des Ormeaux, face au nord.

Le mur d'enceinte, d'une épaisseur d'environ un
mètre, suivait le chemin des Ormeaux jusque vers
Talujeaud, à la fontaine si connue des Ruffeccois et
qui, pendant longtemps, porta la désignation de « Fontaine du père Gallais », du nom d'un ancien jardinier
qui apportait au marché ses produits maraîchers à
l'aide d'un âne pesamment chargé qui gravissait d'un
pas sûr, sinon alerte, la côte légendaire.

De là, par un retour à angle droit allant de l'ouest

à l'est, le *Lien* formait clôture en contournant Madanville. Par conséquent, étaient compris, de ce côté, tous les champs, prés et jardins qu'on désigne encore sous la dénomination générale de « Parc ».

Dans la direction nord, le mur d'enceinte suivait la rue actuelle de l'Abreuvoir, puis la route qui longe le cimetière pour infléchir sur le chemin de Madanville, dont il s'écartait au-dessus du bois du Parc, suivant un énorme fossé, comblé aujourd'hui, jusqu'au pré de Madanville. On peut voir encore quelques vestiges du mur d'enceinte.

A remarquer ces curieuses dénominations de Talujeaud et de Madanville. La première vient évidemment du mot *luger* (pleurer) et la grande quantité de sources qui s'y trouvent indique que ce terrain «larmoyant » était dans toutes ses parties la propriété « lugeaude » d'où, par abréviation, Talujeaud. Madanville semble indiquer une exploitation rurale « d'en ville ».

Du château de Ruffec pour aller au moulin de Refousson, où était le moulin banal du seigneur de Ruffec, il existait et subsiste encore une rampe qui, partant de l'angle formé par le chemin du Parc avec celui de Tivoli, conduit à la route de Confolens : il joignait l'ancienne route de Ruffec à Condac, laquelle, après avoir traversé ce que l'on appelait alors le village des Pontereaux, longeait le grand cimetière et rejoignait ladite route, après avoir passé sous les terres de la Gétière. Cette voie permettait aussi de se rendre du château à la forêt par l'allée dite « de la grille de fer ».

Comme il a été dit, le premier château, bâti au cours du Xe siècle, fut en partie démoli par ordonnance de Louis XI, vers 1465 ou 1466, puis reconstruit et remis en état de défense sous le règne de François Ier, à l'époque de la Renaissance, dont la porte nord-ouest, qui donnait accès à la chapelle, conserve toujours le cachet artistique.

Les dispositions d'ensemble furent peu modifiées et on peut dire que telle était la physionomie des lieux lorsque M. le comte de Broglie (prononcer Bro-ille) acheta de M. le marquis de Saint-Simon de Rouvroy la terre de Ruffec,.

Un acte authentique énumère ainsi les titres du nouvel acquéreur : Monseigneur Charles, comte de Broglie, chevalier des Ordres du Roi, lieutenant-général de ses armées et ci-devant son ambassadeur extraordinaire près le Roi et la République de Pologne, gouverneur des ville et château de Saumur et pays saumurois, lieutenant-général du haut Anjou et commandant pour Sa Majesté dans les Trois-Evêchés, marquis de Ruffec, baron des baronnies d'Aizie, Martreuil et Empuré ; seigneur châtelain de Nanteuil-en-Vallée, du Bouchage, de Salles et Lonnes, Embourie, Charmé, les Ayres, Nouzière, Canchy et autres lieux, demeurant ordinairement en son hôtel, à Paris, sis rue Saint-Dominique, faubourg Saint-Germain, paroisse Saint-Sulpice.

Ce fut M. le comte de Broglie qui apporta dans le pays de Ruffec les premières pommes de terre. Le roi lui en avait donné une certaine quantité. Il en fit semer dans ses domaines et les distribua aux gentils-hommes du pays pour les faire fructifier.

Quand M. de Broglie, dont la famille était originaire du Piémont, acheta la terre de Ruffec, il arriva dans le pays avec ses serviteurs, les officiers de sa maison, des ingénieurs, des sculpteurs, etc. Ayant été envoyé en exil dans cette terre par Louis XV, il occupa son activité de courtisan à la transformer, car elle avait été quelque peu délaissée par les Saint-Simon de Rouvroy.

En effet, si on se reporte aux mémoires laissés par le noble duc, on voit qu'il parle seulement de sa terre de Ruffec pour faire connaître qu'il la donne à son fils cadet, avec le titre de marquis de Ruffec ; que pour raconter ce qui lui arriva au cours d'un voyage qu'il faisait à son importante terre de Blaye, dans le Bordelais : Comme il s'était arrêté à Couhé, un accident survenu à son carrosse le força à séjourner quelques jours au château du marquis de Vérac, pour donner le temps aux ouvriers de le réparer, contre-temps qui obligea les gentilshommes vassaux du château de Ruffec d'y attendre plusieurs jours son passage.

En l'année 1770, il fut, ainsi que sa famille, très affecté par la nouvelle qu'il venait de recevoir, de la mort de M. l'abbé d'Aubépierre, un des amis dévoués de sa maison qui, en revenant de négocier des affaires très importantes pour eux à Blaye, était décédé en peu de jours au château de Ruffec, où il s'était arrêté.

Ce fut M. de Broglie qui embellit un peu la sévère architecture et les alentours du château. Il lui donna la physionomie que nous venons de lui voir dans la description de ses murs. Au marais qui entourait le château, à la place de l'ancien étang, il substitua des prairies et des jardins.

Si l'on veut se rendre compte de l'aspect que présentait ce côté de Ruffec, il faut se placer à la jonction des routes de Civray et de Confolens et là, embrassant le fond de la vallée de la *Péruse*, dont le niveau n'a pas varié, on pourra se faire une idée de l'importance qu'occupait le château-fort, avec ses deux grandes tours et son mur d'enceinte.

L'entrée du parc fut munie d'une grille en fer supportée par six pilastres de pierre, dont le sommet était orné d'une amphore en pierre sculptée. Ces amphores ont été presque toutes brisées par les habitants du pays ; il en reste encore deux, d'une hauteur de 1m30, visibles dans un jardin voisin de la place de Jarnac. L'allée qui conduisait à la porte du château fut redressée en ligne droite de cette porte qui, étant trop massive, fut démolie pour y installer les deux pilastres, ornés l'un et l'autre de vases en pierre sculptée existant encore et qui supportaient une grille en fer forgé.

En raison de la pente qui existait, il fut fait une esplanade demi-circulaire, autour de laquelle furent établies deux voies de communication, l'une à gauche donnant accès au château, l'autre à droite conduisant des bâtiments édifiés au-dessous des murs de la forteresse, pour y loger un jardinier et une vacherie.

Tous les marais étaient sillonnés de canaux et enfin M. de Broglie ornait le parc, planté d'arbres superbes, de kiosques de styles variés.

Il faisait creuser le canal du *Lien*, bâtissait les quais qui existent sur la rive gauche, ainsi que les ponts sur le *Lien* et la *Péruse*, donnait au cours du ruisseau les dimensions qu'il a aujourd'hui, avec une profondeur suffisante pour permettre à de petits bateaux de circuler jusqu'à Madanville. De Talujeaud à ce dernier point, on voit très bien l'ancien lit du ruisseau et le nouveau *Lien*.

La liquidation par Mgr l'évêque de Poitiers, parent du comte de Broglie, des biens dépendant de l'ancienne abbaye bénédictine de Nanteuil, dont il était le seigneur suzerain, ayant mis à la disposition de ce dernier une grande quantité de matériaux de construction, il rêva pour Ruffec la création d'une industrie récente : la minoterie. Il poursuivit la construction des moulins de Condac, dans des proportions grandioses, encore conservées, et dont les trois corps de bâtiments portent des dates certaines (1711-1777-1785) par d'énormes chiffres en fer qui ne sont que les têtes de tirans destinés à empêcher l'écartement des murs.

Un mot en passant sur l'abbaye de Nanteuil. Cet important établissement, fondé par Charlemagne et ruiné par les Normands, fut restauré par Guillaume le Noble. Dès 1165, la confraternité existait entre les abbayes de Nanteuil et de Charroux, dont la tour principale de cette dernière occupe encore l'attention des savants, après une période de près de huit siècles.

Nanteuil possède un joyau artistique consistant en magnifiques stalles en bois sculpté, très anciennes, existant autrefois dans l'ancienne abbaye bénédictine et aujourd'hui transportées dans l'église paroissiale. M. Lefèvre-Pontalis, président, et M. Heuzé, secrétaire de la Société archéologique de France, qui les ont vues, ont déclaré qu'elles offraient le plus grand intérêt. Aussi le conseil municipal, considérant que ces stalles ont une réelle valeur artistique, en a demandé le classement à M. le ministre des Beaux-Arts. On trouve sur ces stalles les armes de la famille Regnaud, dont deux membres furent abbés de Nanteuil, le premier de 1380 à 1387.

Dès ce moment, M. le comte de Broglie résolut d'obtenir du roi la canalisation de la *Charente* jusqu'à Condac, à l'effet de transporter par le fleuve, vers

Rochefort et la mer, les produits de l'industrie française. A cet effet, il fit venir des ouvriers étrangers au pays pour préparer ses produits, et grâce aux registres paroissiaux de Condac, il a été possible de retrouver les noms de certains d'entr'eux, avec leurs fonctions.

Malheureusement pour le pays, le comte de Broglie n'y vécut que peu d'années, bien employées; il mourut en 1782.

Ses enfants séjournèrent au château de Ruffec jusqu'à la Révolution. L'un d'eux, le plus jeune, prit une part active au mouvement des idées qui allait amener une réforme politique en France. Il mourut sous le gouvernement de l'Assemblée nationale constituante, vers 1790; s'il n'avait pas été si jeune il eût certainement figuré parmi les députés de la noblesse aux Etats généraux. Les autres ayant suivi les princes en émigration, la terre de Ruffec fut confisquée par la nation et partagée, disséminée par le fait des enchères.

Le château que nous avons décrit fut, non pas vendu en son entier, mais morcelé : il y avait quatre parts dans la cour intérieure du château. La tour Sainte-Catherine ne fut pas vendue isolément. Elle fut adjugée indivisément à ceux qui achetèrent la plate-forme du château. L'un d'eux, dont la mère avait acheté les bâtiments, demanda la licitation. Elle eut lieu administrativement devant le Conseil de préfecture de la Charente et il s'en rendit acquéreur. Les magnifiques proportions de cette tour furent la cause de sa ruine. Comme on avait établi des jardins au pied des tours, elle remplissait le rôle de l'aiguille d'un cadran solaire gigantesque ; l'ombre s'étendait au loin. De même qu'on avait démoli une des ailes du château et une tour pour en vendre les matériaux et peut-être aussi pour que les anciens propriétaires ne puissent revendiquer leur habitation, on entreprit la démolition de la tour Sainte-Catherine, mais on n'arrivait pas à se défaire des matériaux. On fit alors construire un mur parallèle à l'ancien mur d'enceinte réunissant les deux tours et, dans le vide de ces deux murs, on entassa les débris de la vieille forteresse.

Ainsi finit misérablement un ouvrage qui avait été une des gloires du temps passé. On éventra les parois des tours et des bastions où, par ces ouvertures, on mettait les plantes à l'abri de la gelée en les entassant dans le vaste sous-sol. Quant à cette même partie de la tour du Nord, dont l'intérieur était beaucoup plus soigné, elle devint une champignonnière. Elle était d'autant mieux disposée pour cet usage que dans l'intérieur du mur (côté ouest) était construit un puits qui permettait, par une ouverture ménagée à chaque étage, de prendre l'eau dont on pouvait avoir besoin.

Dans l'ancienne chapelle, occupant l'étage supérieur de l'aile du château, encore existante, et dont on aperçoit la porte moulurée, travail de la Renaissance, (xv\ :superscript: e et xvi\ :superscript: e siècles), ouvrant sur la terrasse nord-ouest, il reste encore les charpentes de la voûte en ogive, avec les pièces de bois qui supportaient la cloche. C'est là qu'eut lieu, le 21 avril 1742, le mariage de Philippe de Nesmond, chevalier, seigneur de Brie, avec la fille de Pierre Garnier, écuyer, sieur de la Boissière, le Breuil-Charente et autres lieux.

On trouve dans le registre paroissial de 1783, à la date du 2 juin, l'acte de mariage de M. Jules-Marie-Henri de Faret, marquis de Fournès, avec M\ :superscript: lle Philippine-Thérèse de Broglie, mariage qui fut célébré dans la chapelle du château, en présence des évêques de Poitiers et d'Angoulême, de M. Decaud, prieur de Ruffec, ainsi que celui du mariage de M. Nicolas-Gabriel-Aimé, comte de Marcieu, avec Mlle Adélaïde-Charlotte de Broglie. Même cérémonial.

Ont signé ces deux actes, consacrés le même jour :

MONTMORENCY DE BROGLIE,
Comte Joseph DE BROGLIE,
BROGLIE DE MARCIEU,
Comte DE MARCIEU,
SAINT-ANDRÉ DE MARCIEU,
Marquis DE MARCIEU,
BROGLIE DE VASSÉ,
BROGLIE DE FOURNÈS,
Marquis DE FOURNÈS,
Joséphine DE MARCIEU,
etc., etc.

De ce passé, il reste encore un témoin qui serait bien intéressant à consulter, s'il pouvait parler. C'est un chêne, plusieurs fois centenaire, qui se trouve dans le bois du Parç, le long du chemin bas parallèle au ruisseau du *Lien*, rive gauche, par lequel on peut rejoindre Talujeaud. Cet arbre magnifique, dont les racines énormes font plus de 5 mètres de circonférence à fleur de terre, a une bille d'environ 7 mètres de hauteur, couronnée par des branches multiples de la grosseur d'un seau qui en font un véritable parasol dont la puissante ramure s'étend sur les bâtiments voisins, sur le chemin et sur le bois, et témoigne d'une vigueur qui ne semble pas près de s'éteindre. Les générations futures feront bien de le respecter, comme un jalon de cette longue route du passé, dont nous avons essayé de retracer quelques points.

Ajoutons qu'aux environs de Ruffec et dans les jardins du château même, on a trouvé des pièces de monnaie d'argent de Charles VI, ornées de deux lys et de deux couronnes royales ; plus un demi-gros (?) de Jean V, dit le vaillant duc de Bretagne, avec, au centre, une croix pattée. Et enfin, nous avons en mains une pièce d'or à l'effigie de Charles VII, au millésime de 1381, découverte dans le jardin, au pied du mur d'enceinte du château, côté sud.

Aujourd'hui, le château de Ruffec, qui constitue une demeure fort agréable, avec ses grands arbres et ses jardins, est habité par Mme veuve Sallé.

Et dans les multiples canaux des anciens fossés du château, aménagés par les soins de M. Chauvet, ancien notaire, pour des essais de pisciculture, un industriel intelligent a établi un entrepôt de poissons, qui n'est pas sans rendre service aux habitants de Ruffec et des environs, toujours sûrs d'y trouver des produits d'alimentation en carpes, brochets et tanches.

En décembre 1896, à l'occasion d'une nouvelle mise en vente du vieux château de Ruffec, M. Eugène de Thiac, conseiller général du canton de Mansle, suggérait l'idée que la municipalité devrait aviser à conserver ce souvenir intéressant de son histoire et ajoutait : « Elle pourrait y placer un musée et peut-être une bibliothèque ; les jardins pourraient être affectés à un cours d'horticulture et à y établir même un cours de laiterie. » Bonne idée, certainement, mais dès ce moment la ville avait à faire face à une dette d'environ 300.000 fr. !...

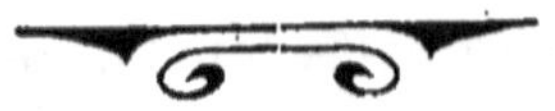

III

LA VILLE

Le voyageur qui passe à Ruffec et même la plupart
des habitants ont peine à se figurer que notre petite
ville fut une place forte au milieu et à la fin du
Moyen-Age. Les multiples changements qu'elle a subis
depuis cette époque sont bien de nature à excuser
cette incrédulité. Ouvrons l'histoire et les notes qui
nous ont été confiées.

Ruffec a été ville fortifiée dans un temps très
reculé. D'après la légende, elle fut détruite par le feu
et c'est du temps de sa reconstruction que dateraient
les nombreuses caves ou passages à voûtes d'un mètre
d'épaisseur, que l'on trouve à l'intérieur des fortifications, aussi bien sur le plateau que dans les rues qui
y aboutissaient. Rien de précis à ce sujet.

Plus tard, Louis XI, par lettres patentes de 1463,
accorda à la cité l'autorisation de rétablir sa défense,
espérant ainsi captiver la fidélité des habitants. On
sait que le seigneur du château de Ruffec s'étant
révolté contre le roi, celui-ci avait été obligé de le
combattre, s'était emparé de son château et l'avait
fait mettre hors d'état de soutenir un siège. Par suite
de l'affaiblissement du château, destiné à protéger les
habitants, il accorda à ceux-ci le droit de se fortifier
pour se défendre contre les ennemis du dehors. Ces

fortifications, qui furent élevées à l'aide de matériaux du pays, étaient assez importantes, mais aujourd'hui il n'en reste que des vestiges.

Sur ces dernières, l'histoire nous a laissé des dates certaines. En effet, il a été consigné que le 15 mai 1555, M. Jacques Carmignac, procurenr de René de Volvire, seigneur de Ruffec, assistait sous les halles à une réunion ayant pour but de fixer l'endroit où l'on *referait* les murailles et les fossés de la ville. Ce document établit divers points importants : on s'occupait de *reconstruire* les remparts, de concert entre le seigneur et le corps de ville, et dès ce moment il existait des halles couvertes. A quelles dates furent exécutés ces travaux ?... Enfin, ce témoignage suffit.

On peut encore, du côté du midi, à partir du point où était établie la porte dite de Verteuil, située en face la maison Girard, rue de la République (anciennement rue de Verteuil), constater quelques traces de cette époque. On voit que les habitations construites depuis ont pour base un mur de soutènement très élevé qui n'était autre que l'enceinte fortifiée de la ville. Cette enceinte, qui avait une poterne près de la maison où se trouve actuellement la poste, se continuait jusqu'au milieu de la rue du Puits-Graffier, au point où la rejoint celle de la Chaîne. Elle s'aperçoit au nord des jardins qui longent la rue de l'Abreuvoir. De ce point, elle a l'aspect d'un mur de terrasse, se prolongeant jusque vers l'établissement de bains. Ces rues sont étroites et tortueuses, comme l'étaient les voies par lesquelles on pouvait pénétrer dans les villes fortifiées, de manière à présenter une difficulté à l'assaillant et des facilités de défense aux assiégés.

L'enceinte se continuait par la terrasse du jardin

de M. Moreau, agent d'assurances, laissant en dehors la maison de M. Denieuil, la place de l'église et l'église, ainsi que le prieuré qui attenait par le nord à cette dernière, et passait au-dessous du presbytère actuel. De là, par une série de pans coupés, elle arrivait à l'établissement de M. Ledé, jusqu'à la maison de M. Audin, jardinier, et s'en allait jusqu'à la chapelle Saint-Blaise, qu'elle laissait en dehors de la ville ; là était la porte de la rue Boistant.

Ensuite, elle gagnait le Roc, au nord de la ville, le long des jardins qui bordent le boulevard actuel du Nord, devenu boulevard Duportal. Ce boulevard n'existait pas. Le terrain était à pic jusqu'au fond de la vallée et, avant sa création, le long du mur qui soutient le jardin de M. Balland, « il y avait à peine le passage d'une brouette ». L'enceinte se continuait jusqu'au mur qui sépare actuellement les jardins de la sous-préfecture de la maison Merceron, ancien avoué. De là, les fortifications prenaient la direction du sud par un mur d'enceinte ayant environ 1^{m}50 d'épaisseur, bâti avec des pierres de taille régulières et d'assez grandes dimensions.

Au point où l'enceinte venait couper la rue de l'Hôpital se trouvait une porte, flanquée de deux tours, cintrée en ogive, détruite plus tard lorsqu'on a construit, en 1845, l'hôtel de la sous-préfecture et le palais de justice. Elle se continuait en passant derrière les constructions qui longent à gauche la route de Paris à Bordeaux. L'immeuble occupé par l'auberge de la *Poule-d'Or* paraît avoir été compris dans le périmètre des fortifications, ainsi que les jardins en étages qui se trouvent un peu plus bas et qui rejoignaient la porte de Verteuil.

Tout cela a disparu en grande partie ou a été

largement modifié par les constructions survenues plus tard, qui font voisiner aujourd'hui la maison formant le coin de la rue du Piolet et de la route nationale avec une autre du style Renaissance Henri II (ancienne maison de Verdal), dont les ouvertures accusent la caractéristique des constructions de ce temps.

On aperçoit encore une partie de cette enceinte ou d'une tour, dite porte de Valence, dans le jardin de la maison reconstruite par les soins de M. Mimaud, ancien juge, actuellement occupée par M. Malteste.

Sur l'emplacement de la maison de M. Mourou, ancien avoué, existait un poste où logeaient les gens du guet, près de la porte de ville.

À ce moment, la route nationale n'existait pas, ou du moins était loin d'avoir la largeur de la belle voie actuelle. On sait en effet que la partie de cette route, depuis les Maisons-Blanches jusqu'aux Nègres, fut faite sous Napoléon Ier, lorsqu'il préparait la guerre d'Espagne (1808-1809). Il en avait fait le tracé lui-même, en réunissant ces deux localités par un trait au crayon, disent les uns ; en plaçant son épée sur la carte, prétendent les autres. Dans tous les cas, c'était la ligne droite. Voilà pourquoi on y rencontre des rampes très accentuées ; on avait été vite, sans se préoccuper des accidents du terrain.

En somme, les fortifications entouraient seulement le sommet du mamelon sur lequel est bâti Ruffec et des hauteurs voisines, notamment du cimetière, il est facile de se faire une idée de l'ensemble.

La citadelle de la ville fortifiée existait encore, sous le nom de tour de l'Horloge, en 1834. Elle consistait en une énorme tour, d'une construction peu architecturale, au sommet de laquelle se trouvait une grosse horloge. Elle était située à l'endroit qui s'appelait alors le Grand-Canton de la ville, sur l'emplacement qu'occupent aujourd'hui la place d'Armes et l'hôtel de ville (1834-1835).

En dehors de l'enceinte se trouvaient donc le château et ses servitudes, l'église et le prieuré, puis plus loin, dans la vallée de la *Péruse*, l'église Saint-Blaise dont on voit encore les murs, dans le faubourg du Pontereau, et dont la chapelle indique, par son architecture, et les trois fenêtres longues à cintre de son chevet (une au milieu, deux petites à côté), qu'elle relevait de l'ordre des Templiers.

Tout près de la porte Boistant existait l'aumônerie de Saint-Blaise. Cette aumônerie, dans laquelle chaque voyageur des temps anciens pouvait trouver gîte et soulagement, quand la ville était fermée, était pourvue de rentes foncières et de redevances établies sur beaucoup de fiefs secondaires des alentours, sous la protection des comtes de Ruffec.

A côté de la chapelle et pour mettre en communication la ville avec les villages voisins du Pontereau et du Petit-Roc, on avait jeté sur le lit de la *Péruse* un pont nommé pont Saint-Blaise. On avait alors élevé la chaussée et, par suite, toutes les maisons de ce village se trouvaient pour ainsi dire enterrées. On établit alors en face de la porte du premier étage de chacune de ces maisons une petite passerelle qui faisait communiquer ces habitations avec la chaussée. D'où une succession de ponceaux dont, par corruption de langage, on a fait les « Pontereaux ». Cela existe toujours.

Après avoir suivi du nord à l'ouest la ligne de faîte qui dominait la vallée, les fortifications laissaient en dehors le couvent des Capucins, dont il reste encore une partie, l'autre ayant disparu quand on a construit la sous-préfecture et le tribunal. De quelle époque datait-il ? Du xviie siècle, paraît-il, mais rien de certain ; cependant, si l'on considére que la toiture du bâtiment qui a subsisté est de même nature que celle du château (petites tuiles plates unies), on peut supposer qu'il fut édifié à la même époque. Aujourd'hui c'est un atelier de charronnage, dans la vaste cour duquel on a mis à découvert, en faisant des installations diverses, des murs qui témoignent de constructions importantes.

La légende ruffeccoise prétend qu'un souterrain reliait le couvent, soit avec l'intérieur de la ville fortifiée, comme cela se pratiquait beaucoup alors, soit avec la campagne voisine, et certains croyaient qu'il y avait communication entre le couvent et le souterrain de Nouzières, dont l'entrée se trouve sur la rive gauche de la *Péruse*, à 15 ou 1,800 mètres de la ville, mais l'examen de ce dernier, à parcours assez limité, ne justifie pas cette assertion.

Dans le vaste bâtiment où M. Monnet, charron, a installé une grande partie de son outillage, il existe une excavation circulaire d'environ deux mètres de diamètre, recouverte avec des madriers et des morceaux de bois, dans laquelle on descendait par un plan incliné. Lors d'une visite qui y fut faite il y a quelques années on ne trouva, à une profondeur de plusieurs mètres, que des ossements en assez grande quantité (un ossuaire probablement) et des monnaies dont la plupart étaient des livres tournois. M. Monnet, que le sujet intéressait, a constitué de ces monnaies une petite collection qui n'est pas sans intérêt.

Le couvent des Capucins fut établi lorsque cet ordre

religieux vint combattre les progrès de la Réforme dans nos contrées. La date de sa fondation, qui a déterminé la création de l'hospice, semble devoir être fixée vers 1673, car c'est à cette époque que le pape Grégoire XIII levait l'interdiction qui défendait aux Capucins de s'établir en dehors de l'Italie, ce qui leur permit de fonder des couvents en France. Ils s'opposèrent vaillamment à l'hérésie, qui s'étendait graduellement, même après les guerres de religion. Un évêque de Paris écrit au pape qu'après Dieu, c'était aux Capucins qu'était due la conservation de la foi en France. Ils relevaient des évêques. Il exista jusqu'en 1790, époque à laquelle tous les biens ecclésiastiques furent confisqués au profit de la Nation, qui les vendit sans en retirer du reste aucune utilité. Depuis, cet établissement fut morcelé, vendu à divers particuliers et le département établit sur une partie du terrain une caserne de gendarmerie, remplacée il y a une trentaine d'années par une plus vaste, lorsqu'il fallut y établir deux brigades, l'une à pied, l'autre à cheval. Une prison, aujourd'hui abandonnée, le tribunal et l'hôtel de la sous-préfecture complétaient l'ensemble des édifices départementaux. De l'ancien couvent, il ne subsiste actuellement que les deux tiers de l'ancienne chapelle.

En face, de l'autre côté de la rue, fut édifié un hospice, agrandi depuis, et qui constitue aujourd'hui l'hôpital municipal de Ruffec. D'après la tradition, cet établissement a été édifié par M. Durousseau du Fresneau, gentilhomme du temps, dans des conditions ainsi rapportées :

Ce seigneur, jeune encore, qui menait une vie élégante, joyeuse et facile, rentrant dans la ville de Ruffec, passait près du couvent des Capucins, dont les fenêtres de la chapelle, donnant sur la rue, étaient éclairées. C'était au milieu de la nuit. Il entendit des chants et, curieux de savoir ce qui se passait, s'enquit et apprit que, chaque nuit, à une heure fixée par les règlements, tous les moines se levaient de leur lit et se rendaient à la chapelle afin de chanter les offices. Ce fut pour lui l'occasion de comparer l'existence qu'il menait avec celle de ces apôtres de la foi. Rentrant en lui-même, il décida de changer de vie et de se consacrer au soulagement des misères de ce monde. Il acheta alors le terrain qui se trouvait en face du couvent et y construisit les premiers bâtiments de ce qui devait être l'hospice de Ruffec. Il fit du reste les démarches nécessaires pour faire donner à sa fondation un caractère officiel et il obtint du roi Louis XIV des lettres patentes érigeant en hospice sa fondation.

La porte de ville qui ouvrait de ce côté mettait Ruffec en communication avec les riches pays de la Saintonge. Aussi avait-on établi, « à cinquante-trois mètres » de cette porte, un poste de péage qu'on voyait encore il y a plus d'un demi-siècle, avec son aspect sombre, avant qu'on ait édifié à l'endroit où il existait la maison où se trouve aujourd'hui le Café du Sport.

Les fortifications de la ville ne furent point entretenues. Le château de Ruffec avait été rebâti et les habitants estimaient qu'il était plus avantageux pour eux de verser au seigneur de Ruffec certaines redevances, pour se soustraire aux usages du guet, ce qui mettait le seigneur du château féodal dans l'obligation, en cas de siège, de recevoir dans l'intérieur du château et ses dépendances, des approvisionnements pour les habitants.

Néanmoins, quand M. le comte de Broglie, arrivé d'Italie vers 1672, acheta la terre de Ruffec de M. le marquis de Saint-Simon, fils du duc auteur des *Mémoires*, il engagea contre ses vassaux un procès pour les contraindre par la justice à relever les fortifications de la ville. Il rencontra une résistance opiniâtre de la part des bourgeois et le procès était encore pendant devant le Parlement de Paris, lorsque le comte de Broglie mourut, en 1782. A ce sujet existe encore un mémoire imprimé, présenté par les vassaux du comte de Broglie, parmi lesquels figuraient le chevalier Avril de la Vergnée et le seigneur de Londigny, qui établissait par une argumentation serrée que les exigences de « monseigneur le comte de Broglie étaient aussi mal fondées en fait qu'en droit ». Cet acte était en la possession de M. Jules Mimaud, qui le tenait de son bisaïeul maternel, M. Torel, lequel avait été, du vivant de M. le comte de Broglie, chancelier du château de Ruffec. Nous en avons eu copie.

Avec le temps, tout s'est profondément modifié. Depuis longtemps, Ruffec a rompu la ceinture de pierre qui paraissait suffisante pour la protéger contre les incursions multiples de malandrins ou de bandes armées, comme on en voyait tant à cette époque reculée.

Un mot sur la Maladrerie ou la léproserie de Ruffec. Autrefois, la lèpre, maladie terrible venue d'Orient et qui passait pour incurable, était contagieuse et toujours mortelle. C'était un sujet d'effroi pour les populations. Les malheureux qui en étaient atteints étaient repoussés pàr tout le monde et on obligeait même les pestiférés à porter des clochettes pour avertir ceux qui ne les connaissaient pas de fuir devant eux pour éviter la contagion. De là, la nécessité d'établir en dehors des lieux fréquentés et habités des refuges pour les recueillir et les y soigner. Dans la paroisse de Ruffec il existait un lieu de cette nature, qui s'appelait la Maladrerie. Il était situé au milieu des bois dont il dépendait et que l'on nommait les bois de la Maladrerie.

Dans un champ bordé au nord par la forêt de Ruffec, au midi par le chemin conduisant au bourg de Taizé-Aizie, et à l'extrémité nord de ce champ, touchant presque la forêt, on aperçoit encore une petite éminence de terrain indiquant la place occupée par cet établissement, tombé en ruines depuis le XIV siècle. Ce champ est coupé par un chemin dit « des Morts », par où se faisait autrefois le transport des trépassés des villages de Pérideau, Nouzières, le Bois-des-Fosses, les Gordins, qui, à cette époque, relevaient de la paroisse de Condac, jusqu'à l'église de ce lieu, sans passer par Ruffec. On joignait la partie sud de la forêt, on longeait le bois de la Maladrerie, on coupait la route actuelle de Civray (ancien chemin de Taizé) et on suivait le chemin qui, de la Gagnarderie, conduit à Condac. Plus tard, les villages ci-dessus ayant été compris dans le territoire de la paroisse de Ruffec, ce chemin perdit sa destination, mais garda l'appellation de « chemin des Morts ».

Rentrons en ville par la porte Boistant.

L'établissement des deux belles artères que constituent les routes de Civray et de Confolens a surtout modifié la physionomie de ce côté de la ville. La vallée de la *Péruse* a dû être comblée en partie à une hauteur qu'il est facile d'apprécier et le cours du ruisseau assuré par un pont qui ne suffit que tout juste à l'écoulement de ses eaux les années de fortes crues. Plus près de la ville, le niveau de la chaussée a été établi à une cote sensiblement élevée, ainsi qu'en témoigne le pont sous lequel passe la rue qui, de la rue Boistant, descend jusqu'au *Lien*, derrière l'église.

Une des rues principales, celle des Petits-Bancs, qui prolonge la rue Boistant, n'avait alors en certaines parties, comme largeur, que juste le passage d'une charrette chargée de fourrages. C'est dans la seconde qu'était l'hôtellerie la plus confortable, établie dans le jardin actuel dépendant de la maison de santé, et il y a moins de quarante ans on pouvait voir encore, sur la façade d'un immeuble de cette rue, actuellement la maison Collain, une enseigne alléchante de jambons, boudins, pâtés et saucisses, qui nous rendrait rêveurs, par ce temps de vie chère. On y trouve encore quelques maisons en bois qui témoignent de l'aspect de cette voie, une des plus importantes de la ville et qui aboutit au plateau. Par suite de l'élévation de la chaussée, ces maisons se trouvent en contre-bas de plusieurs marches et, à l'heure actuelle, elles ne constituent guère des habitations réunissant toutes les conditions d'hygiène.

La rue du Bois a gardé quelques témoignages du passé, dont un avec date certaine. Dans l'immeuble occupé par la Société Générale, quand on a rebâti la façade, on a conservé une tête en pierre avec, au-dessous, un cartouche portant la date de 1699 et les initiales M D, qui indiquent sans doute que la première construction avait été faite en 1500.

Un peu plus loin, à gauche, on trouve encore un échantillon assez pauvre de ces vieilles demeures, avec façade en bois et en torchis. Par un hasard providentiel, elle a été une des rares qui ont été respectées par le feu lors du sinistre qui a détruit les immeubles Magnant, au mois de mars 1920.

Dans la même ligne, on peut voir une tour qui faisait partie de l'habitation des La Boissière (ancien siège du fief du Bois), dans la famille desquels elle était passée par suite d'une alliance. Elle est actuellement la propriété de la famille Arnaud.

Certaines rues, telles que la rue du Bois et la rue de Valence, tirent leurs noms de l'existence de deux fiefs de terre noble, situés dans l'enceinte de la ville. La rue de Valence se nommait ainsi, parce qu'elle donnait accès au fief noble de M. de Valence, dont le possesseur jouissait, concurremment avec le seigneur du château de Ruffec, du droit de percevoir les dîmes qui étaient destinées à subvenir aux besoins des édifices du culte catholique et des desservants des paroisses. Ces seigneurs se trouvaient, par suite de la possession de ce droit, dans l'obligation de pourvoir aux besoins du culte. On a pu établir, sur pièces authentiques, le compte de ces dépenses dans les années depuis 1782 jusqu'en 1790. Le fief de M. de Valence existait dans l'ancienne maison Duportal; il n'en subsiste que la chapelle, qui sert actuellement de bûcher.

On trouve encore des vestiges de l'ancien temps dans la rue de la Chaîne, aujourd'hui une des plus négligées de Ruffec et qui eut pourtant son importance, car elle reliait la citadelle avec la ligne des fortifications, dans la direction du château. C'est celle qui commence en arrière de l'ancienne pharmacie Marchand, pour rejoindre la rue du Puits-Graffier.

Dans la partie ouest, à droite de la place d'Armes,

se trouvait aussi un ensemble de rues étroites qu'on peut voir encore et au centre desquelles est la cour du Synode, près laquelle était édifié l'immeuble où se tenaient ces réunions.

Là également sont des vestiges du passé : croisées de dimensions variées, dont une à moulures ; porte épaisse garnie de clous et, à l'intérieur, comprenant vaste cave voûtée avec appartement au-dessus, on voit les restes d'escaliers en pierres.

Les constructions des habitations du Moyen-Age étaient presque toutes du même modèle ; la plupart des façades étaient établies à l'aide d'ossatures de bois montées sur un rez-de-chaussée en pierres. Les étages empiétaient sur la rue. Le premier dépassait le rez-de-chaussée de 50 centimètres et le deuxième avançait sur le premier de 0^{m}60 à 0^{m}70. Cette carcasse consistait en une pièce de bois transversale fixée dans les deux murs latéraux. Sur cette pièce étaient établis à angle droit les montants des ouvertures et, pour « portifier » le tout, de chaque côté des ouvertures se trouvaient des $\times$ en bois, le vide rempli par des moëllons ou du torchis mélangé de poil de bœuf. C'était donc une sorte de cage en bois de forte épaisseur, établie sur un socle de maçonnerie.

On peut encore voir un spécimen de ces constructions dans le pâté de maisons appelé à disparaître qui se trouve derrière l'hôtel de ville, et que la commune vient d'acheter pour les démolir.

Les maisons de plus grande importance avaient ce qu'on appelle « pignon sur rue ». On en vit longtemps un échantillon dont la façade n'avait pas subi de modifications, au nord de la place du Piolet, place sur laquelle existaient autrefois les fourches patibulaires de la justice criminelle seigneuriale du comté de Ruffec. C'est aussi sur cette place qu'eut lieu la seule exécution capitale faite à Ruffec avec la guillotine et dont la victime fut une « faiseuse d'anges ».

Troublé par les querelles féodales, le Moyen-Age ne développa point le goût des habitations de plaisance, ni des jardins et parcs. Avant tout, il fallait assurer sa sécurité et on bâtissait plutôt des forteresses. Dames nobles et chevaliers semblaient goûter le charme de cette nature sauvage qui gardait encore l'empreinte de la rusticité gauloise.

D'après un écrivain, les bords de la *Charente* fournirent souvent aux barons et à leurs cours la lice et les tribunes pour les jeux des tournois.

Au xv⁰ siècle, les conditions de la vie changèrent; les villes se relevaient des ruines de la guerre de Cent-Ans, et d'Italie s'élevait un vent qui soufflait jusque dans nos vieilles provinces l'amour du luxe et des arts ; les châteaux perdaient leurs aspects guerriers pour prendre les allures plus paisibles d'un séjour de plaisance. Nos contrées de l'Ouest n'échappèrent point à ce courant et voici pourquoi beaucoup de cités gardent encore dans leurs murs d'intéressants spécimens d'architecture locale ou de sculptures délicates.

Quoi qu'on ait dit, Ruffec en eut sa part, mais moins heureuse que d'autres villes voisines, notamment Melle, Civray et Confolens, elle a perdu beaucoup de ses souvenirs historiques. Il ne lui reste guère que partie de son vieux château, tandis que Confolens possède encore, parfaitement conservée, une porte de ville à Saint-Michel, des constructions du Château-Vieux et plusieurs maisons dans le genre de celles que nous possédons et qui vont disparaître. Il n'y a plus que la carte postale pour en faire revivre le souvenir. A l'époque où furent construites ces vieilles maisons remontent aussi les escaliers en pierres, installés dans des tours rondes, dont Ruffec renferme encore quelques types (ancienne maison Grugeaud, maison Rimbaud, café de la Comédie, ancienne brasserie Chaléroux, maison Gervais, rue de Valence). Les marches sont d'une seule pièce, incrustées dans le mur circulaire, tandis que les extrémités forment une colonne assez légère d'aspect, mais de solidité à toute épreuve.

A relever le blason et l'écusson armorié qui se trouvent au-dessus de la porte de la tour conduisant de la cour du café de la Comédie à la rue : « Aux armes parlantes, trois navets munis de leur tige et au-dessus cette devise : « Rufurius..... » On croit que c'est un médecin, du nom de Raffoux, qui fit construire cette maison.

La porte massive du couloir du café de la Comédie, avec sa ferrure archi-solide, est une curiosité du passé.

A voir ces vieilles constructions, qui remontent à la fin du xve siècle et qui deviennent de plus en plus rares dans la région, on pourrait croire que l'aspect de Ruffec s'en ressentait beaucoup. Assurément, tout le plateau du centre de la ville, avec ses vastes halles couvrant la place d'Armes et la place du Marché, n'avait pas l'aspect dégagé d'aujourd'hui, mais une réparation intelligente, faite récemment par M. Raoux, avoué, à la maison de cette même époque qu'il occupe rue du Puits-Graffier, témoigne qu'à l'état neuf ces constructions avaient bon aspect. Faut-il trouver dans l'appellation de la rue du Puits-

Graffier le fait qu'un puits, toujours existant, était établi daus le jardin de cet immeuble ?

Par les constructions anciennes qui font partie du pâté de maisons dont nous avons parlé, on peut juger des différences. Tandis qu'une est en torchis simple, avec les X traditionnels, sa voisine est solidement construite en maçonnerie, avec pierres de taille enjolivées formant consoles comme celles qui sont au mur de la chapelle du château, et présentant toujours l'aspect d'une maison appelée à défier encore pendant longtemps les outrages des siècles. C'était la demeure familiale des Pinoteau, dont l'un fut général sous Napoléon Ier. A la mort de M. Eugène Masseloux, le dernier descendant de la famille, ses héritiers n'étant pas d'accord pour attribuer à l'un d'eux le portrait du général, en grand uniforme, en ont fait cadeau à la ville, et il orne la salle des délibérations du conseil municipal.

Il eut été intéressant de pouvoir établir les moyens employés pour ces constructions ; quels en furent les artisans et les propriétaires, mais les actes successifs relatifs à la vente de l'immeuble occupé par M. Raoux n'établissent de droit de propriété qu'à partir du 10 mai 1837 au profit d'une dame Chaigneau, qui en fut déclarée adjudicataire en l'étude de Me Demondion, notaire. Plus tard, elle passa à la famille Millet qui, en février 1851, la revendit à M. Laboureur, par acte passé devant Me Pécolet. Enfin, elle fut acquise de ce dernier par M. Ernest Guilhaud, receveur de l'enregistrement, en février 1872, aux termes d'un contrat passé en l'étude de Me Brumauld de Montgazon. Ce sont ses héritiers qui l'ont vendue à M. Raoux.

Ici se place un souvenir d'enfance. Au bas de la

rue du Puits-Graffier, difficile à tenir en bon état, en raison de la pente qui change la moindre pluie en torrent dévastateur, à l'endroit où la rue fait un coude à droite pour passer devant l'établissement de bains, se trouvait la maison d'un tisserand, vieux philosophe, car les tisserands étaient nombreux à Ruffec en ce temps-là, qui avait pris pour enseigne la devise latine : *Faber opere cognasitur*. Notre maître d'école d'alors, M. Bouisset, ne manquait pas de nous la traduire ainsi : *C'est à l'œuvre qu'on connaît l'ouvrier*, et en profitait pour nous faire une dissertation sur la valeur personnelle que pouvait acquérir tout enfant studieux. Que ces temps sont loin !

Sur le plateau existait tout un ensemble de halles en bois, à toitures basses, couvrant la place d'Armes, jusqu'au moment où on construisit l'hôtel de ville.

Longtemps on put voir, du côté ouest de cette place, des couverts comme on en trouve dans la plupart des villes fortifiées. L'installation de l'Epicerie parisienne, en 1885, a fait disparaître la dernière maison en bois et torchis qui s'y trouvait et dont le premier étage formait couvert. L'immeuble occupé par le café de la Comédie indique cependant la profondeur du passage, alors élargi par de fortes pièces de bois faisant saillie sur la rue. C'était le point de réunion des habitants du voisinage et des promeneurs, surtout après la disparition des halles. A une époque où le canon était peu connu, les habitants trouvaient sous ces abris une sécurité relative et, entourées de défenses plus ou moins sérieuses, les villes fortifiées servaient de refuge aux populations environnantes, lorsque les malandrins osaient attaquer en force.

On a cru longtemps que la cloche de l'horloge de Ruffec qui indique les heures était celle qui existait au sommet de la citadelle. D'après les anciens, cette cloche, fondue à l'époque la plus violente de la Révolution française, portait cette inscription : « Je ne sonnerai que pour la mort des rois et le triomphe de la liberté ! » Mais depuis, des actes authentiques ont détruit cette légende.

Des trois cloches qui, sur notre hôtel de ville, servent à noter la marche du temps, deux, celles qui sonnent les quarts et les demi-heures, ne portent que cette mention : « Fondue pour M. Wagner, horloger-mécanicien à Paris, par M. Cavillier, fondeur à Amiens. » Celle du milieu, plus grosse, sonnant les heures, porte l'inscription suivante : « Boulanger, fondeur, 1791. — J'ai été fondue l'an second de la Liberté française et je ne sonnerai que pour réunir les chrétiens et amis de la Loy, de la Nation et du Roy. »

A ce sujet, le registre des délibérations du corps de ville nous fournit les renseignements suivants : Dans la séance du 8 décembre 1834, lecture est donnée d'une lettre de Mme la marquise de Marcieu, réclamant l'horloge de la ville comme ayant appartenu à son père, mais sa demande est repoussée par ce motif « que l'horloge a été achetée par la commune de Ruffec, en 1794, à un M. Wagner, à Paris, pour la somme de 1.600 fr. en assignats ; que la vieille horloge, remplacée comme totalement hors de service, a été vendue comme ferraille ; que l'on ignore où a été versé le faible prix de cette vente ; que l'ancienne cloche de la sonnerie, qui était depuis longtemps cassée, fut remise au district et que les administrateurs permirent à la ville d'en prendre une autre parmi toutes celles qu'on y avait réunies des différentes communes de l'arrondissement et qui, peu après, furent envoyées aux fonderies. »

Que de détails il y aurait à consigner si nos ancêtres avaient eu tant soit peu, comme votre serviteur, la manie d'écrire !

Mais si vous avez quelques loisirs, fouillez un peu partout, surtout dans les petites rues, dans les impasses, vous trouverez d'assez nombreux vestiges du passé : portes et fenêtres enjolivées de moulures, bâtiments à portes basses, massives, devenus à usage de servitudes qui, jadis, étaient considérés comme le *summum* du genre en constructions, avec des pièces de bois énormes, que l'on ne ménageait pas et qui ont résisté au temps, mais qui offrent une proie facile au moindre incendie.

Telle était, il y a près de quatre siècles, la physionomie générale de notre petite ville.

On trouve encore, par ci par là, quelques échantillons de la ferronnerie ou de la serrurerie de ce temps-là, travaux faits à la main par des ouvriers de valeur, et qui semblaient bien de nature à défier les ravages du temps, mais ils sont plutôt rares, tout au moins dans les objets de l'extérieur : ferrures de portes, serrures, verrous, plaques d'entrées, etc. Quelques vieilles armoires, toujours soigneusement recherchées par les amateurs, offrent de beaux spécimens de ces travaux, que les ouvriers d'aujourd'hui examinent avec curiosité.

On peut trouver encore trois ou quatre plaques de cheminées en fonte, de dimensions en rapport avec les constructions du temps, et qui portent en relief les armoiries de quelques-uns des seigneurs de Ruffec.

Naturellement, il faut chercher ces souvenirs dans la limite des fortifications. Quelques vieilles tapisseries attirent aussi l'attention des amateurs.

Nous regrettons de ne pouvoir donner ici un aperçu des coutumes de nos aïeux à cette époque lointaine.

Dans un ouvrage consacré à cette époque, il est dit au sujet de Paris, qu'au Moyen-Age fut établie une législation de grande importance et qui suffirait à elle seule pour attester le grand développement qu'avait pris l'industrie dans la France du XIII siècle. Cependant, ajoute l'auteur, les rues de Paris étaient étroites et tortueuses ; les boutiques des marchands, à peine éclairées par de petites lucarnes, portaient le nom d'*ouvroirs* ; on étalait les marchandises aux fenêtres et sur les portes, et les règlements sur les métiers défendaient aux marchands d'appeler l'acheteur chez eux avant qu'il ait quitté la boutique de leur voisin.

Les fenêtres par lesquelles les boutiques prenaient jour sur la rue avaient à leur base inférieure une tablette de pierre ou de bois formant saillie et servant d'étal pour les denrées et marchandises ; la vente se faisait au travers de ces fenêtres, en sorte que l'acheteur restait dans la rue et le marchand dans sa boutique. Chaque fenêtre était surmontée d'un auvent qui mettait à l'abri les chalands en cas de pluie.

Il est dit dans les registres des métiers qu'au XII siècle on fermait les boutiques le soir, aussitôt que la cloche de l'église voisine avait sonné l'*Angelus* ; il était d'ailleurs enjoint par les règlements, à chaque corps d'état, de suspendre le travail au dernier coup de vêpres ou de l'*Angelus*, ou à l'heure du couvre-feu. Les gens de métier ne pouvaient travailler à la lumière parce que, disaient les statuts, cela aurait nui à la perfection et à la solidité de l'ouvrage.

D'après un auteur, au Moyen-Age, la foi et les pratiques de la religion sanctifiaient et relevaient toutes les professions, toutes les conditions sociales.

Les professions se rattachant à la nourriture : meuniers, boulangers, bouchers, charcutiers, rôtisseurs, cuisiniers, pâtissiers, cabaretiers, jouissaient d'une grande prépondérance et avaient acquis des richesses considérables. Il y avait des marchands dont l'unique métier était de faire des sauces, qu'ils colportaient dans les rues.

Les cheminées n'étaient pas, encore connues et nos pères n'avaient qu'un chauffoir ou poële commun à toute une famille, quelquefois à plusieurs.

Nos aïeux, doués d'estomacs plus robustes que les nôtres, mangeaient non seulement le héron, mais aussi la grue, la corneille, la cigogne, le cygne, le cormoran et le butor. On dédaignait le gibier lorsqu'il était jeune, parce qu'on le regardait comme indigeste ; on ne faisait aucun cas du levraut ni du perdreau, mais on recherchait le lièvre et la perdrix. Le chevreuil, le cerf et le sangier, quoique très communs, étaient réservés pour les tables des grands. Dans les festins royaux on servait des paons, que les vieux romanciers signalaient comme *nourriture des amants* et *viande des preux*.

Les cervoisiers étaient les limonadiers du Moyen-Age ; leurs brasseries servaient de lieu de rendez-vous aux jeunes gens et aux colporteurs de nouvelles. Mais ce genre de commerce se trouva insensiblement restreint à d'étroites limites, car le vin devint la boisson dominante.

Ce court emprunt aux mœurs de l'époque, pour

Paris, peut donner une idée de ce qu'était la vie dans l'ensemble du royaume.

Un autre auteur nous fournit la description d'un château du Moyen-Age :

Au milieu de son domaine, défendu par des murs de pierre, le seigneur féodal nous apparaît comme ces rois de la Grèce primitive qu'a chantés le vieil Homère.

Le château féodal du XIe siècle comprend une exploitation agricole ; c'est une grande ferme, c'est un grand atelier et c'est une petite ville où les grandes villes elles-mêmes trouveront leur origine.

Au centre, se dressait la maîtresse tour, où l'on se pressait pour la défense ; à son ombre était construite la résidence seigneuriale proprement dite, c'est-à-dire le « palais. »

Du haut du donjon, le veilleur scrutait l'horizon ; il avertissait de l'approche des ennemis ou signalait l'arrivée des visiteurs devant lesquels on abaissait les ponts-levis. Pour tuer le temps, il jouait de la flûte ou du chalumeau, ou chantait une de ces chansons d'amour qu'on nommait des chansons de gaîtés. Les abords du donjon étaient gardés par des hommes d'armes.

Des mendiants se tenaient ordinairement sur les degrés inférieurs du grand escalier par lequel on accédait à la résidence du seigneur, escalier qui a joué un rôle important dans la vie féodale, car les hôtes du château en occupaient volontiers les marches de pierre lisse pour y prendre l'air et pour deviser ; au pied de l'escalier se livraient les combats singuliers, les joutes et se déroulaient les quintaines ; sur les degrés prenaient place les spectateurs, et les combattants venaient s'y reposer. Les degrés de pierre étaient soutenus par des voûtes sous lesquelles les pauvres, les mendiants pouvaient prendre abri.

Dans le château féodal, deux salles principales. Dans l'une se déployait la vie publique. Le seigneur y tenait ses assises ; il y recevait les messagers, donnait ses fêtes ; dans l'autre, appelée chambre, qu'il partageait avec sa femme, il recevait ses intimes ; c'est là, près du foyer, que se dévidaient les longues causeries des soirées d'hiver. De grands coffres de bois, qui renfermaient les effets du châtelain et de la châtelaine, y servaient de sièges, car l'ameublement de ces pièces était des plus rudimentaires ; elles étaient à peu près nues. Dans la première salle les sièges étaient des bancs de pierre taillés au long des murs ou dans les ébrasements des fenêtres ; on les complétait par des sièges pliants que l'on apportait à l'occasion.

D'après un guide de la bonne Société au xiiiᵉ siècle, la maîtresse de maison qui recevait à table, devait notamment s'occuper du service, donner des ordres aux domestiques d'une façon très ostensible, de façon que les hôtes voient bien qu'elle est toute à son affaire, politesse qui leur montre dans quelle estime elle la tient.

Si l'on n'a pas sur cette époque, sur la vie et les coutumes des habitants, tous les détails qu'on aurait plaisir à connaître, il n'en faut pas moins croire que dès ce moment régnait à Ruffec une certaine animation industrielle.

Dans un des procès-verbaux des séances de la Société archéologique, *Bulletin monumental* de 1912, il est parlé d'un archéologue estimé qui, dans une étude sur les architectes de la cathédrale de Clermont, attribue à Louis Demarcq, horlogeur de la ville de Ruffec, en Poitou, le grand beffroi datant de 1606, que l'on admire encore au sommet d'une tour latérale de la dite cathédrale.

D'après M. Chauvet, ancien président de la Société archéologique de la Charente, aujourd'hui président de celle des Antiquaires de l'Ouest, à Poitiers, ce fut un fondeur établi à Ruffec au xviᵉ siècle, Henry Colin, qui fondit avec Jean Osmont, de Paris, la cloche destinée à l'horloge de Poitiers.

A la mairie de Ruffec ont été conservés les registres paroissiaux depuis 1601 jusqu'à 1792 inclus, représentés par quatorze cahiers ou volumes, dont les premiers sont en assez mauvais état et rendent les recherches difficiles. Seuls font défaut ceux des années 1669,

1693 et 1694. Dans le rapport de l'archiviste départemental au préfet, en 1896, il est dit : « Ces actes présentent un réel intérêt au point de vue de l'histoire locale, » et il fait mention des baptêmes et mariages survenus pendant cette période de près de deux cents ans.

Empruntons-lui les faits principaux :

3 juillet 1601. — Baptême de Marie, fille de Simon Prévéraud, sénéchal de Ruffec.

20 janvier 1603. — Baptême d'Anne Delâge, célébré « avec le tambour batant » et où il y avait bonne compagnie, entr'autres MM. de Villognon, Bourbeau, des Fenestres, du Mény, de la Touche, procureur fiscal, et plusieurs autres.

14 janvier 1619. — Baptême d'un fils de Jean Bouillon, nommé par Jean de Volvire, abbé de La Couronne, seigneur de Boisseguin.

6 novembre 1629. — Baptême d'Anne Varin, nommée par Georges de Jousserand, écuyer, et Anne Gianot, femme de Jean Vivant, écuyer, maître d'hôtel du marquis de Ruffec.

8 août 1627. — Baptême de Moïse, fils d'Adrien André, précepteur de jeunesse de la ville de Ruffec.

15 octobre 1634. — Baptême de Charles, fils de Louis Guillaud, maître-chirurgien, et de Jeanne Hélion, nommé par Guillaume de Massacré, gentilhomme, seigneur de L'Abrègement.

Baptême de Louis, fils de Jean Amiaud, notaire, nommé par Louis Guillaud, receveur général du marquisat de Ruffec.

8 septembre 1650. — Baptême de Marie, fille d'André Leverrier et de Louise Gallais, nommée par madame Jeanne-Marie de La Rochefoucauld.

13 décembre 1665. — Baptême de Marie, fille de

Jean des Prés, chevalier, seigneur de Frédières, l'enfant nommée par deux pauvres mendiants.

3 mai 1666. — Baptême de Pierre, fils d'autre Pierre Coyteux, juge assesseur au siège du marquisat de Ruffec, et de Catherine Arnault.

18 mars 1667. — Baptême de Marguerite, fille de messire Henri de Volvire, écuyer, chevalier, seigneur de Touchabrand, et de dame Eymerie de Corgnol, nommée par Jean de Volvire, chevalier, seigneur du Vivier, et Marguerite Normand, dame de Magné.

18 mai 1684. — Baptême de René, fils de Jacques Giraud, procureur fiscal du marquis de Ruffec, et de Jeanne Tartas, nommé par René de Gogué, écuyer, capitaine des ville et château de Ruffec.

12 août 1691. — Baptême de Charlotte, fille de Pierre Rouchier, cordier, nommée par Jean de Volvire, chevalier, seigneur de Touchabrand, et dame Charlotte de Laubespine, femme de Monseigneur Claude, duc de Saint-Simon, pair de France.

28 janvier 1707. — Baptême de Marie-Madeleine, fille de Louis Corgnol, écuyer, chevalier, seigneur de Tessé et de Beauregard, et de Marie Caillot, nommée par Pierre Caillot, écuyer, sieur de La Renaudière, et Marie-Madeleine de Ponthieu de Chives.

7 novembre 1709. — Baptême de Guillaume, fils de Pierre Garnier de La Boissière et de Françoise Desmoulins.

Février 1711. — Baptême de Marie, fille de François Coyteux, sieur de Lordaget.

6 août 1738. — Baptême de Anne-Blanche, fille de André Brumauld, sieur de Montgazon, et de Catherine Querron.

29 janvier 1739. — Baptême de Suzanne, fille de

Joseph Juste, écuyer, seigneur de Nouzières, et de Marguerite Froment.

3 octobre 1757. — Baptême de Jean, fils de Charles-Jean Pinoteau, procureur et notaire au marquisat de Ruffec, et de Catherine Coste.

3 février 1765. — Baptême de Jean-François, fils de Chârles Blanchet, avocat au présidial, procureur fiscal de Ruffec, nommé par Charles, comte de Broglie, marquis de Ruffec, et Françoise de Volvire-Massacré, dame de L'Abrègement.

8 janvier 1769. — Baptême d'Anne-Marie, fille de François-Alexandre Lériget de Grandbois, écuyer, garde du corps du roi, et de Marie Garnier de La Boissière.

29 avril 1769. — Baptême de Pierre-Joseph Brumauld de Montgazon, nommé par Pierre Prévôt du Las, sénéchal et juge du marquisat de Ruffec, subdélégué de l'intendant de la généralité de Limoges.

13 décembre 1665. — Mariage de Mathurin Green de Saint-Marsault, chevalier, seigneur de Rieumartin, en Saintonge, avec Renée de Volvire, de la paroisse de Saint-André de Ruffec.

29 juin 1686. — Mariage de Jean Garnier, écuyer, sieur de La Boissière, avec Jeanne Girardin.

7 octobre 1705. — Mariage de François Avril, écuyer, sieur de la Guionnerie, paroisse de Bernac, avec Anne Barraud, de la paroisse de Saint-André de Ruffec.

7 novembre 1707. — Mariage de Pierre Garnier, écuyer, sieur de La Boissière, fils de feu Jean Garnier et de Jeanne Girardin, avec Françoise, fille de Jacques Desmoulins, capitaine du château de Ruffec.

3 février 1711. — Mariage de Etienne, chevalier, seigneur de La Voularnie, avec Anne, fille de Pierre Coyteux, assesseur au siège du marquisat de Ruffec.

23 janvier 1735. — Mariage de Jacques, fils de Pierre Garnier, écuyer, sieur de La Boissière, et de Françoise Desmoulins, avec Marie Biraud.

21 avril 1742. — Mariage, dans la chapelle du château de Ruffec, de Philippe de Nesmond, chevalier, seigneur de Brie, avec Marguerite-Jeanne, fille de Pierre Garnier, écuyer, sieur de La Boissière, le Breuil-Charente et autres lieux, et de Françoise Desmoulins.

25 avril 1745. — Mariage de André Mimaud, sieur de La Fuie, fils de Gabriel Mimaud, procureur fiscal de Ruffec, et de Marie Coudert, avec Jeanne, fille de feu Pierre Brumauld et de Marie-Françoise de Pindray.

20 novembre 1750. — Mariage de Olivier-Mathurin d'Hémery, chevalier, seigneur de Cernay, avec Marie-Anne de Massacré de L'Abrègement, paroisse de Bioussac. Bénédiction nuptiale donnée par André de Saluces, abbé commandataire de l'abbaye de Saint-Amand-de-Boixe.

23 mai 1759. — Mariage de Jean Lelong, sieur de Longpré, veuf de Marie-Anne Bonnard, avec Charlotte, fille de défunt Jean Coudert, en son vivant procureur et notaire au marquisat de Ruffec.

30 mai 1761. — Mariage de Jean Coyteux, sieur de Lordaget, veuf de Louise-Silvie de La Salle, avec Marie, fille de défunt Simon de Livran, écuyer, capitaine au régiment de Beauvoisis, et de Jeanne Sarrazin, tous les deux de la paroisse de Ruffec.

18 février 1765. — Mariage de Barthélemi Feunette, ingénieur et arpenteur général du marquisat de Ruffec, avec Marie, fille de défunt François Coyteux, sieur de Lordaget.

3 décembre 1766. — Mariage de Jean-Baptiste David

de Laluyaux d'Ornay, ancien capitaine de la bourgeoisie de Charleville, avec Marguerite, fille de Pierre Gautier, sieur du Mas, et de Françoise Deval, en présence du comte de Broglie, marquis de Ruffec, et des seigneurs Joseph-Amédée de Broglie, évêque d'Angoulême, et Charles de Broglie, évêque de Noyon et pair de France.

5 février 1771. — Mariage de Pierre Gréaud, sieur du Bois, avec Marie-Jeanne-Victoire, fille de François Balland, notaire royal, et de défunte Marguerite-Joseph Just.

8 novembre 1779. — Mariage d'Alexis-Bruno-Etienne de Vassé, marquis de Vassé, vidame du Mans, gouverneur de Rennes et du château de Plessis-lès-Tours, seigneur de Vassé, Orthez, Mézières et autres lieux, avec demoiselle Louise-Françoise de Broglie, âgée de 19 ans, fille de Charles de Broglie, marquis de Ruffec, chevalier des ordres du roi, lieutenant-général de ses armées, ci-devant son ambassadeur près le roi et la République de Pologne, et de dame Louise-Auguste de Montmorency.

15 janvier 1781. — Mariage de Jean Pinoteau, notaire royal, fils de Jean-Charles Pinoteau, contrôleur des actes et receveur des domaines du roi à Ruffec, avec Louise-Henriette, fille de Jacques Tribert, bourgeois de Ruffec, et de Françoise Mathé.

6 octobre 1781. — Mariage de Louis Seiller, directeur-caissier de la forge de Ruffec, âgé de 40 ans, avec Françoise-Louise, fille de Jacques Tribert, bourgeois de Ruffec.

2 juin 1783. — Mariage, en la chapelle du château, de Jules-Marie-Henri de Faret, marquis de Fournès, avec demoiselle Philippine-Thérèse de Broglie, fille de Charles de Broglie, marquis de Ruffec, en présence des évêques de Poitiers et d'Angoulême.

Le même jour, mariage de Nicolas-Gabriel-Aimé, comte de Marcieu, avec demoiselle Adélaïde-Charlotte de Broglie, autre fille de Charles de Broglie, marquis de Ruffec.

7 septembre 1784. — Mariage de Louis de Chevreuse, écuyer, chevalier, seigneur de Guidier-en-Couture, âgé de 33 ans, fils de défunt René de Chevreuse, seigneur de Couture, et de défunte Anne Prévéraud, avec Marie-Lucile Brumauld de Montgazon, fille de Pierre Brumauld, écuyer, sieur de Montgazon, ancien conseiller du roi, contrôleur des guerres, maire de la ville de Ruffec, et de dame Hélène Chabot, en présence d'Antoine Brumauld, écuyer, sieur des Allées, chevalier de Saint-Louis, seigneur de Villeneuve; de Jean Prévéraud de Sonneville, écuyer, cousins germains; de Jacques Chabot, écuyer, seigneur de Joué, et de Joseph Chabot, écuyer, seigneur de Bouin, oncles paternels de l'épouse.

29 janvier 1788. — Mariage de François Mallebay, dit Lavigerie, écuyer, ancien gendarme de la garde du roi, avec Antoinette-Anne Lériget, fille de Louis-Gabriel Lériget, avocat au Parlement.

24 juillet 1792. — Mariage de Charles Lériget de Grandbois, fils d'Alexandre et de défunte Marie Reignier, avec Françoise, fille de Pierre Brumauld de Montgazon, maire de Ruffec, et d'Hélène Chabot.

N'allons pas plus loin, pour ne point fatiguer le lecteur.

Les registres paroissiaux des communes de Messeux, Saint-Gervais, Saint-Gourson et Vieux-Ruffec, contiennent aussi des actes de même nature.

Et maintenant, quelques faits de détail :

A la formation des gardes nationales, en juillet 1789, le comte de Broglie fut élu colonel-commandant de celle de Ruffec, dont faisaient partie Garnier de La Boissière, Brumauld de Montgazon, comme capitaines, et Pinoteau, sous-lieutenant.

Larousse signale un Saint-Simon Claude-Anne, marquis, général français, né au château de La Faye (Charente) en 1743, mort à Madrid en 1819. Il servit d'abord dans l'armée et prit part à la guerre de Sept-Ans. Colonel en 1771, il fut nommé maréchal-de-camp en 1780 et détaché au service de l'Espagne. Dans la guerre d'Amérique il commanda une division à côté de La Fayette. A son retour en France, en 1783, il fut nommé gouverneur de Saint-Jean-Pied-de-Port. Député de la noblesse d'Angoumois en 1789, il émigra bientôt en Espagne, y devint maréchal-de-camp en 1793, puis lieutenant-général et capitaine-général de la Vieille-Castille.

Si l'on en croit certains documents, la vie du seigneur n'était point exempte de soucis et de charges.

En 1813 et années suivantes se déroula devant le tribunal de la Seine un curieux procès, relatif à une rente viagère de 600 livres, laissée par M. de Broglie, évêque de Noyon, au sieur Boudray, son valet de chambre.

L'évêque de Noyon avait, par testament olographe, laissé 44.000 fr. à son frère, M. Charles de Broglie, propriétaire des moulins de Condac, à charge par lui de payer cette rente. A la mort de M. Charles de Broglie, ses quatre enfants : Mme de Marcieu, Mme de Foürnès, Mme de Vassé et M. le comte de Broglie, maréchal des camps et armées du roi, commandant le département de la Charente, acceptèrent la succession de leur père sous bénéfice d'inventaire, puis s'immiscèrent dans les affaires de la succession et firent acte d'héritiers. Le sieur Boudray, dont la rente viagère n'était pas payée depuis plusieurs années, intenta alors aux héritiers de Broglie une série de procès et obtint non sans peine le paiement de sa rente et des arriérés.

Voici donc résumés ou tout au moins réunis divers éléments relatifs au passé de notre petite ville et qui permettent, au cours de promenades avoisinant Ruffec, de se faire une idée assez exacte de la cité il y a plusieurs siècles. Un des points les plus favorables est la partie sud-ouest du cimetière, d'où le regard embrasse une vaste étendue des terrains nord, est et midi, et d'où l'on peut suivre en grande partie la ligne des anciennes fortifications.

Dans un volume publié en 1913, M. Chevalier, curé de Verteuil, a publié divers actes d'échanges, constitutions de rentes, etc., passés entre François de Voluyre, seigneur de Ruffec, et Charles de Voluyre, son frère, seigneur de Raix, mariés avec Jeanne et Marguerite de La Rochefoucauld, les deux sœurs, plus de longues listes de gens de toutes conditions ayant habité Ruffec et les environs.

✻_✻

Donnons place aux notes patiemment réunies par M. le docteur Malteste,  I, qui nous les avait remises quelques semaines avant sa mort, et dont la plupart proviennent des papiers de sa famille :

Jean de Voluyre, seigneur de Ruffec, passe le 1er janvier 1459 un contrat d'échange avec Aimery II, abbé de Nanteuil-en-Vallée, par lequel le dit Aimery transporte au seigneur de Ruffec, contre certaines rentes, le droit de prendre chacun an 12 deniers sur les bouchers détaillant chair, habitants du dit lieu de Ruffec, et une pièce de chair sur tous les autres bouchers étrangers débitant viande en la ville de Ruffec le jour de la foire de Saint-André (28 novembre). Ces droits sur les bouchers avaient été cédés en 1201 aux religieux de Nanteuil par Hirvoix II, seigneur de Ruffec, pour subvenir à l'entretien d'une chapelle dans l'église abbatiale de Nanteuil. Par cette transaction de 1201, le seigneur de Ruffec reconnaissait que les religiéux de Nanteuil étaient fondés, en droit comme en fait, à exercer toute juridiction haute et basse dans le village et territoire de Nanteuil.

Le 11 mai 1490, Jean de Voluyre vend et transporte à perpétuité, à *cause de ses grandes affaires*, à révérend père en Dieu messire Jean Vigier, évêque de Lavaur et trésorier de la Sainte-Chapelle de Bourges, conseiller du roi notre sire en sa cour du Parlement, 200 livres de rente consistant en rentes *tant de blé, argent, que poulailles*, pour la somme de 3.000 livres. Par le même acte, le dit seigneur vend aussi à Jean Vïgier, pour 1.000 livres, le revenu de la grande halle de la boucherie de Ruffec, qui était estimé 60 livres.

Jean de Voluyre était obligé d'hypothéquer tous ses biens et revenus, le 12 avril 1496, pour garantir la rente Vigier.

Le 10 octobre 1494, Jean de Voluyre donne à François de Voluyre, son fils aîné (par manière de provision et durant la vie du seigneur de Ruffec seulement), la terre et seigneurie de la Grange, assise dans la châtellenie de Montbron. Il lui donne aussi une rente de 150 livres tournois, à prendre sur le guet de la seigneurie de Ruffec (la livre tournois valait 20 sols). Par ces donations, le seigneur de Ruffec se libérait de la rente de 458 livres 15 sols tournois qu'il devait payer à son fils François, par suite de son contrat de mariage, dans le cas où il ne voudrait pas habiter avec lui.

Ce même jour, par un autre acte passé *au jardrin* du château de Ruffec et signé Guerry et Roy, François de Voluyre prête à son père 1.000 livres tournois, « tant en or que en monnaie du roi, le tout au coin du roi notre sire ». Cette somme était destinée à retirer une partie des rentes vendues par le seigneur de Ruffec à l'évêque Jean Vigier. Dans le cas de non remboursement, Jean de Voluyre devait payer à son fils François une rente de 100 livres tournois. Comme garantie, le seigneur de Ruffec hypothéquait tous ses biens.

Le mardi 10 octobre 1514, Thomas de Tartas, maître d'hôtel et procureur de François de Voluyre, assistait avec Nicolas Imbaud, abbé de Nanteuil, à la lecture et publication des coutumes d'Angoumois, dans la salle du château d'Angoulême.

A cette époque, l'année finissait le 24 mars et cela dura jusqu'en 1563, à l'ordonnance de Roussillon, rendue par Charles IX et le chancelier de l'Hôpital, laquelle décidait qu'à l'avenir, l'année civile commencerait le 1er janvier.

Une autre ordonnance de Villers-Cottérets (1539) avait prescrit la tenue des registres de l'état civil par les curés, mais ces actes ne furent bien rédigés qu'après l'ordonnance d'avril 1667, qui recommandait aux curés de remettre au greffe du siège royal un double de leurs registres des baptêmes, mariages et sépultures. Comme beaucoup de curés ne tenaient pas compte de cette recommandation, le roi Louis XV publia le 9 avril 1736 une nouvelle ordonnance qui réglementa tous les actes de l'état civil depuis le 1er janvier 1737 jusqu'à la loi du 20 septembre 1792, qui déterminait le mode de constater l'état civil des citoyens et ordonnait la remise des registres paroissiaux dans les archives des mairies.

Jeanne du Courret, fille de René et de Louise de Poix, épousa, en janvier 1553, René de Voluyre, seigneur d'Aunac et du Vivier.

Parmi les pièces justificatives des droits des seigneurs de Ruffec figure le compte-rendu d'une réunion tenue sous les halles, assemblée qui avait pour but de désigner l'emplacement où l'on reconstruirait les murailles de la ville. Plusieurs habitants de Ruffec trouveront dans cette pièce les noms de leurs ancêtres.

Le 30 mai 1555, les manants et habitants de Ruffec se transportent par devant haut et puissant seigneur René de Voluyre, baron, seigneur de Ruffec, d'Empuré, de la Grange et Charmé, en son châtel de Ruffec, pour le prier que son plaisir fut leur permettre de réédifier et de refaire les murailles et fossés de la dite ville, à la même place que les anciennes clôtures, ou de les faire plus grandes, s'en remettant à son bon plaisir. Le haut et puissant seigneur consentit à ce que les dits manants et habitants s'accordassent sur la situation des murailles et autres choses nécessaires à la fortification de la dite ville, à condition de lui payer comme par le passé le droit de guet, qui est de 11 sols tournois pour chaque feu, et les autres devoirs accoutumés.

Les manants et habitants de Ruffec s'étant entendus sur la situation des murailles avec de la Barre, capitaine de Ruffec, ayant procuration de haut et puissant seigneur de Ruffec, la convention suivante fut passée :

Entre de la Barre, représentant le seigneur de Ruffec ; Pierre Mesturas, juge du dit châtel ; Jacques Carmignac, procureur du dit lieu ; Mᵉ Jacques de Lamaschou, Guillaume Pascaud, Jean Francau, Jean Baudin, François David, François Péron, Jean du Bois, dit Cabane ; Pierre Lériget, fils de Colin Lériget ; François Dognon, Jean Vinatier, Pierre Mourou, Robert Lériget, Guillaume Augrai, Guillaume Courvatier, Colas Vinant, François Coudiau, Jean de la Coudre, Jean Chaussonneau, François Vinatier, Charles Gaillard, Pierre de la Maison, Pierre Fonteneau, André Michaud, Jean Mimaud, Jean Regnaud, Mᵉ François Dumaignou, Mᵉ André Jourdin, Pierre Bollogne, Jean de la Coudre jeune, Pierre Bigaud, Pierre Philippe, Jean Perrot, Mᵉ Jean Mouret, Guillaume Dragon, Jean Budier, Jean Guiot, Pierre Boutin, Pierre Tartas, Jean Dumagnou, Jacques de la Maison et autres habitants de la ville de Ruffec faisant la majorité, il fut convenu que le seigneur de Ruffec consentait à ce que les habitants fassent une plus grande clôture que l'ancienne, et pour cela il abandonnait les baux et corvées qui lui sont dus pendant quatre ans et les années qui pourraient de plus être nécessaires pour l'achèvement des clôtures et murailles, excepté quand le haut et puissant seigneur aura besoin de ces baux et corvées pour les affaires et négoce de sa maison, ou pour ramasser les fruits ; moyennant quoi les manants et habitants promettent pour eux et leurs successeurs de payer et continuer à payer au dit seigneur et à ses successeurs le droit de guet et les devoirs tels que dessus, par an, au lieu et termes accoutumés. Il fut aussi convenu que les gardiens de clôture seraient nommés chaque année, le jour de dimanche de Quasimodo, par le capitaine ou lieutenant, avec quatre personnages des dits manants et habitants qui seront élus par les habitants.

L'exécution de ce contrat, fait et passé sous la grande halle de Ruffec, le 30 mai 1555, devait commencer deux mois après. La pièce est signée : de la Barre, Jourdin et Pascaud.

Pascaud avait été nommé procureur fiscal de la baronnie de Ruffec, aux gages de 25 livres tournois, par François de Ruffec, le 13 février 1553. Signé François de Ruffec et Carmignac.

Après la mort de Balthazard Pascaud, survenue au commencement de l'année 1560, Philippe de Voluyre, seigneur de Ruffec, gentilhomme ordinaire de la

chambre du roi, nomme à sa place Blondeau, garde
et notaire ordinaire du scel de la cour de Ruffec
(28 janvier de la même année). Signé Philippe et
Mesturas, gradué en droit, juge ordinaire de la
baronnie de Ruffec.

Dans l'inventaire des archives du château de
Chambes, commune de Voulême (Vienne), figure une
quittance de guerre donnée par Philippe de Ruffec à
Alexis Brothier, attaché à la trésorerie générale de
l'extraordinaire des guerres.

En 1575, le duc d'Alençon, frère de Henri III, chef
des mécontents, avait quitté la cour et embrassé le
parti des protestants. C'est à ce moment que le roi
de Navarre embrassa publiquement le calvinisme à
Niort et se rendit à La Rochelle. On essaya tous les
moyens pour ramener le duc d'Alençon et la reine-
mère, Catherine de Médicis, vint le trouver au mois
d'octobre en Poitou. Comme après de longues contestations on ne pouvait arriver à conclure la paix, la
reine-mère et le duc d'Alençon signèrent une trêve
de six mois, à partir du 22 novembre 1575 jusqu'au
25 juin 1576. Une des conditions principales de cette
trêve était l'abandon aux calvinistes de six villes de
sûreté, parmi lesquelles Angoulême, qui devaient être
rendues à l'expiration de la trêve. Mais Philippe de
Voluyre, gouverneur d'Angoulême, refusa de se
dessaisir de la ville en faveur du duc d'Alençon, ce
qui obligea Catherine de Médecis à retourner auprès
de son fils, qui était à Ruffec, et auquel elle fit
agréer Cognac en Angoumois à la place d'Angoulême.

Le duc d'Alençon fit publier la trêve dans son camp
le 22 décembre. Malgré cela, il se préparait encore à
la guerre et quelques jours après il partit de Ruffec
pour se diriger sur Charroux et, de là, rejoindre

l'armée de reitres qui venait au secours des protestants français. Avant son départ, le duc avait failli être empoisonné, ainsi que Thoré, avec du vin qu'on leur avait servi, mais dont heureusement ils n'avaient bu qu'une petite quantité.

Un fils de Philippe, Jean de Voluyre, abbé de La Couronne, seigneur de Boisseguin, et demoiselle Eléonore de Voluyre, sa sœur, étaient parrain et marraine, le 14 janvier 1619, d'un fils de Jean Bouillon.

Le 15 décembre 1623, Henri de Voluyre et Aymerie de Rochechouart, sa mère, étaient parrain et marraine de Aymerie, fille de Geoffroy Avril.

Par un testament en date du 23 septembre 1653, le frère de François de Laubespine, Charles, marquis de Châteauneuf, garde des sceaux, donna 60.000 livres pour un établissement de pères jésuites à Ruffec. Ceux-ci s'installèrent immédiatement dans la ville, mais François de Laubespine, légataire universel de son frère, fit opposition et transigea avec les jésuites, en 1657, moyennant le versement des 60.000 livres et l'obligation pour ces derniers de recevoir dans leur collège d'Angoulême cinq écoliers présentés par le marquis de Ruffec et ses successeurs.

Nous avons vu que Ruffec et les environs furent ravagés par l'invasion des Anglais et un peu plus tard, sous Louis XI, par la Ligue du bien public. Bientôt, ce sont les guerres de religion qui vont entraîner des désordres aussi considérables.

De 1562 à 1568, les protestants s'emparèrent deux fois d'Angoulême et Philippe de Voluyre, baron de Ruffec, se rendit maître du château de Verteuil (1562) dont le seigneur, comte de La Rochefoucauld, avait embrassé la religion réformée et entraîné dans ce parti un grand nombre de ses vassaux.

Le 25 septembre 1568, Charles IX promulgua un édit qui interdisait, sous peine de mort et de confiscation des biens, l'exercice de toute autre religion que la religion catholique, et l'année suivante, le 15 avril 1569, un arrêt du Parlement de Bordeaux condamnait à mort Julien Brothier (probablement de Chambes), ainsi que 579 autres protestants de l'Angoumois et de la Guyenne, à être traînés sur une claie ; à voir leurs armoiries attachées à la queue d'un cheval, puis rompues et brûlées. Le jugement portait que les condamnés auraient la tête tranchée et placée au bout d'une lance, sur les portes de la ville, tandis que leurs corps, coupés en quartiers, seraient pendus aux fourches patibulaires, et que leurs fiefs et autres biens seraient confisqués. *(Archives du château de Chambes)*.

Le progrès de la religion réformée était favorisé par la propagande des professeurs de langues grecque et hébraïque, que François Ier avait fait venir d'Allemagne, et aussi par l'appui de la reine de Navarre Marguerite, sœur de François Ier, qui s'était laissée convaincre par Roussel, évêque d'Oloron, partisan de Luther. La nouvelle religion fut donc embrassée par plusieurs seigneurs de la cour, et le roi d'Angleterre Henri VIII sollicita François Ier de l'imiter dans son schisme et de rompre entièrement avec la papauté.

Jean de La Rochefatou, sieur de Saveilles et de Montalembert, marié à Anne d'Albin de Volzergues, était cousin de François III de La Rochefoucauld ; il protégea ceux de la religion prétendue réformée et contribua à la construction de temples à Ruffec et Villefagnan. Le culte était aussi célébré dans une dépendance du château de Saveilles. Jean de La

Rochefatou fut tué en 1591, en combattant contre les partisans de la Ligue.

Calvin, qui séjourna pendant quelque temps (vers 1534) à Claix, canton de Blanzac, chez Louis du Tillet, chanoine, fit dans la contrée des prosélytes de choix, parmi la noblesse, la magistrature et la bourgeoisie, séduites par son langage ferme, sobre et lucide, et tous, en embrassant la religion réformée, croyaient *soutenir les mœurs austères et la vieille indépendance provinciale.*

Calvin, dès le début, chercha à établir une discipline sévère dans l'église qu'il avait fondée ; il eut l'idée de faire contrôler l'assistance aux offices et il institua des censeurs « à qui nulle porte, de jour ni de nuit, n'était fermée ». Le 31 juillet 1583, il est remontré à Guy Servanton la faute d'avoir donné un marreau à Godfroy Bilhaud, qui n'est pas de son quartier. Le 7 octobre 1590, Lavallée reçoit le marreau de Cellier et de Gillet, de Ruffec.

En 1615, Gommarc, ministre de la parole de Dieu en l'église de Vert-œil et Ruffec, publia une *Apologie pour la sortie de Babylone, etc.* Cette publication était dédiée à Charles de Roye de La Rochefoucauld et contenait une lettre de l'église réformée de Verteuil et Ruffec à sire Foucaut, curé de Nanteuil-en-Vallée. (*Société statistique des Deux-Sèvres*, 1890 et 1891).

Le nombre des calvinistes augmenta après la publication de l'édit de Nantes, en 1598, qui leur accordait la liberté de pratiquer leur culte, de s'assembler et d'avoir des places fortes. Cet édit proclamait le principe de la tolérance en matière religieuse, mais en fait, si les combats avaient cessé, il n'empêcha pas la lutte entre les catholiques et les protestants de continuer sur un autre terrain.

Le 24 mars 1618, par arrêt du Conseil rendu à la requête de Mme la douairière de Ruffec, l'exercice public du culte fut interdit aux protestants.

En 1664, cette interdiction fut renouvelée. Les contrevenants étaient passibles d'une amende de 10.000 livres et de punitions corporelles. L'interdiction s'étendait à tout le marquisat et un deuxième arrêt obligeait les réformés de Ruffec, La Faye, Courcôme, Villefagnan, à tendre des draps devant leurs maisons le jour de procession des catholiques.

Deux déclarations du 15 janvier 1683 et 21 août 1684 prononcèrent la confiscation des biens et revenus des consistoires, au profit des hôpitaux des lieux les plus proches.

Malgré les arrêts de 1618 et 1664, le culte de la religion prétendue réformée n'avait pas complètement disparu et, par testament du 9 mai 1667, Jeanne de La Rochefatou, épouse de messire Armand Nouyrac de Caumont-Vivonne, duc de La Force, donnait une somme de 3.000 livres tournois pour faire bâtir un temple et contribuer à l'entretien d'un pasteur. Ces 3.000 livres, en vertu des déclarations citées plus haut, de 1683 et 1684, furent versées à l'hôpital par la famille Prévost, héritière de Mme de Caumont, en 1737. (M. Biais, *Archives archéologiques de la Charente*, année 1915).

En 1628, une épidémie grave, qu'on appelait *la contagion*, sévit à Ruffec et dans les communes voisines, où elle fit de nombreuses victimes. Les registres paroissiaux de Ruffec ne donnent aucun renseignement sur cette maladie, dont le maximum de gravité s'est manifesté de 1628 à 1630.

Cette contagion était la peste, qui fit tellement de victimes en Italie que la croyance s'était répandue dans toutes les classes de la société qu'on fabriquait du poison pour répandre cette maladie. Cependant, dans un opuscule publié sur la pestilence qui ravagea Milan en 1630, l'archevêque Frédéric n'ajoute pas une foi entière à l'efficacité de ces onguents. Deux habitants de Milan, Guillaume Piazza et J.-J. Mora, accusés d'avoir « *barbouillé* » des maisons avec ces onguents, furent condamnés à la torture et à la mort. Ils furent suppliciés le 1er août 1630.

A Nanteuil-en-Vallée, une famille composée du père, de la mère et de sept enfants, fut emportée par cette maladie. La moyenne de la mortalité annuelle de cette commune était de quinze décès ; mais en 1628 il y eut trente-trois décès et vingt-six pendant les quatre premiers mois de 1929. A partir du 1er mai de cette même année, le curé Rochette cessa d'inscrire les décès et il ne recommença que le 15 mai 1631. De cette date à la fin de l'année, il y eut douze décès. En 1632, on ne compte plus que quatorze décès pour l'année entière, parmi lesquels celui de Guy Rochette, curé, décédé le 28 août et inhumé dans le chœur de l'église Saint-Jean.

Les moines et les prêtres organisaient quelquefois des manifestations religieuses extérieures, pour réchauffer la foi des catholiques et pour faire pièce aux huguenots. Telle fut la procession qui eut lieu à Ruffec le 2 septembre 1668, et surtout celle du 9 septembre, dont nous avons parlé.

Il y avait aussi chaque année une grande procession à Ruffec. On voit, en effet, dans l'état des anciens droits, privilèges et autorité de l'abbaye de Nanteuil, que le premier dimanche de carême, le sacriste de l'abbaye, avec un ou deux religieux, portait à Ruffec certaines reliques remises la veille par l'abbé de

Nanteuil. Le prieur de Ruffec, les recteurs et les paroissiens étaient tenus de se rendre à leur avance jusqu'au cimetière, et le mardi de la Pentecôte, ceux qui n'avaient pas d'excuse valable devaient se rendre en procession à Nanteuil.

Sous Louis XIV, les sujets de la généralité de Limoges se plaignirent de l'abus des corvées, vinages, charrois, guet et garde des châteaux, et sur le rapport de Colbert, conseiller général des finances, le roi fit publier au prône des paroisses un arrêt ordonnant que tout seigneur devait, un mois après la publication de l'arrêt, présenter au sieur Ribeyre, maître des requêtes et commissaire dans la généralité de Limoges, ou à son délégué, les titres primordiaux, baillettes et toutes pièces justificatives concernant la propriété des dits droits. Faute par eux de s'exécuter dans le délai fixé, ils seraient déchus de ces droits.

Ribeyre adressa cet arrêt le 17 mars 1671 et le 11 avril suivant il fut affiché au poteau des halles de la ville de Ruffec, heure de midi, et à la place du Marché, par Philippe Pinier, sergent.

Eléonore de Voluyre, fille de Philippe de Voluyre et d'Aimerie de Rochechouart, qui s'était mariée le 17 novembre 1631, avec François de l'Aubespine, mort le 27 mars 1670, ne put recueillir tous ses titres dans les délais voulus et le 29 novembre 1673 elle n'avait pu en présenter que cinquante-et-un qui sont en partie inconnus.

Le 2 décembre 1680, un arrêt de la Cour du Parlement enjoignait aux huguenots de se défaire de leurs charges de greffiers, notaires, procureurs et sergents dans les justices des seigneurs hauts justiciers et défendait aux catholiques de contracter mariage avec des huguenots. Cet arrêt marque le début des mesures violentes qui furent prises en 1681, dans la contrée, contre les protestants.

Il est intéressant de rappeler à ce propos quelques passages des lettres de Mme de Maintenon :

Le 19 mai 1681, elle écrivait à son frère, M. d'Aubigné : « Il ne demeurera d'huguenots en Poitou que nos parents. Il me paraît que tout le peuple se convertit ; bientôt, il sera ridicule d'être de cette religion-là. »

Le 2 septembre suivant, elle écrit au même : « Mais, je vous en prie, employez utilement l'argent que vous allez avoir. Les terres, en Poitou, se donnent pour rien ; la désolation des huguenots en fera encore vendre. Surimeaux, Saint-Pompin et plusieurs autres vont être en décret. »

Le 22 octobre, elle lui conseille encore d'acheter une terre en Poitou ou aux environs de Cognac : « Elles vont s'y donner par la fuite des huguenots. »

Comme malgré l'argent répandu pour obtenir des conversions, beaucoup de huguenots restaient attachés à leur croyance, elle écrit le 19 décembre 1681 « qu'il n'y a plus d'autre moyen que la violence pour convertir les huguenots ».

C'est alors que Louvois, trouvant que les conversions n'étaient pas assez nombreuses, voulut les hâter par la force. Le pays fut inondé de dragons, qui faisaient subir aux huguenots les plus cruels traitements, jusqu'à ce qu'ils aient renoncé au culte réformé. On accordait aux convertis l'exemption de logement des gens de guerre et de contribution pendant deux ans.

Quelques semaines après la mort de Mme de Maintenon, la princesse palatine, belle-sœur de Louis XIV, écrivait : « Elle aurait dû mourir il y a trente-et-un ans de cela. Tous les pauvres réformés seraient encore en France... La vieille sorcière a combiné tout cela avec le jésuite le père La Chaise. A eux deux, ils ont été cause de tout. »

Louvois, qui tout d'abord avait félicité Louis XIV des mesures rigoureuses qu'il avait prises contre les protestants, le blâma plus tard d'avoir cédé à son conseil de conscience et au pape, en révoquant l'édit de Nantes. Louvois avait constaté le tort immense que l'émigration des protestants avait produit dans le royaume et, dans son testament (édition de 1665, page 307), il recommandait à Louis XIV de rappeler les prétendus réformés fugitifs et de faciliter leur retour par toutes sortes de voies, fut-ce par le rétablissement de l'édit de Nantes. Malheureusement, il ne fut pas entendu.

A partir de 1681, il y eut un assez grand nombre d'abjurations dans les communes de Ruffec, Condac, Taizé, Moutardon, Messeux, Nanteuil-en-Vallée, Les Adjots, Saint-Gervais, Villefagnan, etc.

Le 22 mars 1681, François Carmignac, notaire du marquisat de Ruffec, abjure dans l'église Saint-André.

Le 20 décembre 1684, c'est Jean Carmignac, praticien, âgé de vingt-et-un ans, fils de Jacques Carmignac, sieur de la Gétière.

Les enfants étaient admis dès l'âge de sept ans à renoncer à la religion prétendue réformée. Ainsi, le 9 octobre 1685, Marie de Goret, quinze ans, des Fourniers, commune de Messeux ; Pierre de Goret, neuf ans ; Suzanne de Goret, six ans, sont absous de l'hérésie de Luther et Calvin par Préveraud, curé, en présence de Louis de Goret, sieur des Fourniers, leur frère, et de Daniel de Vildon.

Sur les registres de Ruffec et des communes voisines, on trouve tous les ans plusieurs abjurations, mais une des plus intéressantes est celle du 3 mai 1692, à Messeux :

Nous Marie Goumain, âgée de quinze ans, Charlotte Goumain, âgée de quatorze ans, et Léa Goumain, âgée de dix ans, filles de Jean Goumain et Marie Dumas, du village de la Courière, paroisse de Messeux, connaissons et confessons d'un cœur humble et repentant, devant la Très Sainte Trinité et vous qui êtes ici témoins, avoir grièvement offensé Dieu, adhérant aux hérésies de Calvin, lesquelles nous détestons présentement, croyant à la Sainte Eglise catholique, apostolique et romaine et en tout ce qu'elle professe, et moi, curé soussigné, leur ai donné l'absolution.

PRÉVERAUD, curé.

Sur les registres de Ruffec, on trouve des abjurations jusqu'en 1753. Cette année, le 12 février, abjuration de l'hérésie de Calvin par Pierre Bouin de Beaupré, marchand à Ruffec.

Les édits royaux contre les huguenots furent rendus à l'instigation du clergé catholique, aussi ne faut-il pas s'étonner des réflexions suivantes sur la mort de Louis XIV, que l'on trouve consignées sur les registres paroissiaux de Ruffec par le curé Duval :

Le 1er septembre 1715, à huit heures du matin, décéda dans son château de Versailles Louis quatorzième du nom, roi de France et de Navarre, surnommé le Grand, soit par rapport à sa valeur dans les combats, soit par rapport à sa sagesse dans les conseils, soit par rapport à sa science dans l'art de régner, mais plus encore par sa foy, sa religion, sa piété, son zèle pour l'extirpation des hérésies, pour le soutien de l'Eglise, pour la réformation de la justice, pour la destruction des duels et pour la défense des rois persécutés.....

Le curé Duval aimait d'ailleurs beaucoup consigner ses impressions sur les registres paroissiaux, ainsi qu'en témoigne la note suivante :

25 janvier 1714. — On a passé, dans un carrosse, le corps de feu M. François VIIe du nom, duc de La Rochefoucauld,

de France et grand-maître de la garde-robe, décédé à Paris le 12 du présent mois, au-devant duquel, quoiqu'on le passât *incognito*, les habitants sont allés à cheval et moi, accompagné de M. Giraud, prêtre et chanoine, et de six clercs tonsurés, tous en surplis, avec la croix, le bénitier et la chape noire, me suis transporté du côté de la rue du Bois, pour recevoir ledit corps avec les cérémonies ordinaires et l'ai conduit jusqu'au bout de la ville, désirant même le conduire plus loin si on me l'eut permis, pour marquer par là la reconnaissance que devait toute ma paroisse à cet illustre duc, l'un des favoris de Louis-le-Grand, notre invincible et religieux monarque, lequel seigneur duc de La Rochefoucauld, pendant son vivant, a honoré l'église de Ruffec de son amitié et de sa protection, et qui a été inhumé dans le lieu de ses sépultures, dans l'église des RR. PP. Cordeliers de Verteuil. Le 6 mars il fut déposé dans la sépulture de ses ancêtres, à Verteuil, où son oraison funèbre fut prononcée par un Cordelier.

Duval, curé de Ruffec.

La révocation de l'édit de Nantes (22 octobre 1685) avait motivé l'exil de 250 à 300.000 calvinistes, parmi lesquels nos meilleurs marins et nos meilleurs artistes, qui portèrent à l'étranger, où ils furent accueillis à bras ouverts, nos arts et le secret de nos manufactures. A Elberfeld (Westphalie), des protestants français apportèrent l'industrie de la soie, du coton et des dentelles ; d'autres, originaires de Chauny et de Saint-Gobain, fondèrent des verreries, et enfin, il y eut toute une colonie qui s'installa à Friedrichsdorf, près de Hombourg (Hesse), où elle créa plusieurs industries et fonda un village où a été encore, de nos jours, conservé l'usage de la langue française. (Huré, *L'Allemagne moderne*).

Les Desmiers de Chenon, qui avaient adopté le parti réformé, abjurèrent après la conversion de Henri IV. Seuls les Desmiers d'Olbreuse émigrèrent en Hollande. Eléonore Desmiers d'Olbreuse, née en 1639, d'une beauté remarquable, était, à Thouars,

fille d'honneur de la princesse de la Trémouille, fille
du landgrave de Hesse-Cassel. Elle passa en Hollande
avec cette princesse et se maria avec le duc de Zell,
frère de l'électeur de Hanovre. Leur fille, Sophie-
Dorothée, épousa son cousin Georges-Louis de Hanovre, qui monta sur le trône d'Angleterre et compte
parmi sa descendance le roi d'Angleterre, feu l'ex-
impératrice d'Allemagne, la tsarine mère de Nicolàs II,
les reines de Norwège et d'Espagne. Mlle d'Olbreuse
était la descendante de Joachim Desmiers d'Olbreuse,
qui avait épousé en 1505 Guillemette d'Alloue, fille du
seigneur des Adjots et de Marie de Saint-Gelais.

En 1716, au début de la Régence, le gouvernement
ferma l'œil sur la rentrée en France de beaucoup de
protestants, qui tinrent des assemblées nombreuses
en Poitou, Saintonge, Guyenne et Languedoc.

Le duc d'Orléans, régent, désira même le rappel de
tous les huguenots, mais sur les observations du duc
de Saint-Simon (auteur des *Maximes*), il ne songea
plus à cette mesure. Le duc de Bourbon, devenu
premier ministre en 1724, renouvela la rigueur des
édits contre les protestants, qui furent réduits à
s'enfuir dans les lieux solitaires, « *dans le désert* »,
comme ils disaient, pour célébrer leurs cérémonies
et contracter les mariages, que la loi ne reconnaissait
pas comme légitimes. Ce n'est qu'en l'an 1787, sous
Louis XVI, qu'on rendit aux protestants l'état civil
et que la légitimité de leurs mariages fut reconnue.
La Révolution de 1789 proclama ensuite la liberté
des cultes et n'établit aucune différence entre les
protestants et les catholiques.

Les 12 mars, 14 et 19 avril 1766, suivant actes de
Balland, notaire royal à Ruffec, le comte de Broglie

et son épouse avaient augmenté l'étendue de leurs terres, par l'acquisition de biens appartenant à Michel Robert, Jean-Baptiste Demondion, Jean-Gaspard Pandin de Romefort et François Gauthier. Ces biens étaient en partie situés à Nouzières, paroisse de Condac.

En 1769, la récolte des blés avait été très mauvaise et la population de Ruffec fut réduite, en 1770, à manger du riz et des pommes de terre, quand elle pouvait s'en procurer. Le seigneur de Ruffec donna ordre à son intendant Audinet de remettre au curé de Ruffec Decault tout le blé qu'il jugerait à propos de distribuer aux nécessiteux et il excitait « *à venir au secours des malheureux tous ceux qui étaient en état de leur donner.* »

Cette même année, une commission dont faisait partie Loménie de Brienne, ordonna la suppression d'un grand nombre de monastères dont les revenus étaient insuffisants, et par lettres patentes du 25 mars 1770, les évêques furent autorisés à vendre ces abbayes et à appliquer leurs revenus aux établissements ecclésiastiques qu'ils désigneraient. Par décision du 10 novembre 1770, l'évêque de Poitiers (Martial-Louis Beaupoil de Saint-Aulaire), dont dépendait l'abbaye de Nanteuil, la vendit au comte de Broglie.

En 1790, des difficultés survinrent entre la municipalité de Nanteuil et le comte de Broglie, à propos de coupes de bois, et des menaces contre le château de Ruffec furent proférées. Mais la municipalité s'inclina devant le seigneur, dont « elle s'était formé la plus haute idée » et qu'elle voulait bien considérer comme son protecteur. « Ces fautes, disait-elle, se sont faites dans des temps de troubles et d'effervescence bien pardonnables en de pareilles circonstances ».

Les terres seigneuriales étaient souvent affermées par adjudication. Par exemple, le 2 août 1769, Pierre Prévost du Las, licencié ès-lois, sénéchal et juge ordinaire de la ville et baronnie de Verteuil, étant au parquet de la chambre du conseil du dit lieu, ayant avec lui Jean Dolet, son greffier ordinaire, et en présence de M⁰ Louis Fercoq, avocat au Parlement et intendant de Madame Louise-Elisabeth de La Rochefoucauld, duchesse d'Anville, veuve de Jean-Baptiste-Louis-Frédéric de La Rochefoucauld, baronne de Verteuil, Saint-Claud, Montignac, etc. ; d'un autre intendant et de M⁰ François-Marie Polet, procureur fiscal de la baronnie de Verteuil, procéda à l'adjudication de la ferme de la baronnie de Saint-Claud pour neuf années à dater de la Saint-Jean-Baptiste 1770. Partie de 2.000 livres, l'enchère monta à 3.200 et Martin de la Coste, notaire royal à Saint-Claud, fut déclaré adjudicataire.

Les terres et la grande dîme de Nouzières furent affermées par le seigneur de Ruffec, les 2 et 14 décembre 1776, à Jacques-Pierre Malteste et Julie Carmignac-Descombes. Cette ferme, suivant les reçus d'Audinet, en date du 30 octobre 1777, s'élevait à la somme de 1.800 livres pour la grande dîme et 3.400 livres pour le domaine.

En 1783, Audinet était remplacé par Thorel, ainsi que l'indique une quittance du 19 octobre, de la somme de 1.232 livres, pour prix de cent cinquante-quatre boisseaux de froment, livrés au sieur Hubert, régisseur des moulins de Condac.

Un autre reçu du 13 février 1785, signé Thorel, mentionne, outre les sommes versées, un billet du sieur Bony, régisseur des moulins de Condac, portant réception de 87 boisseaux de froment et dix mesures, pour le prix de 500 livres 4 sols, desquels grains il a été tenu compte au seigneur de Ruffec par la compagnie des moulins de Condac.

Un extrait du registre du Conseil d'Etat, en date du 14 janvier 1770, donne un avis favorable à une demande du comte de Broglie, marquis de Ruffec, au sujet de la création de nouveaux marchés et foires, et par lettres patentes du roi Louis XV il est dit :

Notre cher et bien-aimé sieur Charles, comte de Broglie, marquis de Ruffec, chevalier de nos ordres, lieutenant-général de nos armées et ci-devant notre ambassadeur extraordinaire près le Roi et la République de Pologne, nous a fait représenter que le marquisat de Ruffec, situé en la généralité de Limoges, élection d'Angoulême, est composé de trente-six paroisses et de six annexes ; que la ville de Ruffec est éloignée de neuf postes de Poitiers et de six d'Angoulême ; qu'elle est placée sur la grand'route de Paris à Bordeaux et que le grand chemin où passent la messagerie et la poste la traverse ; qu'il y a nombre de gentilshommes, des bourgeois, des ouvriers de toute espèce ; qu'elle est suffisamment peuplée et que sa position permet d'en augmenter le commerce ; qu'on y connaît déjà des marchands drapiers, des merciers, des quincailliers, et qu'il s'y fabrique des serges, droguets et toiles dont on fait usage dans tout le pays ; qu'il y a aussi à Ruffec un bureau d'une direction des aides, un entrepôt de tabac, un maître de poste, un bureau pour les lettres, un pour la messagerie, un de contrôle, deux marchands de vin en gros, et plus de trente cabaretiers ; que cependant cette ville n'a, pour la vente des différentes denrées qui s'y recueillent, et aux environs, qu'un seul marché par semaine, savoir le samedi, et onze foires à différents temps et jours de l'année ; qu'il est évident que ce petit nombre de foires et marchés ne suffit pas pour le débit des denrées et bestiaux, et qu'il sert d'entrepôt, notamment pour l'exportation des grains des provinces de Poitou, Angoumois et Saintonge ; qu'il est même à remarquer qu'à Mansle et Aigre, bourgs des environs, bien moins forts que Ruffec, il se tient deux marchés par chaque semaine, les lundi et jeudi.

A ces causes, de l'avis de notre Conseil, nous avons permis

et par ces présentes, signées de notre main, permettons au sieur exposant d'établir, dans la terre de Ruffec, un second marché qui s'y tiendra le mardi de chaque semaine et douze nouvelles foires qui se tiendront le dernier samedi de chaque mois, et ce indépendamment des marchés et autres foires qui s'y tiennent ordinairement ; permettons en conséquence à tous marchands et autres particuliers d'aller et venir dans les dites foires et marchés pour y porter ou conduire, vendre ou acheter, troquer et débiter toutes sortes de denrées, bestiaux et marchandises permises et non prohibées.

Donné à Versailles le 29ᵉ jour de janvier, l'an de grâce 1766 et de notre règne le 51ᵉ.

Signé : Louis.

Un acte passé devant Mᵉ Le Clerc et son confrère, notaires au Châtelet de Paris, établissait que le marquis de Ruffec entendait faire percevoir à son profit, sur les denrées et marchandises apportées, vendues et débitées ès-dits marchés et foires, savoir :

Droit de deux sols six deniers, appelé « droit de bouchon, » sur chaque hôtelier ou cabaretier, en chacune foire ;

Droit de viguerie et de minage de tous les bleds, grains, châtaignes, noix et sel qui se débitent dans la ville et faubourg, savoir : sur les bleds, châtaignes et noix, trois boisseaux, une pleine écuellée de cuivre aux armes du seigneur, dont dix-neuf font le boisseau, sur les forains non habitants, et moitié de ce droit sur les habitants qui achètent des grains pour les revendre ;

Droit dit de la paumée de sel, qui est de prendre sur chaque boisseau de sel mis en vente une paumée ou pleine main de sel, dont quatre font la mesure et soixante-quatre font le boisseau, plus un boisseau par chaque charrette de sel, et en outre deux deniers de chaque paumée de sel ;

Droit de dépoterie, ou une pièce à prendre sur

chaque charge de pots et vases de terre, et deux sols sur une charge de vases à faire lessive ;

En quatre sols sur chaque paire de bœufs et veaux qui se vendent, autres cependant que ceux du marquisat ;

En cinq sols sur chaque cheval, mule, jument et mulet ;

En deux fois six deniers sur chaque bête asine, soit mâle, soit femelle ;

En quatre deniers sur chaque cochon ;

En deux sols sur chaque chèvre ;

Et en trois deniers sur chaque mouton et brebis.

Approuvé en Parlement, le 1er août 1766.

Pour terminer ce chapitre, nous aurions voulu donner quelques détails sur l'appellation du ruisseau le *Lien*, dont l'état de sécheresse a si fort préoccupé les habitants de Ruffec, au cours de l'été de 1921, mais nous n'avons rien trouvé et il nous avait semblé que la seule explication naturelle était que le ruisseau sert de lien entre les eaux de la *Péruse* et celles de la *Charente*.

Mais un de nos érudits correspondants, M. Traver, avoué à Melle, qui a fait des recherches approfondies sur l'origine des noms de lieux habités, donne au mot *Lien* une origine celtique, et il nous a à ce sujet fait parvenir les lignes suivantes, sur l'appellation de nos trois cours d'eau : *Charente, Lien* et *Péruse* :

Il est généralement très difficile de trouver l'étymologie exacte des noms de nos rivières.

Ce qui est certain, c'est que la plupart d'entre eux ont une origine antérieure à l'époque celtique.

Les Gaulois étaient en effet des envahisseurs. En venant occuper ce pays, ils conservèrent des dénominations données aux cours d'eau par les peuples qui les avaient précédés.

..Ces peuples, également d'origine indo-européenne, c'étaient les *Ibères*.

Pour rechercher l'origine des noms de rivières il faut donc se pénétrer de deux principes : Les peuples primitifs n'avaient pas des idées bien compliquées. Pour caractériser les fontaines, les fleuves et les rivières, ils ont dû employer des mots très simples, tels que l'eau blanche, l'eau verte, l'eau limpide, l'eau bonne, etc., ou même des dénominations encore plus sommaires, ayant uniquement le sens de : source, courant, eau, etc.

Enfin, comme ils appartenaient à la famille indo-européenne, c'est donc dans la langue sacrée de l'Inde, c'est-à-dire le sanscrit, qu'il faut essayer de trouver le *thème* qui a donné lieu à tous ces noms extrêmement nombreux et variés.

Cependant, les noms qui intéressent la région de Ruffec ont une origine moins ancienne.

D'après un ouvrage tout récent et qui fait autorité *(la Langue Gauloise*, par M. Dottin, professeur à la Faculté des Lettres de Rennes), le mot *Charente* viendrait de la langue celtique.

Corantonus, nom que nous trouvons chez le poète Ausone, serait dérivé d'un mot analogue à l'ancien irlandais *Cara* (génitif *Carat)* ayant le sens d'*ami*.

Par conséquent, en disant : la *Charente*, c'est comme si nous disions : l'*Amie*. C'est une charmante appellation qui montre, une fois de plus, l'amour et la vénération que les anciens peuples avaient pour les rivières.

Le mot *Lien* est assurément d'origine celtique.

M. Cocheris avait déjà indiqué, dans son livre sur l'origine et la formation des noms de lieux qu'en langue bretonne les mots *lin* et *lenn* (étang, lac), se retrouvent dans *Len*-vras, étang du Morbihan, *Len*-er-Gaulec, étang de la commune d'Erdeven (Morbihan), le *Lin*, affluent du Matz (Morbihan).

L'ouvrage précité de M. Dottin, achève de nous donner une certitude. Il indique, dans l'ancien irlandais, *clind* (eau, étang), dans le gallois, *llyn*, dans le breton d'Armorique, *lenn*.

Quant au mot la *Péruse*, il vient certainement du mot latin *petra* (pierre), qui a formé l'adjectif *petrosa* (pierreuse). Il y a, en France, plusieurs localités qui ont cette origine, tels que : la Péruse, la Peyrouse, Perrouse, le Peyroux, Perreux, Perreuse, Peyreusse, Peyrusse, Perrusse, etc.

Voilà des solutions relativement faciles. Mais souvent on en est réduit à des hypothèses plus ou moins hasardées. C'est pourquoi, dans l'étude de ces questions, il faut se montrer extrêmement prudent.

Pour permettre aux chercheurs d'arriver à des résultats appréciables, il faudrait, dans chaque arrondissement, noter les noms de toutes les sources et de tous les cours d'eau avec leur prononciation dans le patois du pays et les dénominations qu'ils portaient dans les anciennes chartes.

C'est un travail qui n'est point près d'être réalisé. Mais si la science est faite de l'intuition spéciale de certains cerveaux, elle est faite aussi du lent travail des générations qui se succédent. C'est pourquoi, chacun dans notre sphère, nous pouvons aider au progrès de l'histoire et de l'archéologie.

Emilien Traver.

A propos du *Lien*, on trouve que le 21 juin 1817, avis favorable fut donné à une demande de Léon Nicouleau, meunier, tendant à obtenir l'autorisation de construire un moulin sur ce ruisseau.

Le 14 mai 1821, une nouvelle pétition du même pour établir une seconde roue au-dessous de celle en usage, fut rejetée.

Le 15 mai 1828, est adopté un projet de règlement présenté par l'ingénieur des ponts et chaussées au sujet du curage du *Lien* et du canal de la *Péruse*, et en 1835 il est décidé d'établir un barrage au pont du château, pour conserver les eaux dans le bassin de l'abreuvoir pendant les périodes de sécheresse.

IV

LE MARQUISAT

Cette partie de notre histoire ruffeccoise est peu connûe des générations actuelles. C'est tout juste si on se rappelle la date à laquelle la baronnie de Ruffec fut érigée en marquisat (janvier 1588).

Grâce à l'obligeance de M. Gilbert, géomètre, ancien architecte de la ville, lequel possède dans ses archives personnelles un document intéressant qu'il a bien voulu nous communiquer, nous avons pu y puiser quelques notes dont le caractère authentique ne saurait être mis en doute et qui viennent confirmer celles parues ou à paraître sur le sujet que nous avons entrepris d'étudier.

C'est une

CARTE DU MARQUISAT DE RUFFEC

OU IL Y A 86 PAROISSES ET 200 MAISONS NOBLES

Cette pièce, fort bien faite, et qui devrait être conservée dans nos archives charentaises, porte, outre la date de 1646 et la signature de P. Lafolck, la mention suivante : « Etablie à l'échelle d'une bonne heure de marche » (5 à 6 kilomètres). C'est un travail aux dimensions de 73 centimètres sur 53. Il ne donne que la planimétrie du terrain, mais permet d'embrasser l'ensemble de ce qui constituait ce riche apanage, dont les points extrêmes étaient :

Au nord, la châtellenie de Boisseguin (dans la Vienne), Montalembert et Fontaine (dans les Deux-Sèvres) ;

Au sud, Villesoubis (canton de Mansle), à la limite de la Saintonge ;

A l'ouest, Bouin, Saveille (château du maréchal de la Force) et Paizay (sur la limite du Poitou) ;

Enfin, à l'est, Vieux-Ruffec et Saint-Gervais (limite du Confolentais).

Presque au centre, un peu plus à l'est, se détache le mamelon sur lequel est bâti Ruffec, avec sa ceinture de fortifications, et au second plan apparaît le château, dont les flèches des deux tours principales dépassent à peine le sommet du point central, puis tout près les coteaux boisés du Parc, de Plaisance, et sur le *Lien* le moulin de Talujeau, dont il ne reste que le souvenir.

Au nord la forêt, qui ne porte trace d'aucune voie de communication, et plus à l'est la partie arrosée par la *Charente*, depuis Civray, Saint-Gaudens, Nieuillet, Voulême et la châtellenie de Boisseguin.

Au sud, la terre de Verteuil, comprenant la baronnie de ce nom, en dehors du périmètre du marquisat, et enfin l'Enclave de Poitiers, qui touchait Villefagnan, ainsi que la terre du chapitre de Saint-Hilaire, à l'extrémité de laquelle était Courcôme.

Voici, avec leur orthographe de l'époque, les noms des paroisses comprises dans l'étendue du marquisat :

Ruffec, — Condac, — Tèzé, — Les Aiaux, — Voulême, — Londigné, — Saint-Martin, — La Forest, — Loubigné, — Montjehan, — Montalembert (maison noble de Monseigneur le maréchal de la Force), — La Magdeleine, — Chapelle, — Bouin, — Hanc, — Frédières, — Villefagnan, — Ambourie, — baronnié d'Ampuré, — Brettes, — Souvigné, — Payzais, — Le Teil, — Sales, — châtellenie de Royes, — La Faye (bon prieuré de 1.800 livres), — Barraud, — Vieux-Ruffec, — Saint-Gervais, — Lonnes, — Charmé, — Villegats et la commanderie, — châtellenie de Boisseguin.

Les maisons nobles sont figurées par des castels plus ou moins grands, suivant leur importance, avec des parties rouges qui doivent représenter les toitures des servitudes. Voici la liste de celles qui sont portées sur le plan :

Le Breuil-Goulard, — Fontaine, — La Brochetière, — Guignebours, — château de Londigny, — Landraudière, — Chambes, — La Combe, — Esparron, — La Boulerie, — Grobou, — Gonouillé (à Monseigneur de Rochechouart), — Ternac, — La Ferrasserie, — La Maillolière, — Chantemerle, — La Bâtarderie, — La Vallée, — Villeborde, — La Guionnerie, — Lizant, — La Jétière, — Gregueuilhe, — Voulême, — Le Breuil au Vigier, — Moquetable, — Le Jaris, — La Bayette, — Mouchedune, — Masquinant, — Beauregard, — Le Breuil, — Bernac, — Montifaud, — Le Treuil la Sale, — Nouzières, — Touche-Abraham, — La Font de Martreuil, — La Cour des Aiaux, — Chaufour, — Larrau, — Genouillé, — Le Magnou, — La Fuye, — Refousson, — Breuillic, — La Cour, — Moutardon, — la baronnie d'Ayzie, — Brègement, — terre de Champagne-Mouton de Rouilly, — terre de Nanteuil, — abbaye de Nanteuil, — La Chapelle du Trot, — La Tour au Vilain, — Les Chaumes, — La Renaudière, — Le Breuil-Corneau, — Les Rougenoux, — Saveilles (château de Monseigneur de la Force), — Pailleroux, — La Ferté, — Boismorin, — Ampuré, — Tuzie, — Les Plants, — La Chaussée, — Rejallant, — Le

Breuil-Charente, — Touchimbert, — Moussac, — La
Sales de Lonnes, — Villesoubis, — Hoyer, — La Cour,
— La Riche, — Bioussac, — La Leigne, — Les Touches
de Barraud, — Aiguependant, — châtellenie d'Aunac,
— châtellenie de Bayers, — Nieuillet, — Lavaud, —
châtellenie de Boisseguin, — Boisseguin, — Saint-
Gaudens, — Le Puypatrot, — Boistilher.

Dans la carte du marquisat figurent quatre moulins
sur la *Péruse*, dont trois qui existent encore, entre
Saint-Martin et Londigny : celui de la Treille, celui du
Pont-Neuf (au-dessous du château de Londigny), et
celui de l'Epine. Le second travaille encore un peu,
mais les deux autres sont abandonnés, et en présence
de ces trois moulins établis dans un parcours assez
restreint, on peut bien se demander si, depuis près
de trois siècles, l'importance du ruisseau de la *Péruse*
n'a pas sensiblement diminué.

D'après un état annexé au plan du marquisat de
Ruffec, la forêt, les bois de nouvelle acquisition, au
nombre de 142 journaux, et ceux dénommés sur le
plan, représentaient une superficie de 1.735 journaux
38 carreaux.

Nous trouvons, dans les notes recueillies par M. le
docteur Malteste, quelques détails relatifs à la baronnie de Ruffec, qu'il est bon de placer ici :

En 1360, Hugues Gaobert, sire d'Empuré, réclamait
aux habitants des droits de guet, qu'il prétendait
avoir. Mais ceux-ci adressèrent une requête à la cour
d'Angoulême, dont les grandes assises commencèrent
à être tenues par Honoré de La Haye, chevalier,
seigneur du dit lieu, représentant le prince d'Aquitaine,
et de Galles (8 janvier 1369). Le sire d'Empuré adressa

aussi une requête et l'affaire resta en suspens pendant plusieurs années.

Par décision du roi Charles, elle fut appelée devant la cour du Parlement, qui jugea que le sire d'Empuré avait pris un titre et des droits qu'il ne possédait pas et condamna les habitants à payer au seigneur de Ruffec les droits de guet et corvées qu'ils n'avaient pas faits. Pierre Roux, lieutenant du châtel de Ruffec, avait eu procuration pour suivre le procès. Jehan Palardy, tuteur de messire Jehan, fils de feu Hirvoix II et Marguerite de la Roche, représentait le seigneur de Ruffec.

Les 9 et 23 mai 1456, les habitants d'Empuré, réunis, reconnurent qu'ils étaient mouvants du château de Ruffec, qu'ils devaient les droits au seigneur de ce lieu et ils s'engageaient à payer chacun vingt sols tournois à la Saint-Michel suivante et « *le jurent aux saints évangiles de Notre-Seigneur, manuellement touché le livre* ».

Un arrêt du Parlement du 23 décembre 1518 porte aussi que le fief et seigneurie d'Empuré est tenu à hommage au seigneur de Ruffec, à cause de son château et parce que François de Rochechouart, seigneur de Mortemart, et sa femme, avaient transporté à François de Voluyre, seigneur de Ruffec, la dite seigneurie d'Empuré, pour la somme de 3.500 livres.

Il y eut, en 1460, une transaction entre Maurice du Couret, prieur de Vieux-Ruffec ; Gilles Bruneau, chambrier ; Joubert de la Joue, prieur de Boiseaugeais ; Mathurin Guillotin, prieur de Voulême, et Jean de Voluyre, seigneur de Ruffec.

Un autre titre du 21 mars 1464 justifie que le château et place forte de Ruffec était autrefois un des plus forts remparts de la province d'Angoumois contre l'incursion des Anglais, usurpateurs de la Guyenne ; que les vassaux et tenanciers de la dite seigneurie tiraient un grand secours de ce château, qui était leur refuge pendant la guerre, qu'ils y faisaient le guet et la garde, mais qu'ils devaient aussi contribuer aux réparations en cas de ruine ou de démolition ; que les seigneurs de Ruffec ont toujours usé de leurs droits avec indulgence, qu'ils ont fait rétablir le château à leurs dépens « *après les incendies, embrasements et ruines qui y sont arrivés,* » ce qui a obligé les vassaux à leur payer annuellement les redevances énoncées.

Une sentence arbitrale du 10 août 1465, rendue par La Rochefoucauld et frère abbé de Valance, entre Jean de Voluyre et les habitants de Ruffec, au nombre de quatre-vingts, condamnait ces derniers au droit de guet et de garde.

En 1470, Jean Bonnin, prieur de Salles, acquit de Jean de Voluyre le droit de péage du gué au Berton, près Courcôme, moyennant 600 écus d'or (l'écu valant 27 sols 6 deniers).

En 1584, Philippe I⁰ʳ de Voluyre, qui n'était alors que baron de Ruffec et possédait aussi Martreuil et Empuré, se rendit acquéreur de la terre d'Aizie, qui appartenait aux de Rohan.

Après la mort de Philippe de Voluyre, assassiné à Paris par les protestants le 6 janvier 1585, Anne de Dailhon de Ludé, sa veuve, obtint des lettres patentes données à Paris au mois de janvier 1588, par lesquelles il a plu au roi Henri III de créer et ériger la baronnie de Ruffec, terre et seigneurie d'Aizie, Empuré et autres y jointes, aux titre et dignité de marquisat. Cette érection était aussi faite en faveur de leurs enfants mâles et descendants. Philippe de Voluyre et Anne de Dailhon avaient eu huit enfants, dont l'aîné, Philippe II, mort en 1604, fut marquis de Ruffec et épousa Aymerie de Rochechouart.

Philippe II avait eu plusieurs enfants, dont deux étaient mariés en Bretagne, où ils s'étaient fixés.

Le marquisat de Ruffec avait donc été partagé et la plus jeune des filles, Eléonore, mariée le 17 novembre 1631 à François de l'Aubespine, marquis d'Hauterive, etc., n'en avait eu qu'une partie dans son lot. Comme les revenus de la terre de Ruffec n'étaient plus suffisants pour lui conserver le titre de marquisat, Eléonore de Voluyre fit acheter la portion de ses frères, ainsi que l'indique l'acte suivant, du 15 septembre 1642 :

Entre haute et puissante dame de la Tour, épouse de haut et puissant seigneur Henri de Voluyre, seigneur de Ruffec, comte de la Roche, chevalier des ordres du roi, conseiller en ses conseils d'Etat et privé, capitaine de cinquante hommes d'armes de ses ordonnances et maréchal de camp en ses armées, demeurant au château du Bois de la Roche, paroisse de Néant, en la juridiction de Ploërmel, au diocèse de Saint-Malo en Bretagne, et messire Jean de Voluyre de Ruffec, chevalier, seigneur, marquis de Saint-Brice, la Chaterie et Champinel, demeurant au château de Saint-Brice en Bretagne, d'une part ; et Mᵉ Louis Maurice, procureur en la sénéchaussée et siège présidial d'Angoumois, demeurant à Angoulême, mandataire et ayant charge expresse de haut et puissant seigneur messire François de l'Aubespine, chevalier, marquis d'Enthermé et de Ruffec, baron d'Empuré et Boisseguin, conseiller du roi en ses conseils, maréchal de ses camps et armées, son lieutenant-géneral dans la province de Touraine, colonel du 1ᵉʳ régiment français au pays de Hollande, gouverneur de la ville et château de Bréda et capitaine d'une compagnie de cavallage, et de haute et puissante dame Eléonore de Voluyre, épouse du dit seigneur, d'autre part :

Mᵐᵉ Hélène de la Tour se portant fort pour son mari comte Henry de Voluyre du Bois de la Roche, et Jean de Voluyre

8

faisant tant pour lui que pour puissante dame Jeanne de Brice, douairière de Saint-Brice, veuve de Jacques de Voluyre de Ruffec, et pour ses frères et co-héritiers, vendent, cèdent et transportent au dit M° Louis Maurice, représentant des dits seigneur et dame d'Enthermé, la moitié de la terre et seigneurie d'Aizie et Martreuil, avec leurs dépendances, consistant en rentes, hommages, baux, corvées, dîmes inféodées, terrages, agriers, complants, prés, bois, terres labourables et non labourables, eaux et pêcheries et généralement tous les droits qui en dépendent. Les dites seigneuries situées en provinces d'Angoumois et Poitou et tels que les dits Henri de Voluyre et Jacques de Voluyre en ont hérité de puissante dame Anne de Dailhon, leur mère, veuve de Philippe de Voluyre, en son vivant chevalier des ordres du roi, conseiller en ses conseils et lieutenant-général de la province d'Angoumois, en Saintonge, au lieu et ville de La Rochelle, et en ont joui.

La vente était faite pour 2.000 livres de rente annuelle et perpétuelle, payable à Paris, en la maison de René Mignon, secrétaire des affaires du roi et intendant des affaires de Charles de l'Aubespine, marquis de Châteauneuf, garde des sceaux de France, demeurant rue Prouesse, paroisse Saint-Eustache, laquelle rente pouvait être éteinte par le versement de 40.000 livres. L'acquéreur avait la faculté de se libérer par quart et la rente diminuait suivant le paiement fait.

Cet acte, passé le 15 septembre 1642, fut ratifié par les parties le 20 janvier 1644. Les vendeurs promettaient de faire ratifier ce contrat par Philippe de Voluyre de Ruffec, alors mineur, lorsqu'il aurait atteint l'âge de majorité.

Après cette acquisition, François de l'Aubespine et Eléonore de Voluyre obtinrent d'autres lettres patentes de Louis XIV, données à Paris en février 1651, par lesquelles Sa Majesté, sur l'avis de la reine régente Anne d'Autriche, sa mère, approuvait l'érection de la terre de Ruffec et autres jointes en marquisat, en faveur de François de l'Aubespine et Eléonore de Voluyre, héritière de la maison de Voluyre, pour en jouir ainsi que leurs successeurs mâles ou femelles. Il était en effet spécifié que « par dérogation aux édits de 1570, à défaut d'hoirs mâles en la maison de l'Aubespine, le marquisat ne pourra être incorporé à la couronne ».

Après l'approbation du roi, un arrêt de la Chambre du 25 mai 1651 portait qu'il serait informé sur la consistance et les droits de la terre de Ruffec. Des enquêtes faites aux mois de juin, juillet, août et septembre de la même année, il résultait que le dénombrement fait par de l'Aubespine l'était suivant la coutume d'Angoumois et que la terre de Ruffec avait droit de fenêtrage, baux, corvées, etc., sur les « habitants couchants et tenants au dedans de l'étendue de la dite terre ».

Le nombre des vassaux et des juridictions subalternes, le revenu de la seigneurie de Ruffec (19.140 livres), de la châtellenie d'Aizie (3.600) et de celle d'Empuré (2.560) contigües et joignant Ruffec, rendaient la seigneurie assez considérable pour permettre au seigneur *de soutenir avec plus de lustre la dignité de marquis qu'il a plu à Sa Majesté de lui accorder*, ce titre ne lui donnant pas plus de droits sur les tenants hommes et justiciables que par le passé et les sujets de Sa Majesté ne souffrant aucune perte, préjudice et dommage de cette érection en marquisat, faite à la date du 15 septembre 1651.

Le seigneur était fondé en titre et possession des droits de haute, basse et moyenne justice, de foires et marchés, de baux et corvées sur les personnes tenants et couchants dans sa juridiction, avec droit

de ban à vin pendant le mois d'août, de banalité de
four et de moulin.

Il avait été aussi démontré que le seigneur de Ruffec
avait le droit de faire languier tous les pourceaux
se rendant en ce lieu et, pour ce, prendre 5 sols pour
chaque pourceau ladre et 1 sol pour tout autre porc.
Le mardi gras, 2 sols pour tout boucher vendant
viande. Le seigneur était tenu de donner à chacun de
ces bouchers deux petites aiguilles. Il était perçu
trois deniers pour chaque pourceau passant qui cou-
chait à Ruffec.

Le seigneur avait droit à une carpe sur chaque
charge de carpes apportées à Ruffec pour être vendues
pendant le carême et qui étaient mises dans les canaux
des fontaines.

Droit de prendre 7 sols 6 deniers d'amende sur
chaque boucher qui expose de la *chair blâmée*.

Droit de prendre sur chaque charge de pots ou
vases de terre une pièce, et sur une charge de ponnes
à faire lessive, 2 livres 6 sols.

Le dénombrement fait le 4 novembre 1664, par
François de l'Aubespine, marquis de Ruffec, à cause
de sa femme Eléonore de Voluyre, stipule que les
habitants du dit marquisat donnent 5 sols par feu
pour droit de guet et de garde par chacun an ; que
le seigneur et ses prédécesseurs ont toujours joui de
ce privilège, qui était fixé à 10 sols à l'origine.

Les baux et corvées consistaient en deux charrois
aux fêtes de la Saint-Jean, pour chaque bouyer avec
tous ses bœufs, charrettes et attelages ; quatre baux
ou journées d'homme par laboureur à bras, une
journée tous les trois mois.

Ce dénombrement fut vérifié au siège présidial
d'Angoulême le 17 janvier 1665 et l'arrêt d'enregis-

trement des titres et des autres transactions vérifié par les seigneurs de la Chambre des comptes aux mois d'avril, mai et octobre 1665.

Le même arrêt avait été affiché dans toutes les paroisses de la seigneurie de Ruffec.

Le 4 novembre 1673, il fut signifié aux habitants du marquisat d'avoir à se présenter aux greffes, sous huit jours, pour prendre connaissance de ces titres. Les habitants ne se dérangèrent pas et les pièces furent remises aux mains du procureur du roi, qui constata que les titres de la dame Eléonore de Voluyre, veuve de l'Aubespine, étaient authentiques et que ses droits sur la terre de Ruffec et ses dépendances étaient incontestables, non seulement pour la prestation, mais aussi pour le paiement en argent du droit de guet et de garde.

Si les droits de baux et corvées étaient bien établis, il n'en était pas ainsi pour les prestations en argent, que la dame de l'Aubespine réclamait à quatre journées à bras par an, évaluées 20 sols, et deux journées à bœufs, évaluées 40 sols. Ce dernier droit ne paraissait établi par aucun titre ou quittance, mais les redevables n'ayant pas réclamé et l'évaluation récente ne paraissant pas excessive, le commissaire Bidé de la Grandville, qui avait remplacé Ribeyre, estima que « possession vaut titre » et qu'il y avait lieu de laisser aux dits redevables la faculté de payer en argent ou de rendre les dits services et faire les dites journées (29 novembre 1678).

Le procès-verbal fut envoyé au conseil qui devait statuer sur l'avis précédent, conformément aux arrêts des 15 janvier 1671 et 28 septembre 1672. En attendant, la dame de l'Aubespine était maintenue dans la jouissance de ses droits.

Ce procès-verbal fut aussi adressé aux syndics de toutes les paroisses, au mois de décembre 1673, et dans quelques paroisses les habitants refusèrent de payer. Le receveur de Mme de l'Aubespine avait, dès le mois d'avril de cette année, fait faire des commandements à quelques particuliers du village des Plans, paroisse de La Faye, qui avaient refusé de faire les corvées ou de payer les droits. Ces habitants, au lieu de payer, présentèrent deux requêtes au lieutenant général d'Angoulême, les 25 et 27 décembre 1673, en opposition aux commandements reçus, et se faisaient forts de prouver que les ordonnances étaient nulles.

Plusieurs sentences furent rendues par le siège présidial d'Angoumois, une entr'autres le 1er juin 1675, contre les syndics et habitants de Montjean, disant que l'ordonnance de M. Bidé de la Grandville devait être exécutée.

Une ordonnance du roi du 12 août 1719, maintint aussi les seigneurs de Ruffec dans la jouissance de leurs droits.

Eléonore de Voluyre, veuve de François de l'Aubespine, vendit, le 14 septembre 1682, le marquisat de Ruffec à Mme Charlotte de l'Aubespine, épouse non commune de biens de Claude de Saint-Simon. Dans cette vente étaient compris les droits de guet, baux, corvées, etc.

Les habitants de quelques paroisses prétextèrent, pour ne pas payer ces droits, que les titres de la dame de Ruffec n'avaient pas été publiés; et une ordonnance du 3 juillet 1685, de l'intendant de la généralité de Limoges, disait que l'ordonnance de M. Bidé de la Grandville, du 29 septembre 1673, devait être exécutée dans sa forme et teneur.

La dame Charlotte de l'Aubespine prétendit que

l'ordonnance du 3 juillet 1685 ne la concernait pas, attendu qu'Eléonore de Voluyre, sa mère, avait satisfait à cette ordonnance en présentant autrefois les titres et pièces justificatifs des droits du marquisat de Ruffec.

Malgré cela, une enquête fut ordonnée dans toutes les paroisses.

On peut voir à la bibliothèque communale d'Angoulême une pièce curieuse ayant pour titre :

Mémoire pour messire Charles-François de Broglie, comte de Broglie, lieutenant-général des armées du roi, chevalier de ses ordres et cy-devant son ambassadeur extraordinaire près le Roi et la République de Pologne, marquis de Ruffec,

Contre les syndics, manans et habitans des paroisses de Londigny, Montalembert, Saint-Martin-du-Clocher, Montjean, Saint-Gervais, Bernac, Tessé-la-Forêt, les Ajots, Vieille-Motte, Charmé, Villefagnan, Ampuré, Teil-Rabier, Pioussais, Brettes, Villiers, Longré, Narsais, La Magdelaine, Paysais-Naudoüin, Boüin, Hanc, Souvigné, Salles, Lonnes, Oyé, Tusie et la Croix-Geoffroy en Courcôme et leurs annexes.

La terre de Ruffec, y est-il dit, est aussi recommandable par son ancienneté que par son étendue, elle a été possédée en souveraineté par les comtes d'Angoulême (¹) et a au moins 18 à 20 lieues de circuit.

Parmi les droits dont elle est décorée sont les droits de guet, béans et corvées ; le premier consiste dans une redevance de 5 sols, due par les habitants annuellement, par chaque feu ; le second consiste dans l'obligation où sont tous les habitants de roturière

____

(¹) Guillaume Taillefer, deuxième du nom, possédait Ruffec l'an 991 (Vigier).

condition couchans et levans dans l'étendue du marquisat de Ruffec n'ayant bœufs, de faire quatre corvées
par an pour le service du seigneur, ou de payer 5 sols
pour chaque défaut, et ceux ayant bœufs de faire
deux corvées par an au château de Ruffec avec tous
leurs bœufs, ou de payer 20 sols pour chaque paire
de bœufs.

Ces droits ont toujours été servis aux seigneurs de
Ruffec par les habitants couchans et levans dans
l'étendue de la châtellenie jusqu'en l'année 1742, où la
terre de Ruffec et les autres terres de la maison de
Saint-Simon ayant été mises en direction, ces droits
n'ont plus été régulièrement servis. C'est dans ces
circonstances que M. le comte de Broglie devint, le
6 décembre 1762, acquéreur du marquisat de Ruffec,
nommément des droits de guet, béans et corvées,
n'étant pas moins jaloux d'obtenir l'approbation du
public, que de prouver la justice de sa cause, il va
exposer en peu de mots la conduite qu'il a tenue
avec ses vassaux et tenanciers, dans la première
occasion où il s'agissait de prévenir une contestation
avec eux.

Suit une assez longue énumération de faits, à laquelle
nous ne pouvons donner place en raison de son importance, mais dont on peut prendre connaissance
dans le document indiqué.

En somme, les intéressés voulaient se soustraire
aux obligations qui leur étaient imposées par « des
droits dont la prestation remonte à plusieurs siècles
et sont fondés sur des monumens de l'antiquité, établis
sur les titres les plus précis et soutenus par le service
qui en a été fait de temps immémorial ».

M. le Musnier, lieutenant-général de la sénéchaussée
d'Angoumois, seigneur de Raix, par la lecture des

titres et d'un arrêt de 1695, avait trouvé la preuve que les habitants de la paroisse de Villefagnan, des villages de Sonneville, Boismorin et autres dépendances de la terre de Raix, étaient incontestablement sujets à ces droits.

Le guet, dans son origine, était un devoir imposé aux habitants de chaque châtellenie de faire la garde du château du seigneur qui avait la haute justice. Le savant Ducange, après avoir rapporté les capitulaires de Louis le Pieux et de Charles le Chauve, des années 844 et 864, dans son dictionnaire, a défini ce droit de guet. Ce devoir fut dans la suite converti en une redevance de 5 sols par an.

L'ordonnance de Louis XI, de 1479, contenait aussi des choses importantes à ce sujet.

Les corvées étaient une prestation de travail d'homme ou de charrois ; elles consistaient ordinairement dans les travaux relatifs à la seigneurie, d'y faucher, faner les foins, scier les blés, faire les charrois, curer les douves, fossés du château, y faire les réparations nécessaires, et autres choses de cette espèce.

Les seigneurs de Ruffec possédaient jusqu'en 1290 la châtellenie de ce nom, qui comprenait les seigneuries de Ruffec, d'Ampuré et de Raix. Par son testament, Qhirvoix de Ruffec la divisa entre Guillaume de la Motte, Mathieu de Bernac et Guillemine, femme d'Elie Vigier. Guillaume eut le château.

En 1484, un arrêt du Parlement condamna les habitants de la seigneurie d'Ampuré à faire au château de Ruffec le guet, les réparations, les béans et corvées, indéfiniment.

Le savant Ducange a rapporté une charte de 1150, passée entre les seigneurs de Ruffec et le Chapitre de Saint-Hilaire de Poitiers, seigneur de Courcôme.

Nous avons consigné quelques détails sur le seigneur de Voluyre, ils seront complétés plus loin par des documents intéressants.

Voici quelques notes biographiques sur le duc de Saint-Simon, qui lui succéda comme seigneur du marquisat de Ruffec :

Né en 1606, Claude de Saint-Simon avait 68 ans lors de la naissance de son fils Louis de Rouvroy (dans la nuit du 15 au 16 janvier 1675).

Après avoir été favori de Louis XIII, dont il fut premier écuyer et premier gentilhomme de la chambre, Claude de Saint-Simon tomba dans une demi-disgrâce et se retira en 1637 dans son gouvernement de Blaye, où il rendit grand service au roi en résistant aux belles promesses de la Ligue et de l'Espagne. Il fit fondre des canons, resta dix-huit mois bloqué et fit des dettes qui s'accrurent encore après la réception qu'il fit de la cour à son passage à Blaye, lors du mariage du roi.

Il fit aussi, en 1675, une réception royale au jeune duc du Maine, qui se rendait à Barèges avec Mme de Maintenon. Le bateau du jeune prince, superbement paré, remonta la Garonne jusqu'à Bordeaux, accompagné par quantité d'autres bateaux portant des musiciens.

De son union avec Diane de Budos, le duc de Saint-Simon avait eu une fille, mariée au duc de Brissac. La duchesse de Brissac mourut sans enfants en 1684 et elle institua son demi-frère, Louis de Rouvroy, son légataire universel.

Louis de Rouvroy se fit remarquer dès son enfance par son esprit d'observation et sa sagacité. Son père était mort le 3 mai 1693, et à 20 ans le jeune Saint-Simon était duc et pair de France, gouverneur de

Blaye et Senlis, et commandait une compagnie de cavalerie dans Royal-Roussillon. Il était aussi vidamé de Chartres.

Sa situation était donc des plus brillantes et sa mère, femme d'un grand mérite et d'une grande piété, ainsi qu'en témoignent les nombreuses donations faites à l'église de Ruffec de 1708 à 1719, lui avait fait apprendre « tout ce qu'un homme de qualité doit savoir ».

Cédant aux instances de sa mère, Louis de Rouvroy de Saint-Simon songea à se marier. Il porta d'abord ses vues sur l'une ou l'autre des filles du duc de Beauvilliers et en 1695, le 8 avril, il épousa la fille aînée du maréchal de Lorges, dont la femme était propriétaire de la terre de Boisseguin. Trois enfants vinrent combler de joie les nouveaux époux : une fille née le 8 septembre 1696 ; un fils, vidame de Chartres, né le 29 mai 1698, et le marquis de Ruffec, né le 12 août 1699.

Saint-Simon quitta l'armée en 1702, à la suite d'injustices commises à son égard dans la nomination des brigadiers de cavalerie.

Il vécut alors à la cour, où sa franchise et la causticité de son langage lui suscitèrent des ennemis nombreux et puissants ; mais la duchesse de Saint-Simon, qui était dame d'honneur de la duchesse de Berry avec un traitement de 20.000 livres et un logement au château de Versailles, était estimée et honorée de tout le monde. Toutefois, les cabales obligèrent parfois Saint-Simon à se retirer dans sa terre de la Ferté-Vidame (Eure-et-Loir).

Le duc et la duchesse de Saint-Simon venaient rarement à Ruffec, où leurs affaires étaient gérées par un intendant qui mourut dans cette ville en 1709, après trois jours d'une maladie contractée en revenant de Blaye. Cet homme d'affaires était attaché depuis trente ans à la famille Saint-Simon et il fut infiniment regretté de ses maîtres. Il fut remplacé par François Montreuil qui, le 18 août 1745, fut parrain de Marie Aubart, fille d'un contrôleur de la forge de Taizé, avec Marie d'Hémery, dame de Boistillet, comme marraine.

La duchesse douairière de Saint-Simon eut dans le terrible hiver de 1709 l'occasion d'exercer sa charité; mais les secours qu'elle fit distribuer n'empêchèrent pas la misère de faire de nombreuses victimes. En effet, en 1710, on enregistra à Ruffec 110 décès, parmi lesquels dix mendiants inconnus.

Il y eut encore de graves épidémies à Ruffec en 1746, où on constata 121 décès sur les registres paroissiaux, et en 1747, où il en fut enregistré 92. La mortalité la plus grande avait été aux mois d'août, septembre et octobre. En 1745, il n'y avait eu que 46 décès et il y en eut 38 en 1748. Pendant l'année 1748, on enregistra 57 décès à Condac et 69 à Nanteuil.

En 1763, il y eut un partage entre Marie Limouzain, sœur de René et veuve de François Mérigou, bourgeois de Chenon, et François Carmignac des Combés, de Ruffec, qui représentait comme cessionnaire René Limouzain. Ce partage fut fait en l'étude de Me Balland, notaire, et en présence de Potet, sieur de la Terrière en Poursac, et de Saint-Marc François Préveraud, officier d'invalides, qui se trouvait en congé. Ledit partage comprenait diverses maisons rue du Sinode, des terres à Condac et Ruffec et un morceau de terre au « Chénerau, » situé près la chapelle Saint-Blaise, contenant trois quarts de boisselée ou environ, confrontant d'un côté à la chapelle, avec la « bousine » qui en dépend.

René Limouzain avait aussi des rentes sur divers immeubles de la Leigne, commune de Condac, et ces rentes devaient lui être payées dans sa maison du « Dauphin, » à Ruffec.

Jean Tartas, fils de Jacques Tartas, notaire, épousa le 26 août 1659 Louise Carmignac, de la Gétière, et Jeanne, leur fille, se maria le 16 décembre 1686 avec Jacques Giraud, sénéchal de Ruffec.

La famille de Saint-Simon était très généreuse pour l'église de Ruffec. En 1708, elle donne le tableau du grand autel, qui avait coûté 500 livres. En 1713, un ornement de couleur d'or, chappe et chasuble. En 1718, elle paya 700 livres pour la réparation des pavés et des vitres, sans compter les charrois. Le 19 février 1719, elle fit l'honneur au curé Duval de lui envoyer de Paris une chappe violette avec les chasubles des trois couleurs violette, rouge et verte.

Au début de la Régence, Louis de Saint-Simon, qui était au mieux avec le duc d'Orléans, obtint la survivance du gouvernement de Blaye pour son fils aîné et de celui de Senlis pour le plus jeune. En 1716, ces deux jeunes gens furent atteints à Paris de la variole et l'aîné eut grand'peine à se rétablir, ce qui ne l'empêcha pas de se marier, peu de temps après, avec la fille du duc de Guiche.

En 1717, Louis de Saint-Simon acheta deux régiments pour ses enfants, et l'aîné, toujours souffrant depuis sa variole, mourut cette même année.

Saint-Simon fut l'ami et le meilleur conseiller du duc d'Orléans et le conciliateur entre la duchesse et son mari. Il avait été nommé le premier du conseil des finances, où il fit tous ses efforts pour détruire les abus financiers et il contribua à faire acheter deux millions le fameux diamant « le Régent, » qu'un employé des mines du Grand-Mogol avait réussi à transporter en Europe.

En 1720, le duc de Saint-Simon refusa les sceaux et en 1721, quand le mariage de Louis XV avec l'infante d'Espagne eût été décidé, il fut nommé ambassadeur pour faire la demande officielle. Plus heureux qu'en 1706, où il avait été choisi par Louis XIV pour l'ambassade de Rome, qui fut régie par un chargé d'affaires, Saint-Simon partit le 23 octobre pour se rendre à Madrid. Il coucha à Orléans, à Montrichard et à Poitiers. Partant de cette ville pour coucher à Ruffec, il eut à Couhé l'accident que nous avons relaté et qui le fit arriver tardivement dans notre ville, « où il était attendu de bonne heure par force noblesse de la terre et du pays, qu'il retint à dîner les deux jours qu'il y séjourna ».

En janvier 1722, la mission du duc de Saint-Simon touchait à sa fin et il obtint pour lui et pour son fils la dignité de grand d'Espagne de première classe. Au mois de mars, il prit congé des souverains espagnols et, arrivé à Bayonne, il reçut l'ordre formel de se rendre le plus tôt possible à Paris, sans s'arrêter à Ruffec.

Après avoir rendu compte de sa mission, Saint-Simon demanda au Régent de se démettre de sa pairie en faveur de son fils, qui prit le titre de duc de Ruffec et mourut en 1754.

Saint-Simon ne fit que de rares apparitions à Ruffec, où il se faisait remplacer par des notables du marquisat. Ainsi, le 23 septembre 1731, le duc et la duchesse de Saint-Simon, qui avaient accepté d'être parrain et marraine d'une cloche nommée *Barbe*, furent remplacés par Jean Lériget, juge sénéchal civil et criminel du marquisat, et Jeanne Tartas, épouse de François-Jacques, sieur de Canteau, lieutenant assesseur civil et criminel du marquisat.

Le 4 mai 1732 eut lieu la bénédiction d'une autre cloche donnée et nommée *Louise*, par le duc de Saint-Simon et sa fille Charlotte de Saint-Simon, épouse de Louis-Antoine d'Alsace, prince de Chimay. Monseigneur Louis de Saint-Simon avait donné la matière pour fondre la cloche et fourni le bois pour refaire la charpente du clocher. Monseigneur Armand-Jean de Saint-Simon fut parrain et Mme Charlotte de Saint-Simon, grande d'Espagne, marraine ; mais ils furent remplacés par François Gauthier, fils de Me Gauthier, receveur général du marquisat, et dame Marguerite Le Long, épouse de Jean Arnaud, sieur de la Boissière, procureur fiscal du marquisat. Barbot était curé de Ruffec.

Saint-Simon ayant fait connaître à Louis XV qu'il avait dans son marquisat de Ruffec une grande forêt dont les bois étaient excellents pour faire du charbon, et qu'il ne pouvait tirer profit de ces bois que par la construction d'une forge voisine de terrains où il y avait des mines de fer, le roi, considérant que la création de cette industrie pouvait être utile au pays, autorisa, le 29 juin 1731, son cousin le duc de Saint-Simon à construire des forges à Taizé, au moulin d'Aizie. Ces forges furent affermées d'abord à Pierre Lebrun qui, le 7 janvier 1734, maria sa fille Catherine à Pierre Jeoffroy. En 1743, le directeur était un nommé Bastinier, qui fut remplacé par Emmanuel Després de Brétigny.

Peu de temps après le mariage de sa fille avec le prince de Chimay, Saint-Simon abandonna la cour et se retira à Paris, rue de Grenelle, faubourg Saint-Germain, paroisse Saint-Sulpice, où il s'occupa de la rédaction de ses *Mémoires* et fit son testament olographe le 26 juin 1754. Il mourut à Paris le 2 mars suivant. Saint-Simon n'avait aucune prétention littéraire ; il cherchait surtout l'authenticité et l'impartialité. « Je ne fus jamais un sujet académique, » dit-il à la fin de ses *Mémoires*, qu'il ne publia pas et qu'il légua avec ses autres papiers à son cousin l'abbé de Saint-Simon, évêque de Metz.

A sa petite-fille et unique héritière, la comtesse de Valentinois, il donna tous les portraits et tableaux qu'il avait à la Ferté et à Paris.

Il recommandait que son corps soit inhumé dans le caveau de l'église paroissiale de la Ferté, auprès de celui de sa très chère épouse, et que ses dettes soient payées le plus tôt possible.

Comme un grand seigneur qu'il avait toujours voulu être, Saint-Simon faisait à ses nombreux serviteurs des legs qui dépassaient son actif, et ses héritiers n'acceptèrent la succession que sous bénéfice d'inventaire.

Madame Charlotte de Saint-Simon, princesse de Chimay, sa fille, connaissant la situation financière de son père, renonça à sa succession par acte passé devant Baron et son confrère, notaires à Paris, le 4 septembre 1755. Cette princesse, qui était aussi habile à se dire héritière par moitié de son frère Armand-Jean de Saint-Simon, duc de Ruffec, décédé sans enfants le 20 mai 1754, avait renoncé également à cette succession le 1er juillet 1755.

Madame Marie-Christine-Chrétienne de Saint-Simon, comtesse de Valentinois, légataire universelle de son oncle le duc de Ruffec, par testament olographe fait à Angervilliers le 20 mai 1752, resta seule héritière, sous bénéfice d'inventaire, par un acte du 3 septembre 1756, des successions de son aïeul et de son oncle, après la liquidation des reprises de dame

Jeanne-Louise Bouyer d'Angervilliers, veuve de Armand-Jean de Saint-Simon.

C'est après de nombreuses et longues procédures que la princesse de Chimay, le comte et la comtesse de Valentinois, vendirent à Monseigneur Charles-François, comte de Broglie, chevalier des ordres du roi, etc., et à Madame Louise-Auguste de Montmorency, demeurant ordinairement à Paris, rue Saint-Dominique, faubourg Saint-Germain, paroisse Saint-Sulpice, et qui étaient alors au château, terre et duché de Broglie, en Normandie, et étaient représentés à l'acte par Jean Drouet, bourgeois de Paris, demeurant rue Beaubourg, paroisse Saint-Nicolas-des-Champs, suivant procuration du 25 novembre 1762 :

1° La terre, seigneurie et marquisat de Ruffec en Angoumois, avec les baronnies d'Aizie, Empuré, Martreuil, et les seigneuries de Charmé, Raix, le fief de la Touche et autres fiefs réunis et annexés au marquisat de Ruffec et consistant en la ville et faubourg de Ruffec et paroisses de Vieux-Ruffec, Moutardon, Saint-Gervais, Souvigné, Bioussac, Condac, Taizé-Aizie, les Adjots, Montalembert, Londigny, Saint-Martin-du-Clocher, Villefagnan en partie, Brettes, Empuré, Embourie, Theil-Rabier, Bernac, La Faye, Villegats, Salles, Raix, Pioussais, Bouin, Hanc, Montjean, Paizay-Naudouin, Longré, la Madeleine, la Forêt-de-Tessé, Charmé, Lonnes et autres, où les seigneurs marquis de Ruffec ont tous droits de justice moyenne et basse avec scel à contrats et droit d'instituer tous officiers.

2° Plus le droit de four, de poids à peser, de sel, poterie, languiage, ban à vin, de guet et de fenestrage, de garde, de bians et corvées.

3° Plus le château et forteresse de Ruffec et ses dépendances, jardins, prairies, moulins, parc et bois tels qu'ils sont.

4° Plus la forêt de Ruffec, située à un quart de lieue du château.

5° Plus les fourneaux, forges et fonderie du dit Ruffec (à Taizé).

9

Cette vente fut faite moyennant la somme de 660.000 livres à verser aux successions bénéficiaires des dits seigneurs ducs de Saint-Simon de Ruffec.

Le contrat de vente fut passé à l'hôtel des seigneur et dame de Valentinois, rue Bourbon, le 16 décembre 1762, après midi. Leclerc, notaire, a gardé les minutes.

Le 5 décembre 1764, un extrait de cet acte fut remis à Jean Blanchet, sieur de Montifaut, avocat au siège présidial et sénéchaussée d'Angoumois, procureur fiscal des seigneur et dame de Broglie, par Balland et Dumagnou, notaires à Ruffec, pour justifier les droits des seigneurs de Ruffec auprès des habitants de diverses paroisses du marquisat.

Un grand nombre d'habitants des paroisses refusaient encore de payer les droits de guet, etc., dus au comte de Broglie, et le seigneur de Ruffec avait promis : 1º De faire communiquer aux intéressés tous les titres qui servaient de fondement à sa demande et dont un extrait seulement avait été porté à la connaissance des paroisses opposantes ; 2º de laisser ces titres pendant trois jours à la disposition des intéressés.

Cette décision avait été signifiée le 6 juin 1765 à maître Tartas, procureur des paroisses de Salles, Lonnes, et le village de Villesoubise, paroisse de Juillé.

Une longue procédure eut lieu dans plusieurs paroisses et la question ne fut définitivement réglée que par la loi de la Convention nationale du 9 juillet 1793, qui supprima sans indemnité toute redevance ci-devant seigneuriale et droits féodaux, même ceux conservés par le décret du 25 août 1792.

La famille de Broglie venait souvent à Ruffec. Le 3 février 1765, M. le comte de Broglie, marquis de

Ruffec, était parrain d'un fils de Jean Blanchet, qui eut pour marraine Mme Françoise de Voluyre, épouse de Jean de Massacré, seigneur de l'Abrègement, commune de Bioussac. La fille de ces derniers, Anne de Massacré, s'était mariée le 20 novembre 1750 avec Olivier-Mathurin d'Hémery, chevalier, seigneur de Cernay.

Le 19 septembre 1766 un fils des seigneurs de Ruffec, âgé de huit mois, fut inhumé dans le caveau de famille, à Ruffec.

Le 8 novembre 1779, les seigneurs de Broglie mariaient leur fille Louise-Françoise, âgée de 19 ans, avec le marquis de Vassé, vidame du Mans, gouverneur de Rennes et du château de Plessis-les-Tours.

Le comte Charles de Broglie mourut en 1781. Il avait été ambassadeur de Pologne et avait ensuite dirigé pendant plusieurs années la correspondance du ministère secret avec le roi.

Le mariage des deux autres filles des seigneurs de Ruffec eut lieu le même jour, 2 juin 1783, dans la chapelle du château de Ruffec. Philippine-Thérèse, domiciliée au couvent de Bellechasse, paroisse de Saint-Sulpice, épousa le comte de Faret, marquis de Fournès, demeurant au château de Saint-Privat, diocèse d'Uzès ; et Adélaïde-Charlotte prit pour époux Nicolas-Gabriel Erné, comte de Marcieux, âgé de 22 ans, capitaine au régiment royal-cavalerie. Adélaïde-Charlotte, comtesse de Marcieux, est décédée à Ruffec le 10 octobre 1847.

Après la mort de Charles de Broglie, son fils Louis-Auguste-Joseph, devint marquis de Ruffec ; il figurait, pour la commune de Saint-Macoux, sénéchaussée de Civray, sur la liste des nobles devant faire partie ou pouvant se faire représenter à l'assemblée de la noblesse, tenue à Poitiers en 1789. Il assistait aux réunions de la noblesse, au mois de mars 1789, à Angoulême, où il représentait Mlle de Jousseraud pour son fief de Toucheronde, et dans la séance du soir du 19 mars il lut un mémoire, fort applaudi, relatif à la formation des états provinciaux.

Le 20 mars, M. de Broglie est désigné comme commissaire chargé de la rédaction des cahiers avec MM. de Saint-Simon, de Monthon, de Gurat, de Chabrefy, de Ronsenac, de Jovelle, de Jarnac, de Lambert, de Regnauld, de Montausier, de la Soudière-Saint-Mary, de la Laurencie, de Lageard, de Chauveron.

Dans la séance du 28 mars, à propos de la nomination des scrutateurs pour la désignation des députés aux Etats-Généraux, quelques membres de l'assemblée prétendirent que le comte de Broglié, âgé de 24 ans, ne pouvait prendre part au vote. On chargea trois commissaires de statuer sur cette question et leur avis fut qu'un mineur ne peut donner son vote personnel comme électeur, mais qu'il a droit de voter comme fondé de pouvoirs des membres présents et qu'il est même éligible.

M. de Montbron fut alors nommé scrutateur avec MM. de Saint-Simon, de Culant et de Broglie. Les deux premiers furent élus députés.

En juillet 1789, Louis-Auguste de Broglie fut élu commandant de la garde nationale de Ruffec.

Jusqu'en 1790, le seigneur de Ruffec fit quelques apparitions dans son marquisat. Le 19 mai 1790, Louis-Auguste-Joseph, comte de Broglie, marquis de Ruffec, seigneur de Nanteuil et autres lieux, tenait sur les fonds baptismaux avec Hélène Thorel, Auguste-Hilaire-Joseph Lelong de Longpré, fils de J.-F. Lelong de

Longpré, juge de paix à Ruffec, et Catherine-Adélaïde Malteste.

Auguste Lelong de Longpré s'engagea dans le 1ᵉʳ carabiniers, que commandait son cousin François Laroche, plus tard général, et avec lequel il fit la campagne de Russie. Lors de la retraite, Laroche traversa la *Bérézina* à la nage sur son cheval, suivi de son jeune frère et de deux de ses compatriotes : Thorel et Longpré [1].

Laroche reforma le 1ᵉʳ carabiniers à Lunéville, où de Longpré resta longtemps en garnison et où il se maria. A la Restauration, Auguste Longpré fut plusieurs années en demi-solde. Après avoir repris du service, il entra dans la gendarmerie et commanda à Niort et à Poitiers. Ayant obtenu sa retraite de chef d'escadrons, il vint se fixer à Ruffec, où il mourut le 21 avril 1862. Il passait la belle saison dans sa propriété de la Richardière, commune de Moutardon.

Mᵐᵉ la comtesse de Broglie séjourna à Ruffec au commencement de 1790 et son fils fut nommé en 1791 commissaire pour les enrôlements du district de Ruffec ; mais le jeune comte Victor de Broglie donna sa démission pour raisons de santé et d'occupations personnelles ; il fut alors remplacé par M. de la Boissière. Le département de la Charente avait été partagé en six districts pour les enrôlements et il devait fournir 1.148 hommes (191 par district). La ville de Ruffec en fournit 37 et le canton 22. Les cantons de Nanteuil, Verteuil, Manslc, Marcillac-Lanville, Aigre et Villefagnan, chacun 22.

Les décrets de l'Assemblée nationale des 4 et 5 janvier 1790 ayant suspendu tout payement « à l'égard des Français actuellement absents sans mission

______

[1] BOISSONNADE. *Volontaires de la Charente.*

spéciale du gouvernement » et qui seraient encore absents trois mois après la publication de ces décrets, empêcha la famille Malteste d'acquitter régulièrement ses prix de ferme, par suite de l'émigration des seigneurs de Ruffec. Et pour se conformer à la loi du 23 août 1792, qui ordonnait aux dépositaires de faire la déclaration de tous les objets existant entre leurs mains et appartenant à des émigrés, le citoyen Malteste déclara qu'il détenait à ferme la dîme et les terres de Nouzières.

Après la loi du 2 septembre 1792, relative à la vente des biens des émigrés, le directeur de l'agence nationale de l'enregistrement et des domaines fit faire l'inventaire de Nouzières et la somme due à la Nation par le fermier pour dîmes, fermes de terres, dégradations, etc., s'élevait à 7.883 livres 10 sols 2 deniers. L'expertise avait été faite le 18 thermidor an II, mais il s'éleva plusieurs contestations entre les agents du fisc et le fermier, qui voulait gagner du temps, dans l'espoir de pouvoir payer cette somme à la famille de Broglie.

Le réglement définitif des prix de ferme n'eut lieu que l'an IV, ainsi que le prouvent les quittances de Miramont, receveur des domaines du bureau de Ruffec, datées des 11 vendémiaire et 25 brumaire de cette année. Après le paiement des sommes dues à la Nation, le citoyen Malteste réclama les pièces relatives à la ferme de Nouzières, mais les employés de l'administration ne purent lui donner satisfaction. Le 23 vendémiaire an IV, Miramont, receveur à Ruffec, écrivait qu'il avait cherché inutilement ces pièces au district de Ruffec, et il les réclamait au département, où elles avaient dû être envoyées. Parmi ces pièces figuraient trois procès-verbaux des ventes de meubles de l'émigré Breuilhac, sieur de Nouzières, datées des 23 et 28 juillet et 23 septembre 1792.

Comme son devancier, le duc de Saint-Simon s'efforça de maintenir les droits de guet et de corvées attribués au marquisat, et son successeur, le comte de Broglie, eut à lutter aussi pour le maintien de ses privilèges.

Dans deux longs mémoires qui relatent et confirment des faits, négligeant les arguments produits au sujet de la procédure suivie ou à suivre, nous avons cherché surtout les passages s'appliquant à l'histoire de Ruffec et projetant un peu de lumière sur les choses du passé.

Dans un premier mémoire rédigé en 1768 par Me d'Auzy, avocat à la Cour de cassation, pour obtenir l'annulation d'un arrêt rendu en Parlement de Paris, le 17 mai de cette même année, reconnaissant au seigneur de Broglie les droits de guet et de corvée, nous relevons parmi les vingt demandeurs les noms suivants :

Le sieur Pandin, écuyer, seigneur de Romefort, Beauregard et autres fiefs dans le marquisat de Ruffec ;

Le sieur de Saint-Martin de Mirande, écuyer, seigneur de Theil-Rabier ;

Le sieur de Pressac, écuyer, propriétaire de plusieurs domaines en la paroisse d'Empuré ;

Le sieur Prévost Auguste-François, chevalier, seigneur de Londigny, Montalembert, Saint-Martin-du-Clocher et Montjean en partie ;

Le sieur Rolland de Martel, chevalier, ancien capitaine des vaisseaux de Sa Majesté, seigneur de Villeneuve ;

Le sieur Prévost Jean, chevalier, seigneur de Touchimbert et de Montalembert ;

Le sieur Avril Philippe, écuyer, seigneur de Gregueil et de la Guyonnerie ;

Le sieur Guyot d'Ervaud, écuyer, seigneur du Magnou ;

Le sieur Lériget, avocat au Parlement, seigneur du fief de Château-Gaillard en la ville de Ruffec,

Tous demandeurs en cassation de l'arrêt du Parlement de Paris, du 17 mai 1768.

Ce mémoire débute ainsi :

L'intérêt de l'humanité, beaucoup plus que le leur propre, anime les seigneurs d'une contrée considérable et les force à venir aux pieds du Trône, solliciter la justice et l'autorité du meilleur des Rois, pour anéantir un jugement émané d'une cour souveraine, respectable par son intégrité et ses lumières ; mais qui, dans l'espèce, a donné dans l'erreur, car la faiblesse et la fragilité sont l'apanage le plus constant de l'esprit humain.

Cet arrêté maintient le seigneur de Ruffec dans des droits de guet, réparations et corvées, droits introduits dans la barbarie des premiers siècles, nécessaires alors pour la conservation des redevables eux-mêmes, mais abolis et inconnus depuis qu'un gouvernement plus sage et plus éclairé a ramené l'ordre et la tranquillité dans le royaume, que tant de troubles tant intérieurs qu'extérieurs, ont déchiré si cruellement sous les deux premières races de nos Rois.

Suivent alors les motifs invoqués à l'appui de la requête, lesquels constituent un véritable volume.

D'après ledit mémoire, les anciens seigneurs exerçaient leurs droits contre leurs justiciables et censitaires, à l'ombre de quelques titres plus propres à anéantir qu'à étayer leur prétention. Malgré tout, cinq arrêts rendus à ce sujet furent enregistrés au greffe de la sénéchaussée d'Angoulême au profit des seigneurs, puis publiés et affichés à Ruffec.

Les propres titres du sieur comte de Broglie

démontraient, d'après les demandeurs, que les droits qu'il réclamait tiraient leur origine d'un service purement militaire; qu'en vain toutes les lois, même celles qui autorisaient cette espèce de droits, s'accordaient à les refuser lorsque la forteresse fut démolie; en vain on a offert la preuve du fait non contesté que le château de Ruffec, jadis place frontière et fortifiée, dont la basse-cour contenait trois cents maisons et plus pour la retraite des habitants de la campagne, n'était plus aujourd'hui qu'un séjour agréable dont les embellissements ne présentent pas même l'idée d'une ancienne forteresse telle qu'elle était autrefois.

L'histoire nous apprend de combien de guerres le royaume fut déchiré sous les deux premières races de nos rois. Les troubles intérieurs ne l'agitèrent pas moins dans ces temps orageux. Les seigneurs particuliers se livraient les uns aux autres des guerres qui n'étaient pas moins funestes à l'Etat et tout le poids en retombait sur les malheureux habitants des campagnes désolées. Exposés aux ravages et aux incursions d'un ennemi voisin, on conçoit que pour sauver leurs personnes, ces derniers étaient trop heureux de trouver asile dans quelque château-fort, ordinairement le plus voisin. De cette retraite résultait nécessairement de leur part certains engagements: ils faisaient le guet pour empêcher les surprises dont ils auraient été les premières victimes et aidaient à la construction et à l'entretien des murs et fortifications. En vue de se réfugier dans le château, ils y conduisaient les provisions nécessaires à leur consommation, en même temps qu'ils faisaient quelques corvées pour le seigneur au sujet de l'approvisionnement de la forteresse, comme transport des blés, vins, foins, et autres choses nécessaires..

Ces prestations volontaires, résultant de la réciprocité des services échangés, furent ensuite exigées. D'abord on n'usa de cette rigueur qu'en temps de guerre, puis la perception en fut étendue au temps de paix, de manière que la redevance devint annuelle et perpétuelle, mais les habitants purent s'en racheter à prix d'argent.

C'est contre le maintien de ces droits que fut intentée l'action judiciaire dont nous avons parlé, pour obtenir du comte de Broglie leur abandon.

Dans les temps orageux où les Anglais, possesseurs de plusieurs de nos provinces, ne cessaient de désoler le pays, Ruffec était une place importante, fortifiée, qui offrait refuge.

L'histoire nous apprend que par le traité de paix de 1418, Henri V, roi d'Angleterre ayant épousé Catherine de France, fut déclaré successeur de la couronne, mais que Charles VII, alors dauphin, en appela à son épée, transféra le Parlement à Poitiers et, par lettres patentes du 25 août 1420, ordonna que des membres dudit Parlement se transporteraient dans les villes, châteaux et forteresses du Poitou, pour les faire ravitailler, réparer et pourvoir de bonnes et sûres gardes. Il paraît que c'est là la véritable époque du droit de guet en Angoumois, province limitrophe du Poitou. Ce fut à peu près à cette époque que la châtellenie de Ruffec passa dans la maison des Voluyre, seigneurs puissants et ambitieux, voisins dangereux conséquemment.

Le premier titre invoqué par le seigneur de Ruffec, une sentence des grandes assises d'Angoulême, rendue le 8 janvier 1369, vint se heurter à la châtellenie d'Empuré, qui réclamait des droits de guet sur quelques habitants dénommés dans la sentence.

En 1440, les Anglais firent une irruption à Ruffec, surprirent la ville et exigèrent des habitants une contribution qui fut répartie sur eux par forme de de taille ; elle fut levée, mais ne fut point payée aux ennemis, par suite sans doute de quelque arrangement particulier, et fut remise comme dépôt entre les mains du juge de Ruffec.

En 1445, Joachim de Voluyre obtint des lettres patentes qui lui permirent de faire sur les habitants de la ville et châtellenie de Ruffec l'imposition et la levée d'une somme de 400 livres pour employer aux réparations de son château.

A la trève signée avec les Anglais, les habitants délaissèrent et abandonnèrent lesdits château et basse-cour, pour aller demeurer en la ville, qui n'était en rien enclose ni fortifiée.

C'est en 1463 que fut ordonnée par Louis XI la destruction du château de Ruffec, qui fut exécutée au commencement de 1468. C'est à cette même date que fut fortifiée et remparée la ville, par les soins des seigneurs d'Aizie, mais à la charge des habitants.

Le seigneur d'Empuré, qui avait château bel et ancien, assurant la retraite des habitants en cas de guerre, s'opposa à la perception du droit de guet sur certains des habitants de sa seigneurie, surtout après la destruction du château de Ruffec.

La fameuse trève de cent ans, conclue en 1478, entre la France et l'Angleterre, avait fait cesser les craintes d'hostilités et d'irruption de la part des Anglais. Aussi les guets et réparations des châteaux-forts, nécessaires pendant la guerre, puisque cette guerre cessait par la trève, considérée comme un traité de paix, ne semblaient plus justifiés.

En 1512, les Anglais étant sur le point de rompre

la trève de cent ans, les habitants de Ruffec n'avaient plus de retraite assurée.

En 1364, Edouard, fils du roi d'Angleterre, était maître du château de Ruffec, compris dans son comté d'Angoulême.

De temps immémorial et antérieurement au XIIe siècle, jusqu'en 1584, les seigneurs d'Aizie possédaient la moitié de la châtellenie de Ruffec et les justices de Raix et d'Empuré, qu'ils tenaient du comte d'Angoulême.

Avant 1588, époque de la réunion d'Aizie à Ruffec, la suzeraineté de Ruffec était contestée.

La châtellenie de Boisseguin fut réunie à Ruffec en 1585.

Dans un second mémoire, imprimé en 1767, ayant pour titre *Réponses à griefs soumis par devant les seigneurs du Parlement* et rédigé par Me Lagét-Bardelin, avocat, au nom du comte Charles de Broglie, il est dit :

Le comte de Broglie, nouveau possesseur de la châtellenie et marquisat de Ruffec, a demandé le paiement d'un droit de guet et le service en nature ou en argent, de béans et corvées qui sont prouvés par des titres sans nombre, lui appartenir et avoir été par ses auteurs sur tous les hommes de roturière condition demeurans et resséans dans son marquisat de Ruffec.

Les habitans de plusieurs paroisses ont payé ou servi ces droits; les autres s'y sont refusés.

Après avoir épuisé toutes les voies amiables, le comte de Broglie les a fait assigner en la sénéchaussée d'Angoulême, où après deux ans d'instruction, sentence est intervenue qui l'a maintenu dans ses droits.

C'est alors que les habitants, condamnés, ont interjeté appel de cette sentence et fourni le mémoire de 1768.

Sans nous étendre sur les causes du conflit, empruntons aux mémoires produits les renseignements utiles à notre travail.

Le mémoire poursuit ainsi :

La châtellenie, aujourd'hui marquisat de Ruffec, est une des terres les plus anciennes et les plus considérables de l'Angoumois.

Les seigneurs de Ruffec ont joui de toute ancienneté du droit de guet et garde. Tous les habitans roturiers de la châtellenie étoient obligés de venir, par tour, garder leur château. Ils étoient obligés aussi à des béans et corvées, tant pour les réparations du château que pour les besoins du seigneur.

La châtellenie de Ruffec étoit composée de quatre seigneuries : Ruffec, Aysie, Empuré et Raix. Celle d'Aysie devint dans l'onzième siècle le partage d'un cadet, et a été tenue en parage avec la moitié indivise de la haute, moyenne et basse justice de Ruffec : mais tous les droits de châtellenie, et entr'autres ceux de guet, béans et corvées demeurèrent attachés- à la portion principale, au château de Ruffec.

Hirvois de Ruffec, par son testament de l'année 1290, partagea de nouveau ce qui restoit dans ses mains de la châtellenie de Ruffec. Il donna à Guillaume de la Motte le château et seigneurie de Ruffec, à Matthieu de Bernac l'hébergement d'Empuré, et à Guillelmine, femme d'Elie Vigier, l'hébergement de Raix, avec leurs appartenances et dépendances. Mais il ordonna que Guillaume de la Motte, ou celui qui après lui posséderoit le château de Ruffec, porteroit la foi et hommage au seigneur de qui la terre de Ruffec relève, et que les autres héritiers institués auroient leur portion sous son gariment. Il réserva en outre à Guillaume de la Motte la haute-justice dans toute l'étendue de la châtellenie de Ruffec. Enfin, il lui réserva les droits qui dépendoient du château et châtellenie de Ruffec : en sorte que les droits de guet et de béans ou corvées personnelles demeurèrent en entier à Guillaume de la Motte.

Le seigneur de Ruffec reporta en effet ces droits sous la qualification de « devoirs corporaux », dans un aveu et dénombrement qu'il rendit de cette terre en 1364. Il fut maintenu dans le droit de guet contre le seigneur d'Ampuré, par une sentence des grandes assises d'Angoulême du 8 janvier 1369, et par une transaction du 9 mai 1456, qui fut homologuée en la cour le 2 juin suivant. Plusieurs autres titres prouvent la possession ancienne de ce droit de guet, et il en subsisteroit un bien plus grand nombre si le château de Ruffec et ses titres n'eussent pas été pillés et brûlés en 1468, pendant les guerres qui divisoient Louis XI et Charles, son frère, dont Jean de Voluyre seigneur de Ruffec, était chambellan.

L'exécution du jugement prononcé en juin 1469 de même que des lettres patentes du 11 décembre 1470, autorisant Jean de Voluyre à rebâtir son château, n'éprouvèrent aucune contradiction de la part des habitants des paroisses soumises immédiatement au baron de Ruffec, mais il n'en fut pas de même par rapport aux quatorze paroisses qui composaient la séigneurie d'Ampuré, tenue en partage et faisant partie de la châtellenie de Ruffec. Frottier, leur seigneur, réclama ces droits à son profit.

De là une contestation très sérieuse et très vivement soutenue. La cour rendit son arrêt définitif le 14 août 1484, lequel condamnait les habitants de la terre d'Ampuré à faire le guet au château de Ruffec.

M. de Berry, conseiller en la cour, fut nommé, suivant qu'il était d'usage autrefois, pour se transporter sur les lieux et faire exécuter cet arrêt. La dispute se renouvela devant lui, une nouvelle instruction fut ordonnée, des enquêtes se poursuivirent, de nouveaux adversaires se présentèrent : l'abbesse de Fontevrault, le commandeur de Villegats, le seigneur de Saveilles, mais tout cela ne servit qu'à procurer à Jean de Voluyre un nouveau triomphe.

Il est fait mention de titres principaux appartenant à ce dernier, sauf, dit le mémoire, ceux qui ont échappé à l'incendie et pillage de 1468 et à la révolution dés siècles.

En somme, le comte de Broglie renouvelait la question jugée par un arrêt du 6 août 1736 contre feu le duc de Saint-Simon, en opposant les mêmes titres. Le prieur de La Faye combattit tous ces titres et lui opposa en outre un aveu fourni au seigneur de Ruffec par le chef de ce prieuré, en 1208, qui, selon lui, emportait affranchissement de tous droits et servitudes en faveur des hommes et censitaires de son prieuré. Cet aveu servit de base pour justifier la demande du prieur et débouter le duc de ses prétentions.

D'après ce mémoire, il y avait lieu d'établir deux sortes de guet : l'un de *commandement*, quand la guerre et la nécessité le faisaient requérir; l'autre *patrimonial* et *seigneurial*, dont les sujets ne pouvaient pas plus s'exempter. Et on argumentait qu'à défaut de pouvoir produire des titres authentiques, la possession immémoriale des droits pouvait suffire.

Il établit les titres du comte de Broglie à jouir des droits de guet, béans et corvées, en remontant à 991, où Guillaume Taillefer, deuxième du nom, devint possesseur de la terre de Ruffec.

La seigneurie d'Aizie n'était qu'une portion détachée de la châtellenie de Ruffec.

En 1768, le 30 août, ordre fut donné par voie d'affiches à tous les nobles du marquisat, d'avoir à produire, dans un délai de trois mois, devant notaire, les titres qui établissaient leurs obligations de foi et hommage, aveux et déclarations envers le seigneur de Ruffec et plus tard par les soins du sénéchal le détail de ces pièces fut affiché à la porte des églises, et partout ou besoin serait, dans la manière accoutumée, pour que personne n'en prétende cause d'ignorance.

Au mémoire est jointe la copie d'un acte du greffier royal constatant qu'il a exécuté les prescriptions de la sentence en en donnant lecture « devant la principale entrée de l'église paroissiale de Raix, où étant, à issue de messe de paroisse. »

Ledit mémoire reproduit les titres antérieurs aux arrêts de 1484 et 1485, relatifs : 1° aux droits de guet; 2° aux droits de béans et corvées. Le plus ancien de ceux qui avaient échappé au ravage du temps et des guerres est une sentence des grandes assises d'Angoulême du 8 janvier 1369.

Le comte de Broglie, pour maintenir son droit de corvées, produisit un titre bien propre à justifier la grande antiquité de ce droit pour les seigneurs de Ruffec. C'est un acte de l'an 1236 par lequel Hervé de Ruffec cède à Guillaume Turpin, chevalier, des droits de dixme inféodée sur différents tenemens, et en outre tous les droits de coutume qu'il avait et percevait.

Le 24 octobre 1481, une sentence condamne les habitants de la terre d'Empuré à faire le guet au château de Ruffec et déboute Jean de Voluyre de ses autres demandes et conclusions.

Dans les actes anciens cités à cette occasion, la châtellenie est désignée *Castellania de Ruffiaco*, ce qui correspond bien à la note relative à l'origine de Ruffec.

Le mémoire s'efforce de prouver que le droit de guet pour le seigneur de Ruffec lui était acquis en temps de paix comme en temps de guerre, et que par conséquent ce n'était pas un droit de guet militaire et passager, mais un droit de guet seigneurial et perpétuel.

Un acte en date du 30 mai 1545, par lequel le seigneur de Ruffec, pour subvenir à la réédification des murailles et portes de la ville de Ruffec, qu'il avait promis de rétablir, cède aux habitants les béans et corvées qui lui étaient dus en sa baronnie, pour, et durant le temps de quatre années qu'ils vaqueront auxdites choses.

La terre de Ruffec fut érigée en marquisat en 1598; cette érection fut confirmée et renouvelée par lettres patentes de février 1651.

Le 14 septembre 1681, vente par dame marquise d'Hauterive, à Mme la duchesse de Saint-Simon du marquisat de Ruffec et de tous droits en dépendant.

En terminant, le mémoire présenté au nom du comte de Broglie, proteste énergiquement contre des bruits malveillants répandus par les appelants au sujet des mesures de rigueur appliquées par les agents pour obtenir le paiement de droits de guet et corvées, et il ajoute : « Ce tableau est révoltant sans doute, et s'il était véritable, le comte de Broglie ne pardonnerait pas à ses gens d'affaires de s'être écartés à ce point des règles de modération qu'il leur avait prescrites; mais tous les traits de cette peinture sont autant de calomnies et rien n'est plus facile à reconnaître. »

Voici des modèles de quittances délivrées :

Je soussigné, receveur des rentes, droits de lots et ventes, et droits de guet, bians et corvées, dus au château de Ruffec, reconnois avoir reçu de François Brissonnaud, du bourg de Hanc, bouvier, la somme de cinq sous, pour l'arrérage du droit de guet de la précédente année, ensemble la somme de quarante sous, pour les arrérages du droit de bians et corvées, échus des quartiers de saint Jean-Baptiste et Noël, aussi de la précédente année, sans préjudice aux arrérages dudit droit de guet, échus avant mil sept cent soixante-trois, à l'année courante de l'un et l'autre droit, non plus qu'aux frais adjugés par l'arrêt du 30 mai 1766, et à ceux du procès indécis et pendant au Parlement.

Fait à Ruffec, ce trois juin mil sept cent soixante-sept.

BLANCHET.

10

Je soussigné, receveur des rentes, et droits de lots et ventes, dus au château de Ruffec, reconnois avoir reçu de Jean Dupuy quatre boisseaux de froment, quatre boisseaux avoine et un sol en argent de rente noble, directe, seigneuriale et foncière, due audit château, en chaque jour et fête de saint Michel, à cause de la prise appelée les Trois-Mats. Arrérage de la Saint-Michel dernière dont quitte tous préjudices réservés, même de plus grands devoirs, et arrérages d'autres droits.

Fait à Ruffec, ce quinze décembre mil sept cent soixante-dix, et ay subrogé ledit Dupuy aux droits du seigneur sans garantie pour son remboursement envers et contre qui il appartiendra.

BLANCHET.

Au cours du procès pendant entre le comte de Broglie et ses tributaires, les habitants des villages de Puivezillon et de la Remigère, paroisse de Saint-Gervais, prétendirent être tenanciers du prieuré de Vieux-Ruffec, qui dépendait de l'abbaye de Nanteuil.

On ne dit point quelle fut la fin du procès entre le comte de Broglie et ses vassaux, mais les événements même devaient y mettre un terme.

En janvier 1776, le ministre Turgot porta un coup sensible à la vieille tradition des abus du Moyen-Age en abolissant les corvées et en proclamant la liberté du travail.

Un peu plus tard, l'un de ses successeurs, le ministre Necker les rétablit, mais pas pour longtemps. Sous la poussée des événements, surgit la nuit historique du 4 août 1789, où la noblessse, renonçant à ses privilèges, marqua la fin légale de l'ancien régime.

La Révolution vint imposer des principes qui allaient établir sur des bases nouvelles la société moderne; les émigrations commencèrent, accompagnées ou suivies de désordres sanglants; elle emporta tout.

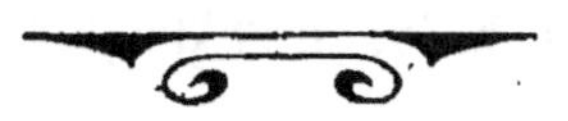

V

RUFFEC SOUS LA TERREUR

La mairie conserve dans ses archives un registre
assez curieux qui permet d'avoir une idée exacte de la
vie de notre petite cité pendant la période aiguë de la
Révolution (du 12 pluviôse an II (janvier 1793) au
21 prairial an III (mai 1794).

C'est le registre des séances de la Société populaire révolutionnaire, montagnarde et sans-culotte
(comme qui dirait l'extrême-gauche d'aujourd'hui).

A en juger par ce titre, on pourrait s'attendre au
récit de séances passionnées, violentes... A peine.

Faisons-lui quelques emprunts :

Le 12 pluviôse est discuté un règlement qui res-
semble beaucoup à ceux de nos sociétés modernes.

Son premier soin est de déclarer que dans tous les
cœurs, la République une et indivisible doit l'emporter
sur tous les principes établis jusqu'à ce jour et que la
démocratie et la haine des rois doivent être seuls à
l'ordre du jour, convaincus que partout où le trouble
existe, partout où le peuple n'est pas à la hauteur de
la Révolution, il est du premier devoir des membres
de la Société de se porter en masse ou par commission sur les lieux troublés pour y rétablir l'ordre,
répandre la lumière et prêcher la Révolution, l'amour
de la Patrie et la haine des despotes, l'observation

des lois, l'attachement à la Constitution, le respect
de la Convention nationale et des autres assemblées
déléguées du Souverain qui lui succèderont, et la
reconnaissance impérissable pour la Montagne. En
conséquence de ces principes et en présence de l'Etre
suprême, elle adopte un règlement en 23 articles qui
a plutôt trait à l'organisation intérieure.

Le président, élu le premier décady de chaque
mois, sera remplacé et ne pourra être réélu qu'à
l'expiration de même délai.

Même mode d'élection pour les secrétaires et les
membres du comité de correspondance, ces derniers
renouvelés par moitié.

La Société s'impose le devoir de n'accepter aux
différentes fonctions que ceux qu'elle reconnaîtra les
plus à même de les remplir dignement.

A la réception d'un candidat, celui-ci sera tenu de
payer 3 livres, plus 30 sols par chaque trimestre.

Tout membre qui aura laissé passer trois trimestres
sans solder son contingent, sera exclu de droit.

Aucun membre de la Société ne pourra prendre la
parole aux réunions sans la demander au président et
devra ne parler que pour ou contre la question en
discussion. S'il s'en écarte, le président, après l'avoir
rappelé une première fois au sujet traité, lui retirera
la parole.

Tout membre qui enfreindrait le règlement sera
rappelé à l'ordre une première fois, puis censuré
pour la seconde fois; mis à la barre pour huit jours
s'il faut intervenir une troisième fois; enfin, en quatrième peine, il sera exclu à jamais et considéré
comme perturbateur de l'ordre. La Société sera
consultée pour déterminer laquelle des peines devra
être appliquée.

Celui qui interrompra l'orateur ayant la parole sera rappelé à l'ordre par le président sans consulter l'assemblée; il en sera de même à l'égard de celui qui la troublera en causant avec son voisin.

Au commencement de chaque séance, le président nommera quatre censeurs spécialement chargés de maintenir l'ordre dans la salle et à la barre et de lui dénoncer ceux qu'ils apercevraient contrevenir au règlement. Ces censeurs seront tenus de rester à leur poste jusqu'à la fin de la séance.

Le serment qui doit être prêté par tous les membres admis dans la Société sera inscrit tout au long sur une feuille de papier collée sur un carton et déposée sur le bureau du président.

Le présent règlement sera affiché dans le lieu le plus apparent des séances.

Ce règlement était signé Pinoteau, président; Jolly, secrétaire.

Dans cette même séance du 12 pluviôse fut votée l'affiliation de la Société populaire de Villefagnan en même temps que l'affiliation de celle de Ruffec à la Société d'Angoulême.

16 pluviôse. — Sur la motion d'un membre, la Société invite tous les citoyens à se rendre le primidi 21 pluviôse présent mois, sur la place de la Montagne, afin de la disposer pour la plantation de l'arbre de la Liberté.

17 pluviôse. — La Société nomme deux commissaires chargés de rédiger une pétition qui sera adressée à la Convention nationale pour lui exposer la surchage qu'éprouve la commune de Ruffec, ainsi que le district, dans la répartition des impôts de 1791 et 1792 (vieux style). Ces mêmes commissaires feront leur rapport sur tout ce qui a trait aux ateliers

de charité et on décide qu'il y aura séance tous les soirs à cinq heures, jusqu'à ce que soient terminés tous les objets qui occupent la Société relativement à l'intérêt public.

18 pluviôse. — Après lecture, au milieu des plus vifs applaudissements, de discours adressés aux habitants des campagnes par un représentant du peuple et des citoyens de Cognac et d'Angoulême, l'assemblée décidé, sur la proposition d'un de ses membres, qu'il sera fait une pétition à la Convention nationale pour demander l'échange de la maison des cy-devanst capucins de cette commune contre celle de l'hôpital. La municipalité est engagée à « épurer » les femmes chargées du soin des malades de cet hôpital.

On écrira aux sociétés populaires du district pour leur annoncer qu'un registre a été ouvert pour inscrire les noms de ceux qui donneront du linge et autres effets pour les militaires, avec invitation d'accélérer cette mesure dans leur arrondissement.

22 pluviôse. — La Société accepte le don qui lui est fait par le citoyen Mallat de deux tableaux représentant les martyrs de la Liberté : Marat et Pelletier, ainsi que d'un troisième représentant la divinité chérie des Français : la Liberté.

Pour répondre à un désir du Comité de Salut public de la Convention nationale, qui demande que les sociétés populaires présentent des citoyens propres à apprendre la fabrication du salpêtre, deux volontaires se présentent, mais on établira un tableau spécial d'après lequel seront choisis les deux citoyens réclamés par le Comité. Le 23, cette liste fut complétée de cinq noms.

L'administration du district est invitée à réviser les taxes établies sur tous les objets que les commissaires désignés jugeront susceptibles d'être taxés, et sur la motion d'un membre, il est arrêté qu'à l'avenir la Société n'admettra dans son sein aucun ex-prêtre qui ne sera pas marié ; quant à ceux qui y sont admis, elle les maintient.

Le citoyen Favre est nommé secrétaire.

26 pluviôse. — On lit les nouvelles et une lettre du Comité de salut public aux sociétés sur les troubles religieux qui ont éclaté dans différents départements et sur les moyens d'anéantir le fanatisme. On décide de s'y conformer.

28 pluviôse. — Sur des observations faites par plusieurs membres que l'arbre de la Liberté ne prendrait pas sur la place de la Montagne, la Société arrête définitivement qu'il sera planté sur la place de l'Egalité.

30 pluviôse. — Le citoyen Geoffroy, commandant du 4e bataillon de la Charente, exprime toute l'horreur qu'il a pour les tyrans coalisés et les brigands de la Vendée et termine en annonçant à l'assemblée qu'aussitôt le rétablissement de sa santé, fort altérée, il retournera à son poste avec le plus grand plaisir. Le président félicite l'orateur de ses sentiments généreux et patriotiques ; un grand nombre de citoyens et citoyennes de tout âge pénètrent dans la salle aux cris de vive la République, vive la Sainte Montagne ; tous paraissent brûler du feu sacré de la Liberté ; tous répètent le serment de maintenir la Constitution. La séance se termine par le chant de plusieurs hymnes patriotiques et par un bal civique.

1er ventôse (février). — Un membre de la Société dénonce les abus qui se commettent sur le transport des grains et autres denrées de première nécessité ; il propose d'établir une garde pour surveiller les ennemis de la chose publique. Sa motion, vivement applaudie, est approuvée.

Deux commissaires sont désignés pour faire monter la garde personnellement à tous les citoyens de la commune qui n'en sont pas exemptés par la loi.

Dans un discours fort applaudi, le citoyen Geoffroy présente le tableau de nos forces en Vendée comparé à celui du reste des brigands qui, pressés de toutes parts, doivent disparaître dans quinze jours, si les mesures prises par les troupes de la République sont sagement exécutées.

2 ventôse. — Une discussion s'élève au sujet de la consommation de la poudre à tirer. Il y est question de défendre la chasse dans toutes les communes du district, et finalement la Société arrête qu'il sera fait une adresse au Comité de salut public tendant à faire prohiber la chasse dans toute l'étendue de la République jusqu'à la paix. Tous les détenteurs de poudre ne devront en garder qu'un quart et verser le surplus dans leurs municipalités respectives, qui la verseront à leur tour dans les magasins nationaux.

5 ventôse. — La Société arrête que le drapeau tricolore sera placé sur le lieu de ses séances, et charge deux commissaires de l'exécution de cette décision.

7 ventôse. — Sur rapport des commissaires délégués pour aller au district savoir le résultat du recensement des grains, la Société arrête que le district sera consulté pour savoir s'il peut l'autoriser à prendre les quatre-vingts et quelques boisseaux de baillarge qui sont en dépôt au moulin de Condac depuis l'époque à laquelle les citoyens du district s'étaient levés en masse pour voter un secours aux frères qui combattent contre les rebelles de la Vendée, avec offre de payer ce grain.

Deux commissaires sont chargés d'aller au district pour savoir quel usage on a fait des farines délivrées aux boulangers lors d'un passage qui devait avoir lieu de 6.000 volontaires. L'agent national sera chargé d'écrire à celui du district de Civray pour l'engager à surveiller les meuniers de son arrondissement.

9 ventôse. — Un citoyen d'Angoulême se présente à la tribune ; il expose à la Société la famine prochaine qui menace cette grande commune et réclame que deux citoyens soient désignés pour l'accompagner et appuyer sa demande, ce qui est fait aussitôt.

Il est arrêté que l'administration du district sera invitée à faire faire le plus tôt possible un établissement pour la fabrication du salpêtre ; les citoyens qui composent la Société iront y travailler gratis.

10 ventôse. — La Société arrête qu'il sera nommé une commission de cinq censeurs pour juger les discours susceptibles d'être lus les jours de décade au Temple de la Raison, où seront désormais tenues les séances.

12 ventôse. — Sur l'affirmation d'un sociétaire qu'il existe sur la porte de la citoyenne D... un tableau représentant les « hochets du hideux fanatisme », la Société engagera cette citoyenne à le livrer aux flammes.

Il est décidé que toutes démarches seront faites auprès de la Convention, du Comité de Salut public, du Comité des subsistances, et partout où besoin sera, en même temps qu'auprès des représentants du peuple des deux Charentes, pour exposer la pénurie des subsistances de tout le district, fournir des mémoires tendant à démontrer, d'après les bases du dernier recensement des grains, qu'il est dans l'impossibilité physique de satisfaire aux réquisitions multipliées dont il est accablé, en un mot employer tous moyens que les lois peuvent autoriser pour procurer un approvisionnement jusqu'à la récolte.

13 ventôse. — Un assistant expose que la loy bienfaisante du *maximum* est chaque jour éludée par des marchands avides, et sur sa proposition, il est décidé qu'une commission secrète de quatre membres, choisis par le président, s'occupera constamment de surveiller ceux qui contreviendraient à la loy.

16 ventôse. — Il est arrêté qu'à chaque séance les censeurs porteront à la main, comme signe distinctif, une baguette à laquelle sera attaché un ruban tricolore.

18 ventôse. — La Société décide que le président écrira au représentant Romme, pour lui exposer de nouveau, au nom de la Société, l'état des subsistances et l'engager à venir dans le district faire procéder à un nouveau recensement par des commissaires désignés par lui, afin de lui prouver la vérité de l'exposé déjà fait.

20 ventôse. — Sur la proposition d'un membre, la Société arrête que le président invitera les citoyens et citoyennes à ne point faire une toilette brillante les jours du cy-devant dimanche et de la réserver pour les jours de décady.

Sur demande d'un autre, la Société arrête qu'elle tiendra dans son sein un registre particulier où seront inscrits les noms de ceux ou celles qui affecteront de travailler de préférence les jours de décade.

23 ventôse. — On entend la lecture du mode d'épuration prescrit par le représentant du peuple Romme, tant pour la société populaire que pour les différentes autorités constituées d'Angoulême.

La Société adopte le passage qui exclut les ex-nobles.

26 ventôse. — Des poursuites sont intentées contre deux sociétaires sur lesquels sont soulevées des inculpations graves ; l'un a dû essayer de gagner la Suisse ; le premier est revenu se disculper.

27 ventôse. — Une partie de la séance se passe à distribuer aux frères de la Société les préceptes de la Raison.

Distribution en sera faite aussi aux municipalités et aux instituteurs et institutrices.

1er germinal (mars). — Il est annoncé l'envoi d'un rapport de Saint-Just, au nom du Comité de Salut public, sur la nouvelle conjuration découverte et le lendemain il en est donné lecture. La Société invite les autorités constituées à prendre des mesures promptes pour une surveillance active et suivie, afin de découvrir les complots qui se trament journellement contre l'affermissement de la République.

Sur la proposition d'un membre, il est décidé que désormais on fera placarder les lois et décrets de la Convention nationale dans un endroit plus apparent, c'est-à-dire sur la porte et sur les murs adjacents de la Société populaire ; un autre demande que le *Bulletin* de la Convention nationale soit placardé chaque jour à l'arbre de la Liberté comme étant le lieu le plus propice pour que tous les citoyens puissent en prendre connaissance. Adopté.

Un citoyen dépose sur le bureau le pouvoir qu'il a reçu du représentant du peuple Romme relatif à l'épuration de la Société populaire de Ruffec, qui doit se faire en présence dudit citoyen et successivement des autorités constituées du canton.

Mioutte monte à la tribune ; il expose avec l'énergie qui caractérise un homme libre la mission honorable dont il est chargé ; il en fait sentir l'importance dans un discours brûlant du feu du patriotisme éclairé, et prononcé avec dignité.

La Société l'interrompt par de fréquents applaudissements et à peine l'orateur a-t-il prononcé la dernière phrase de son discours que de toutes parts on vient lui donner l'accolade fraternelle; il la reçoit du président aux acclamations de la Société et des tribunes et aux cris répétés de : Vive la République, vive l'Egalité, la Liberté, la Montagne, Romme et Mioutte ou commissaires.

Cette séance, bien douce pour les républicains tels que ceux qui composent la Société populaire et montagnarde de Ruffec, électrise toutes les âmes et de suite on demande que le mode d'épuration adopté par les frères d'Angoulême soit celui de la Société, ce qui est adopté.

On continue aussi l'épuration de ceux qui composent le bureau et les comités, mais attendu que leur nombre n'est pas suffisant pour former la commission des dix, mentionnée au mode d'épuration, les secrétaires déposent dans une autre urne les noms de tous les sociétaires et ils sont loyalement tirés par un enfant jusqu'au nombre suffisant pour compléter les vingt qui doivent former entr'eux le comité des dix.

Le président annonce à tous les citoyens et citoyennes que le comité les choisit pour recevoir les différentes dénonciations ou renseignements quelconques qu'ils auront à faire ou donner contre ceux qui ont été ou seraient épurés dans la suite.

Le président invite aussi tous les citoyens et citoyennes de cette commune et ès-environs à assister à l'épuration de la Société, en leur annonçant le droit qu'ils ont de voter pour ou contre l'admission des candidats et de leur faire tous reproches qu'ils jugeront devoir leur être faits, fondés sur la Justice, la Raison et l'amour de la Patrie.

Pinoteau père écrit et demande à être épuré, quoique absent. Sa lettre contient les réponses aux différentes interprétations que prescrit le mode d'épurement. On lui donne satisfaction.

Le citoyen Gandaubert est admis, mais la Société arrête qu'il sera invité par le président à ne pas y figurer, ayant commis un délit en chassant dans un temps prohibé.

On continue l'épuration jusqu'à la fin de la séance, qui se termine par les cris de : Vive la Montagne !

Grand discours d'un sociétaire pour activer le zèle des membres, au sujet de l'extraction du salpêtre, jugé indispensable au salut de la Patrie.

8 germinal. — L'épurement se continue. Plusieurs membres dénoncent le citoyen greffier du tribunal du district. Les uns lui reprochent de s'être livré à la caballe pour s'élever de cette place dans le sein d'une assemblée électorale ; d'autres lui imputent d'avoir entièrement négligé les fonctions de son ministère en ne résidant point dans cette commune, quoiqu'il y ait élu son domicile. D'autres enfin lui attribuent d'avoir sollicité auprès de la municipalité un certificat de résidence aux fins d'obtenir les 600 livres de traitement que la loi accorde aux greffiers des tribunaux de districts. Après discussion, la Société arrête que le susdit est un mauvais fonctionnaire public et vote la censure ; mais après avoir entendu les explications du prévenu, et sur avis favorable du comité des dix, la Société revient sur cette décison, dans le but de rapprocher les patriotes pour l'intérêt public.

9 germinal. — Sur la proposition d'un citoyen, la Société décide de mettre constamment à l'ordre du

jour la vertu, les mœurs et la probité. Un autre ajoute les mots de terreur et de mort contre les intrigants, les agitateurs, les factieux et les conspirateurs. Cet ordre du jour sera affiché dans la salle, en gros caractères.

Du 10 au 12 germinal. — Ici la liste des élus pour les diverses fonctions publiques qui n'ont pas de titulaires.

13 germinal. — On procède par appel nominal à la nomination de quatre membres qui doivent composer la Société littéraire dont l'établissement a été décidé le 4 germinal.

Sur la demande qui lui est transmise par la Société d'Angoulême, celle de Ruffec désigne deux de ses membres pour faire partie de la commission des Arts, qui a pour but de concourir, avec les autorités constituées, à la conservation des ouvrages précieux pour les arts qui pourraient se trouver faire partie du mobilier des émigrés et des Eglises.

On donne lecture d'une lettre adressée d'Angoulême à la Société par Pinoteau Dupré, où il annonce que les volontaires de la première réquisition, qui sont à la veille de partir pour combattre les tyrans, se trouvent dans le plus grand dénûment de souliers. Il invite les citoyens à concourir de tous leurs moyens à suppléer au déficit qui se trouve en ce moment dans nos magasins. On applaudit vivement cette mesure et les membres de la Société arrêtent, par un mouvement spontané, qu'ils porteront des sabots le plus longtemps possible pour offrir leurs souliers aux défenseurs de la Patrie. Invitation sera faite à toutes les communes du district d'en faire autant. L'épouse du citoyen Dupré dépose sur le bureau deux paires de souliers.

16 germinal. — Un délégué de la commission des subsistances dans le département donne des renseignements sur l'état actuel des approvisionnements en denrées dans toute l'étendue de la République. Une discussion suit, relative au maximum. Quelques membres observent que plusieurs marchands égoïstes cherchent à éteindre l'effet d'une loi bienfaisante, en vendant leurs marchandises à des prix arbitraires et proposent de les surveiller plus que jamais. La Société accepte cette motion, en ajoutant qu'elle dénoncera tous les contrevenants aux autorités constituées, chargées de les punir.

17 germinal. — Un orateur prononce un discours révolutionnaire, dans lequel il prétend que l'inquiétude publique relative aux approvisionnements en denrées est entretenue par la malveillance qui tend à répandre des préjugés de famine et à alarmer le peuple pour entraver la Liberté et rétablir le despotisme. On applaudit, mais un membre réclame pour que l'orateur présente son certificat de civisme.

Le lendemain, le même orateur signale les bienfaits de la Montagne et propose la représentation d'une pièce patriotique qui a pour titre : *Offrandes à la Liberté*; il en indique le plan directeur. Adopté.

20 germinal. — Sur la proposition de l'expert du comité des subsistances, la Société arrête que désormais les mots de lundi, mardi, etc., seront proscrits et que celui qui s'en servira sera rappelé à la loi, qui ne connaît d'autre mode que celui adopté; que le *vous* sera remplacé par le *tu*; qu'en outre le président invitera la Société et les tribunes à ne plus rendre et donner d'autre salut que celui de porter la main au chapeau ou au bonnet, sans se découvrir ou s'incliner.

Deux enfants, qui reçoivent chaque jour l'éducation la plus républicaine, montent alternativement à la tribune ; l'un y chante avec grâce et modestie des hymnes patriotiques et l'autre y répète de mémoire, et sans se tromper, les vingt-cinq préceptes de la Raison. La Société applaudit vivement aux dispositions de ces enfants et les exhorte à marcher constamment dans le sentier de la Liberté, de l'Egalité ; à aimer et pratiquer les vertus. Le président leur donne l'accolade fraternelle et la séance se termine par un bal civique.

21 germinal. — Un citoyen qui a pris part à la fabrication du salpêtre et à la fonte des canons, fait le détail de la cérémonie sur les livres qui sont présentés à la Convention nationale ; il demande à la société de s'intéresser près de Romme, représentant du peuple, actuellement à Angoulême, pour lui procurer de l'emploi. Il est arrêté que mention honorable sera faite du zèle de ce citoyen et que le comité de correspondance s'occupera de suite de faire une lettre en sa faveur à Romme.

22 germinal. — 25 livres sont accordées à deux sociétaires qui, en leur qualité de musiciens, ont joué au bal civique de la dernière décade.

Sur la proposition du citoyen Jacques, il est arrêté que la Société invitera, par des commissaires nommés à cet effet, les municipalités de cette commune à faire donner des fêtes civiques tous les décadis et à prendre les mesures les plus conformes à la loi pour que les dépenses de ces fêtes soient supportées par les riches.

23 germinal. — Quatre commissaires sont nommés pour surveiller les opérations et travaux nécessaires à la fabrication du salpêtre.

24 germinal. — Le rapport d'un des commissaires annonce qu'il manque des cendres à l'atelier. Il propose des mesures pour s'en procurer ainsi que pour accélérer la fabrication. Une discussion s'ouvre et après de longs débats, la Société, considérant que dans les circonstances actuelles, tous les citoyens doivent travailler au salpêtre, parce qu'ils ont tous un égal intérêt à préparer des foudres pour anéantir les ennemis de la République, arrête qu'elle se fera un devoir d'exécuter l'arrêté de Romme, le représentant du peuple dans le département de la Charente, pris le 2 de ce mois pour la commune d'Angoulême, et qu'en conséquence tous les citoyens seront invités de donner tous leurs soins à accentuer la fabrication du salpêtre ; que ce service sera fait comme celui de la garde nationale et que dix membres y seront employés chaque jour.

26 germinal. — Le citoyen rapporteur prévient que les travaux relatifs au salpêtre sont en activité; que les terres portées à l'atelier sont prêtes à recevoir le lessivage et que la chaudière est bien disposée. Ces renseignements sont accueillis avec le plus grand plaisir. La Société arrête que les six membres affectés chaque jour à ces travaux seront pris dans l'ordre du tableau et que ceux qui ne pourront faire ce service personnellement se feront remplacer.

26 germinal. — Le citoyen envoyé par la commission des subsistances dans plusieurs départements afin de constater les ressources qui peuvent exister, dit qu'il a fait prévenir les différentes communes du district de lui envoyer un état exact des grains qu'elles peuvent avoir. Le résultat qu'il devait espérer de cette mesure salutaire ne s'effectue qu'avec une lenteur impardonnable et c'est d'après toutes ces

11

considérations qu'il invite la Société à nommer dans son sein dix membres qui seront envoyés près des municipalités qui ont négligé de satisfaire à son invitation. Cette motion est adoptée et les commissaires sont désignés.

1er et 2 floréal (avril). — Des observations sont présentées au sujet des arrêtés relatifs à la fabrication du salpêtre. Un citoyen réclame l'application de la loi qui laisse à chaque citoyen la liberté de distribuer ses jours de travail et de repos et qu'au surplus, les progrès de la Raison sont trop sensibles pour ne pas faire porter sur tous les amis de la Révolution les avantages de cette loi salutaire. L'arrêté visé est rapporté.

A propos du second arrêté visant les obligations des sociétaires, il est maintenu que tous les membres de la Société désignés pour concourir aux travaux révolutionnaires du salpêtre pourront se faire remplacer. Si leur âge ne leur permet pas de satisfaire à cette glorieuse tâche, ou s'ils sont retenus chez eux par des infirmités, et qu'ils n'aient pas pourvu à leur remplacement, ils seront chassés de la Société.

3 floréal. — L'agent national du district fait part à la Société des travaux que nécessitera l'application de la loi relative au maximum, désirant faire jouir les sociétaires des heureux effets qu'elle va produire; il invite la Société populaire à nommer plusieurs membres pour l'encourager et à prendre la mesure nécessaire pour sa promulgation.

5 floréal. — Un membre instruit la Société que la loi qui accorde des secours aux parents des défenseurs de la Patrie est à la veille d'avoir son exécution; il observe qu'au mépris de cette loi bienfaisante, plusieurs citoyens sans besoins se présentent pour

recevoir des gratifications qu'elle n'accorde qu'à ceux qui justifient ne pouvoir vivre sans les secours que leur procureraient les enfants qu'ils ont généreusement envoyé au secours de leur Patrie. Pour obvier à cela, la Société arrête qu'elle invitera les sociétés populaires du district à veiller scrupuleusement aux abus qui pourraient se commettre.

7 floréal. — Les travaux de l'atelier du salpêtre n'ayant pas l'entrain désirable, par suite du mauvais vouloir de quelques sociétaires, il est prescrit de nouvelles mesures pour rétablir l'activité.

8 floréal. — Les vérificateurs et distributeurs de secours sont invités à rappeler aux citoyens qui se présentent pour recevoir les gratifications auxquelles ils croient avoir droit, que ces secours sont dûs à l'indigence et que celui qui est sans besoin ne peut les recevoir sans démériter de la Patrie.

18 floréal. — Sur la proposition d'un membre, la Société arrête que tout citoyen et citoyenne ne pourront se présenter dans le sein de la Société sans être pourvu d'une cocarde tricolore, signe de ralliement cher à tous les amis de la Révolution; ainsi le prescrit la loi.

23 floréal. — Nouvel appel aux sociétaires, qui témoignent d'une insouciance de plus en plus grande pour la fabrication du salpêtre. Les secrétaires sont chargés de dresser la nomenclature des citoyens qui, par leur peu de zèle, ralentiront ces opérations révolutionnaires.

Plusieurs membres observent que la contribution de la commune de Ruffec s'exécute d'une manière affligeante.

Le reste de la séance est consacré à entendre la lecture du rapport de Robespierre.

27 floréal. — Des commissaires se réuniront le plus tôt possible à la maison commune, aux fins de se procurer la liste des enfants susceptibles de recevoir les premiers éléments de l'instruction publique, en exécution de la loi du 29 frimaire.

Le président revient sur les discussions intéressantes qui ont eu lieu pour l'acquittement des contributions arriérées de la commune ; il fait ressortir l'intérêt qu'il y a de ne point ralentir ce rouage intéressant de la machine politique et que c'est coopérer directement au maintien de la Liberté que de payer ce tribut, cher à tous les cœurs révolutionnaires. Les citoyens chargés de percevoir les sommes exigibles portées aux rôles de 1791 et 1792 devront employer les moyens autorisés par la loi.

29 floréal. — Sur l'invitation qui lui est faite de trouver un citoyen capable de diriger une aciérie et d'en aviser l'administration générale des armes portatives, la Société désigne le citoyen Perrain, qui aura pour mission de faire éprouver dans le plus bref délai l'acier provenant des forges de Ruffec. Celui-ci accepte avec empressement.

30 floréal. — Le citoyen Marchive, maire de la commune, annonce l'envoi au district de baillarge et de méture et propose la nomination de deux commissaires pour surveiller le mélange de ces grains avec ceux provenant des communes de l'arrondissement.

La création d'un Comité dramatico-républicain est jugée bonne. Le 10 messidor sera jouée une première pièce de théâtre dont le texte, soumis à la censure de la Société, est déposé à la municipalité, chargée de donner son assentiment au projet.

1er prairial (mai). — Il est donné lecture du plan proposé pour la fête à l'Etre suprême et à la Raison,

qui doit être célébrée le 20 dudit mois. Après délibération et quelques modifications au programme, cette
fête est fixée au 31 mai.

4 prairial. — Sur la proposition d'un membre, la
Société charge son comité libre et littéraire de choisir
un local propre à construire un théâtre afin de représenter différentes pièces.

Le citoyen Jacques fait le rapport des différents
dons que la Société a déposés sur l'autel de la
Patrie et présente une adresse pour féliciter la Convention d'avoir mis à l'ordre du jour la Vertu, la
Probité, les mœurs pour les républicains et la terreur
contre les traîtres et les intrigants. Adopté.

Il est décidé que les sexagénaires seront surveil-
lants à l'atelier du salpêtre.

8 prairial. — La Société, au bruit des dangers
auxquels ont été exposés ses vertueux représentants,
Collot et Robespierre, n'a pu retenir un mouvement
d'indignation si naturel à des ardents amis de la
Liberté, arrête que son comité de correspondance sera
chargé de témoigner à la Convention nationale toute
la part qu'elle a pris à un évènement qui a failli devenir si funeste à la Liberté, de même que de l'inviter
à poursuivre les auteurs et complices de cet attentat
prémédité, de les faire punir et de donner, par le
prompt châtiment du coupable arrêté, un grand exemple de la justice du peuple, de son attachement à la
Liberté et à ceux qui savent la défendre au péril de
leur vie.

22 prairial. — L'administration est invitée à mettre
en réquisition tous les bœufs et charrettes, pour
transporter les bois de navire auprès de la grande
route, afin que les rouliers aient plus de facilité à
les charger, mais on lui représente aussi que si les

bœufs vont conduire ces bois au loin, ce serait faire un grand tort à l'agriculture.

27 prairial. — Une lettre du citoyen Moiraud, de Tours, annonce que le citoyen Bailloux a remis une somme de 1.134 livres à l'agent national de ce district, montant des effets que la Société avait envoyés au 1er bataillon de la Charente.

Un membre demande que cette somme soit employée à monter un cavalier jacobin pour l'offrir à la Patrie. Adopté. Mais comme cette somme n'est pas suffisante, on se cotisera pour parfaire la somme nécessaire. Une commission est nommée pour choisir cheval et cavalier.

1er messidor (juin). — Après une longue et lumineuse discussion, la Société arrête que deux commissaires pris dans son sein se transporteront près des autorités constituées pour les inviter à accélérer toutes les mesures qui tendent à l'instruction publique.

2 messidor. — Cette commission revient avec la promesse, par l'agent national du district, que la plus grande activité serait mise pour donner satisfaction.

6 messidor. — Le peu d'empressement des sociétaires à prendre part aux travaux du salpêtre est une question qui revient souvent. La Société apprécie les motifs invoqués par les contrevenants pour se dérober à cette obligation. Il est décidé que tous les arrêtés relatifs aux travaux du salpêtre seront exécutés révolutionnairement.

Un citoyen propose que nulle femme ne soit admise dans le sein de la Société ; elles se tiendront à la barre. Adopté.

Le citoyen Pinoteau demande que la municipalité soit invitée à faire exécuter les arrêtés de police qui défendent de jouer aux quilles dans les rues et sur les places publiques.

7 messidor. — La Société invite les citoyens de la commune à porter à la mairie les toiles dont ils peuvent disposer pour faire des draps destinés aux hôpitaux militaires. Elles seront aulnées et payées de suite, comptant et au maximum.

10 messidor. — Les citoyens sont invités à faire inscrire sur le registre spécial leurs enfants susceptibles de se faire instruire dans les écoles primaires et secondaires. On écrira aux sociétés affiliées pour trouver un instituteur capable de remplir cette importante fonction.

Enfin, la fabrication du salpêtre ayant repris une meilleure activité, la Société arrête que les membres qu'elle envoyait chaque jour à l'atelier cesseront d'y aller jusqu'à nouvel ordre.

11 messidor. — Une commission est chargée de prendre tous les renseignements nécessaires sur les personnes qui ont fait des feux de cy-devant Saint-Jean.

13 messidor. — Le citoyen Pinoteau fait la motion que provisoirement tous les ecclésiastiques soient exclus des fonctions publiques. Adopté, mais trois jours plus tard cette décision est annulée.

16 messidor. — La Société arrête que des commissaires se transporteront dans les différentes communes des campagnes, pour y lire et expliquer l'adresse de la Convention nationale relative aux déclarations à faire de leurs récoltes. Ces commissaires seront en outre chargés de pénétrer les habitants de l'utilité de l'observation des fêtes décadaires et d'abandonner tout ce qui est relatif à leurs croyances religieuses et aux mômeries ecclésiastiques. Les autorités seront également invitées à propager ces principes.

La Société arrête que chaque jour de décade il sera prononcé un discours au temple de l'Etre suprême, par un membre de la Société ou par tel autre citoyen qui voudra se dévouer à ce travail utile, en soumettant toutefois leurs discours au comité de censure établi dans le sein de la Société populaire.

20 messidor. — La lecture des nouvelles suscite les plus vifs applaudissements et d'une voix unanime la Société arrête que la municipalité sera invitée à faire célébrer une fête civique le soir même.

A cinq heures, la Société part du lieu de ses séances, avec toutes les autorités constituées, pour se rendre au temple dédié à l'Être suprême ; une musique guerrière précède la marche ; tous les citoyens et citoyennes suivent en chantant des airs patriotiques. Arrivés au temple, deux citoyennes montent à la tribune et chantent un hymne à l'Être suprême ; les citoyens en répètent le refrain ; des cris mille fois répétés de Vive la République, la Montagne, nos braves vainqueurs de Mons, Tournay et Ostende, se font entendre ; un citoyen prononce un discours relatif à la cérémonie et ensuite le cortège repart pour se rendre sur la place de la Liberté, où les mêmes cris se font entendre ; des danses annoncent la gaîté qui règne dans les cœurs.

La municipalité fait inviter tous les citoyens à se réunir de nouveau sur la place à l'heure du souper avec leur pain, vin, etc., pour finir la journée par un banquet civique.

On se rend de rechef et le banquet commence. La gaîté et la frugalité y président et les santés chères aux patriotes sont portées ; le banquet est à peine fini qu'une superbe musique, placée sur un balcon, exécute des airs patriotiques, des citoyennes en chantent les paroles. Enfin, un bal commence dans la salle des séances de la Société populaire et se prolonge dans la nuit, puis chacun se retire paisiblement. Un feu, préparé sur la place, a été allumé en signe de réjouissance.

25 messidor. — Le président observe que le 14 juillet étant le jour ou les Français, prêts à périr sous le joug des rois et des fanatiques, rompirent leurs chaînes, prirent les armes, détruisirent la Bastille et décrétèrent la liberté de la France, il propose que le souvenir de l'aurore de la Liberté soit célébré par une fête civique, ce qui est adopté aux applaudissements de tous.

26 messidor. — Il est décidé que l'on invitera par écrit la municipalité à exclure le curé de Ruffec de son domicile, pour avoir résisté à la volonté suprême du peuple. L'administration du district sera aussi invitée à exclure tous les cy-devant curés de leurs domiciles.

2 thermidor (juillet). — Un membre observe que le zèle et les talents des commissaires envoyés dans les communes seraient presque nuls, si Ruffec ne donne l'exemple de l'abjuration la plus formelle du fanatisme et de l'attachement le plus sincère au culte de la Raison, en célébrant solennellement les fêtes décadaires.

Par suite, la Société arrête unanimement que tout frère qui travaillera ou fera travailler les jours de décadis, ne travaillera pas ou ne fera pas travailler habituellement les jours d'anciennes fêtes et dimanches ; ceux qui dépendent immédiatement de lui et lui ont loué leurs œuvres, seront rejetés de la Société.

Considérant au surplus que la présence des prêtres qui n'ont pas abjuré formellement ne peut être que très favorable au fanatisme et lui procurer des ressources toujours nouvelles, la Société arrête que les municipalités sont invitées à expulser de leur sol et renvoyer au lieu de leur naissance ces hommes perfides et de mauvaise foi qui luttent opiniâtrement contre l'opinion publique ; en conséquence, il leur fera parvenir le présent arrêté.

Pour combattre le relâchement possible du zèle des sociétaires et faire cesser cette apathie, il est décidé, à l'unanimité des membres présents, que tout associé de la commune de Ruffec qui aura été noté absent pendant trois séances consécutives, sans motifs légitimes, sera rayé du tableau sans rémission. Suivent les noms des quarante membres présents.

4 thermidor. — Il est décidé que le 10 de ce mois la Société célébrera par une fête civique la victoire de nos armées.

9 thermidor. — Un membre demande que la municipalité soit invitée à faire faire des visites dans toutes les auberges et cabarets de la commune pour en exclure tous ceux qui y passent leur temps au lieu d'aller à leur travail. Elle sera aussi invitée à prendre des mesures sévères contre ceux qui violent le maximum, ainsi que contre ceux qui vont accaparer des denrées dans la campagne, pour les vendre ensuite à un prix excessif.

11 thermidor. — Le citoyen Jacques monte à la tribune ; il y prononce un discours dans lequel il prouve la noirceur de ceux qui ont voulu adhérer au fédéralisme et il démontre la nécessité de déclarer tout ce que l'on sait de relatif au fédéralisme. Diverses pièces sont déposées sur le bureau.

13 thermidor. — La Société, extraordinairement assemblée au lieu de ses séances, Nouvion, envoyé dans ce district par G. Romme, représentant du peuple, pour l'enlèvement des fontes, fers coulés et autres objets cy-devant mis en réquisition pour le besoin de

la marine et des armées de terre, après avoir exposé
l'objet de sa mission, demande qu'il soit nommé, dans
le sein de la Société un commissaire pour chaque
canton du district, à l'exception de celui de Mansle où
cette opération est en activité, pour y surveiller et
accélérer l'exécution de cette mesure révolutionnaire.

L'un des secrétaires fait lecture d'une lettre des
sans-culottes de Tonneins-la-Montagne par laquelle ils
invitent leurs frères de Ruffec à contribuer à la construction et à l'armement du vaisseau *le Vengeur*.

La Société, se rappelant avec indignation les atro-
cités commises envers la République par les féroces
Anglais, jalouse de concourir par tous les moyens
qui sont en son pouvoir à l'anéantissement de l'empire
qu'ils ont usurpé sur les mers et à l'exécution du
projet de porter le feu et la flamme jusque dans la
moderne Albion, repaire de ces brigands, accueille
avec enthousiasme l'invitation des frères de Tonneins
et arrête unanimement que la somme de 1.130 fr. qui
avait été précédemment destinée à l'armement et
équipement d'un cavalier jacobin (ce qui n'a pu avoir
lieu faute d'un cheval) sera employée à cette nouvelle
destination ; qu'il sera en outre ouvert une souscription
pendant deux séances consécutives et que les sommes
en provenant, ainsi que celle de 1.130 fr. ci-dessus
mentionnée, seront envoyées incessamment à la Convention.

Copie du procès-verbal de cette séance sera envoyée à Romme, représentant du peuple.

14 thermidor. — L'ordre du jour appelle le rapport
de la commission nommée pour organiser le plan de
la fête du 10 août. Ce plan est adopté et sera déposé
aux archives.

Une commission chargée d'étudier la répression des

abus qui ont eu lieu dans la vente et la distribution du savon, est chargée de retourner près de la municipalité pour savoir quelles mesures ont été prises à cet égard et d'en faire leur rapport le sextidi suivant.

16 thermidor. — En exécution de l'article 28 du plan de la fête du 10 août, le président désigne les citoyennes qui doivent chanter des hymnes patriotiques au temple et concourir, par le doux accent de leur voix, à l'agrément de cette fête, chère à tous les républicains.

On donne lecture des noms de ceux qui ont souscrit pour la construction du vaissean le *Vengeur*.

18 thermidor. — Pour faciliter les frères des campagnes, il est décidé que la Société tiendra séance tous les jours de foire et de marché, à deux heures après-midi.

20 thermidor. — Un membre demande que désormais on ouvre la séance par le cri de Vive la République! Vive la Convention nationale! Adopté.

Le rapporteur d'une commission envoyée dans la commune des Adjots expose que le cy-devant curé a fait bien des difficultés pour faire, de concért avec les autres citoyens, le serment chéri des Français: la Liberté ou la mort! Que même par la position qu'il tenait près la tribune, il servait de boussole aux citoyens qui étaient dans le temple pour faire ou ne pas faire ce serment; il dit qu'il serait essentiel d'exclure cet ex-prêtre de cette commune, qu'il a toujours cherché à égarer et fanatiser. La présence de cet être malfaisant nuit à la propagation de l'esprit public. Cette observation est vivement appuyée par toute la Société et elle arrête que le rapporteur Mazière sera invité par le président à se transporter le lendemain au comité de surveillance de cette commune avec le citoyen Pierson, qui était avec lui lors de la farce ridicule de ce cagot, pour le dénoncer et lui faire subir la peine que mérite une conduite aussi scandaleuse.

25 thermidor. — On fait lecture d'une lettre de la Convention nationale sur la découverte de la conspiration du traître Robespierre.

Plusieurs citoyens se plaignent de ne pouvoir se procurer des subsistances; on s'occupe de pourvoir à leurs besoins pressants et pour y parvenir, la Société nomme quatre commissaires pour se transporter à la municipalité et au district pour les inviter à faire approvisionner les marchés, afin que chaque citoyen puisse s'alimenter pour une décade, conformément à l'arrêté du Comité de salut public.

28 thermidor. — Un membre fait lecture du rapport sur la conduite qu'a tenue l'équipage du vaisseau le *Vengeur*, lecture entendue dans le plus profond silence et applaudie avec enthousiasme.

2 fructidor (août). — Deux commissaires sont désignés pour se transporter auprès de la municipalité et l'engager à surveiller l'administration de l'hôpital et prendre les moyens propres à procurer à nos frères d'armes malades tous les soins dont leur état est susceptible; qu'ils l'inviteront aussi à ne laisser subsister dans cet asile sacré du patriotisme aucun vestige des préjugés religieux; que pour cet effet ils s'y transporteront eux-mêmes avec les officiers municipaux pour y faire les recherches et perquisitions les plus exactes.

Il est arrêté en outre qu'on écrira à la commission de santé, à Paris, et que l'administration sera invitée à lui écrire aussi de son côté pour solliciter en faveur dudit hôpital les fonds nécessaires non-seulement à son entretien, mais encore à une augmentation de lits que nécessite la situation de Ruffec, près l'armée de l'Ouest et sur le passage des troupes de la République.

5 fructidor. — Un frère rappelle la pénurie d'huile qui se fait sentir; il observe qu'au lieu de conserver soigneusement les noix pour la confection de cet objet de première nécessité pour les sans-culottes, on en consomme en vert journellement une grande quantité pour satisfaire la sensualité des riches et des égoïstes.

Pour faire cesser cet abus, la Société délègue auprès de la municipalité deux commissaires, avec mission de l'inviter à prendre les mesures les plus sévères.

Même observation est faite au sujet de la farine et du son, ce dernier étant recueilli en trop grande quantité par des vendeurs indélicats; on le cédait aux voituriers et voyageurs à des prix dépassant parfois le prix de la farine.

8 fructidor. — Des pétitions sont adressées à l'administration du district pour l'inviter à publier le maximum le plus tôt possible, afin que les sans-culottes puissent jouir d'une loi aussi salutaire; l'autre réclame l'approvisionnement du bois nécessaire aux habitants de la commune; enfin une troisième pour accélérer le transport de l'hôpital au cy-devant couvent des capucins et provisoirement y faire placer des lits dans la salle servant de prétoire ou tout autre endroit qui sera jugé convenable.

Malgré ses démarches, la Société ne trouve pas d'instituteurs.

9 fructidor. — Un sociétaire, accusé de n'avoir pas respecté l'arrêté qui prescrit de fermer les boutiques les dimanches et fêtes, répond, pour sa défense, qu'il est libre de travailler quand il veut sans contrevenir

aux lois, car il n'en connaît pas qui contiennent des prescriptions à cet égard.

Après discussion, il est rayé du tableau.

12 fructidor. — Le citoyen Jacques rend compte de la souscription faite pour le vaisseau le *Vengeur*, dont le produit s'élève à 802 fr. 10, sans y comprendre la somme destinée précédemment à l'armement et à l'équipement d'un cavalier jacobin. Il demande en outre que celle de 515 fr. 10, produit de dons faits en assignats pour ceux qui n'ont pas donné de chemises, soit jointe aux deux autres sommes. — Adopté.

En conséquence, la Société arrête que le montant des trois sommes, ensemble 2,650 fr. 10, sera envoyé par le courrier dostidy prochain, avec les extraits des procès-verbaux, pour être affecté à la Convention nationale et employé à la construction et armement du nouveau vaisseau le *Vengeur*.

16 fructidor. — La visite des commissaires à l'hôpital amène la Société à demander à l'agent national qu'il fournisse à cet établissement les matelas et châlits trouvés dans les maisons d'émigrés et qu'il fasse tout ce qui est en son pouvoir pour procurer aux malades les commodités dont leur état est susceptible.

Elle réclame à nouveau pour l'approvisionnement du bois et des marchés.

23 fructidor. — La Société charge son comité de correspondre, de rédiger une adresse à la Convention pour lui témoigner la douleur qu'elle ressent des divisions qui semblent régner dans son sein.

30 fructidor. — On donne lecture d'une lettre adressée par les représentants du peuple, députés du département de la Charente, par laquelle ils annoncent qu'ils ont présenté au comité de Sûreté générale la nécessité d'une prompte organisation d'un comité

révolutionnaire dans cette commune, en exécution de la loi.

Une discussion s'ouvre à la suite de laquelle la Société décide qu'elle présentera huit des citoyens dont les noms ont été envoyés par les représentants du peuple et quatre qui seront élus au scrutin de liste.

Il est dit que le président interpellera chaque membre pour qu'il s'explique à haute voix et en homme libre sur le civisme et les qualités morales des candidats proposés.

Le lendemain il est procédé au scrutin, qui accuse 45 votants.

On donne lecture d'une adresse de la Société populaire d'Angoulême à tous les patriotes du département, qui exprime les sentiments les plus révolutionnaires.

15 vendémiaire (septembre). — On lit une lettre adressée à la Société par le citoyen Vitteau qui, entr'autres détails fort intéressants, démontre l'utilité d'un établissement dans cette commune, d'une école primaire de mathématiques et de dessin et termine par s'offrir à la Société et à tous les citoyens du district en général, pour l'enseignement de ces parties importantes de l'instruction publique.

La Société applaudit vivement à cette offre honnête et l'accepte.

23 vendémiaire. — Un membre observe que depuis plusieurs décades, la grande majorité des frères de la Société négligent d'assister aux séances, que celles du matin ou de l'après-midi se passent uniquement en lecture de nouvelles et sans aucune discussion sur les différents objets d'intérêt public; que celles du soir ne sont exactement suivies que par douze ou quinze individus. Il propose qu'à l'avenir il n'y ait qu'une séance par jour.

La Société, considérant que dans les circonstances actuelles, les sincères amis de la liberté doivent se rallier plus que jamais et que ceux qui négligent d'assister aux séances et de communiquer leurs lumières et leurs sentiments patriotiques sont très répréhensibles ; considérant que les Sociétés populaires ne sont pas seulement instituées pour une simple lecture de nouvelles, mais qu'elles doivent principalement s'attacher à propager l'esprit public par des discussions intéressantes et toujours relatives aux lois de la Convention nationale, qui seule doit leur servir de point de ralliement, arrête qu'à partir de ce jour les nouvelles ne feront point l'objet d'une séance particulière et seront lues à celles du soir.

26 vendémiaire. — Un citoyen monte à la tribune et donne lecture d'un discours fort éloquent où il retrace le tableau des persécutions que le tyran Robespierre a fait directement ou indirectement éprouver aux bons citoyens et dont il a été personnellement la victime.

On donne lecture d'une lettre adressée à la Société par le citoyen Pinoteau, adjudant général à l'armée du Rhin, qui contient des détails fort intéressants.

3 brumaire (octobre). — Il est donné lecture des nouvelles de la loi qui défend toutes affiliations, agrégations, fédérations, ainsi que toute correspondance en nom collectif entre Sociétés, sous quelque dénomination qu'elles existent.

De plus, en exécution de cette loi, la Société s'occupera à dresser le tableau de tous ses membres, lequel contiendra les nom, prénoms de chacun, son âge, le lieu de sa naissance, sa profession et demeure avant et depuis le 14 juillet 1789 et la date de son admission dans la Société.

A partir de ce moment, le zèle des adhérents diminue.

Du 5 brumaire au 5 frimaire, le registre ne contient que deux ou trois lignes pour chaque séance.

5 frimaire (novembre). — Les représentants du peuple Bordes et Daniaud se présentent à la Société; on leur offre les honneurs de la séance; ils se placent aux côtés du président.

Le représentant Bordes annonce qu'il est chargé par la Covention nationale d'une mission politique dans les départements de la Charente et de la Dordogne; il demande des renseignements sur les détenus dans la maison d'arrêt de cette commune, sur la conduite qu'ils ont tenue depuis 1789 et engage aussi tous les membres à s'expliquer franchement, en hommes libres et sans aucune passion sur le compte de tous les fonctionnaires publics.

Le président répond et témoigne aux représentants la satisfaction que la Société éprouve de les avoir dans son sein. Après discussion, la Société émet un avis favorable à l'élargissement de quelques prisonniers.

Le citoyen Favre monte à la tribune; il y donne lecture d'un discours fort éloquent où il retrace les crimes commis par le despotisme des rois; le danger qu'il y a de s'arrêter au système horrible de la Terreur dans un gouvernement bien organisé; le respect et l'attachement qu'on doit avoir pour les sages et vertueux représentants qui ont substitué au système un règne de justice et d'amour pour la Patrie. L'orateur termine par engager tous les bons citoyens à demeurer toujours unis et à se rallier constamment auprès de la Convention nationale, comme représentant seule l'autorité religieuse.

12 frimaire an III. — La Société arrête qu'aucun membre ne sera dénommé dans les arrêtés qu'elle prendra à l'avenir.

17 frimaire. — Il est décidé qu'une adresse sera envoyée au représentant Bordes pour détruire les impressions de modérantisme qu'il a, dit-on, de la Société.

22 frimaire. — De toutes parts on demande des nouvelles. On délègue deux commissaires près du directeur de la poste ; celui-ci étant absent, sa femme répond que quand bien même le courrier serait arrivé, la Société n'aurait pas de nouvelles. De là discussion assez sérieuse et nouvel envoi de délégués.

Le lendemain, le directeur de la poste vient témoigner à la Société le désir qu'il a de la satisfaire dans la prompte distribution des nouvelles, lorsque le courrier n'arrivera pas trop tard.

Celle-ci se déclare satisfaite.

6 nivôse (décembre). — Il est donné lecture d'un rapport fait à la Convention nationale sur les bruits de paix.

8 nivôse. — Sur la présentation d'un membre, à faire du temple de la Raison un lieu commode pour attirer les citoyens aux fêtes décadaires, deux commissaires sont désignés pour pourvoir ledit temple de sièges et de bancs.

Pour remercier les citoyennes de leur préférence à assister aux séances de la Société, celle-ci décide de leur donner à danser, à ses frais, le décadi prochain, en sortant du temple de la Raison.

10 nivôse. — Au sujet des bancs du temple, un membre propose de faire faire des bancs mobiles, pour économiser les deniers de la commune, mais une citoyenne, qui propose de faire transporter au temple les bancs dont elles se servent à leur club, est vivement applaudie.

27 nivôse. — La Société, consultée sur la manière

dont sera exécuté le tableau qu'elle doit fournir de ses membres, arrête qu'il sera établi conformément à la loi et qu'une colonne d'observations contiendra la désignation de l'état politique de chaque membre à l'époque de la confection du tableau. Cette colonne d'observations sera remplie à la main.

La Société s'occupe de la fête qui doit avoir lieu le 2 pluviôse par l'anéantissement des tyrans et désigne trois commissaires pour se rendre près l'agent national de la commune et l'inviter à employer tous les moyens pour que cette fête soit solennisée avec une magnificence digne de la France.

29 nivôse. — Sur la demande d'un membre, la Société accorde que la fête sera terminée par un bal à ses frais et désigne deux sociétaires pour faire observer dans ce bal l'ordre, l'égalité et l'honnêteté, par tous les moyens qu'ils aviseront.

30 nivôse. — Séance extraordinaire. Une jeune citoyenne de 6 ans a répété à la tribune une invocation à l'Etre suprême pour le bonheur de la France et le texte de deux articles des Droits de l'homme.

Pluviôse. — Pendant tous le mois, rien de saillant. Le 28 seulement, un membre observe à la Société qu'elle est bien silencieuse envers la Convention sur tous les événements qui sont arrivés depuis le 9 thermidor et que son silence pourrait altérer la réputation patriotique que la Société n'a jamais cessé de bien mériter. On décide d'envoyer une adresse.

5 ventôse (février). — On vote une adresse à la Convention nationale pour la féliciter sur ses glorieux travaux et sur l'énergie qu'elle a montrée pour faire triompher la justice et l'humanité et comprimer les terroristes complices de l'infâme Robespierre.

On arrête une liste des familles indigentes auxquelles seront distribués les grains achetés à leur intention. Une mention honorable est votée au citoyen Pinoteau fils aîné, qui s'est chargé de nourrir un des enfants d'une famille nécessiteuse. Ce dernier, ainsi qu'un autre commissaire, offrent chacun deux boisseaux de méture pour les indigents. Les deux autres commissaires, absents, seront informés du fait; un troisième en fait autant.

7 ventôse. — Il est donné lecture d'une lettre du représentant du peuple Bellegarde, datée d'Amsterdam, 1ᵉʳ pluviôse, qui contient beaucoup de détails sur la conquête de la Hollande. La Société manifeste sa satisfaction d'apprendre que cette conquête procurera autant d'avantages à la République.

Une somme de 109 fr. 25 est mise à la disposition des commissaires chargés de distribuer les secours aux indigents.

La veuve du citoyen Jacques fait don de 4 boisseaux de baillarge.

12 ventôse. — L'un des commissaires de la caisse de bienfaisance fait le rapport du produit des différents actes d'humanité. Il y a en froment deux boisseaux estimés à 22 fr. l'un; quatre de méture et quatre de baillarge. Ayant ajouté que la caisse restait ouverte pour ceux qui voudraient donner, le citoyen Geoffroy offre à son tour un boisseau de méture.

18 ventôse. — Les nouvelles parvenues ce jour intéressent l'opinion publique. La salle est pleine et sur toutes les physionomies se lit la plus grande impatience de les connaître, pour s'assurer surtout des nouvelles officielles de la fin de la guerre de la Vendée, annoncée par la voix publique. La lecture de l'article qui en parlait a souvent été interrompue par les applaudissements universels.

20 ventôse. — Chacun des frères signe le tableau des membres de la Société, auquel ont été ajoutées à la main toutes les mentions réservées.

On propose une fête pour le décady prochain, à l'occasion de la rentrée des Vendéens dans le sein de la République, mais on attendra une confirmation officielle, et que la joie ne soit point troublée par l'idée que la faction du sang dans ce malheureux pays n'ait pas réussi.

23 ventôse. — La Société paraît désirer qu'il soit donné lecture des prétendues conditions de paix faites avec les Vendéens. Un membre en présente un exemplaire, qui est lu à la tribune.

25 ventôse. — Papiers envoyés à la Société par le représentant Romme et par l'administrateur du département, relatifs à des notes fournies sur divers membres de la Société.

27 ventôse. — La Société invite la municipalité à faire ôter des rues et places publiques les chariots et les bois qui les encombrent.

2 germinal (mars). — Sur la proposition de rappeler plusieurs ci-devant nobles exclus pour la seule cause de leur ex-noblesse, il est arrêté que deux commissaires se rendront auprès des autorités constituées pour faire la recherche des lois ou arrêtés qui ont donné lieu à cette exclusion.

4 germinal. — La Société arrête qu'elle ne fera plus les frais de l'abonnement au *Moniteur*.

Après avoir entendu le rapport des commissaires sur les arrêtés qui excluent de la Société les ex-nobles, notamment la loi du 27 germinal sur la police générale de la République, excluant ces derniers non seulement des sociétés populaires, mais aussi des assemblées primaires, ils ont trouvé une loi postérieure qui rapporte la précédente. Par conséquent, après discussion, il est arrêté que chacun des citoyens visés sera proposé successivement et que des commissaires seront chargés de les inviter à revenir dans le sein de cette Société. Un d'eux, le citoyen d'Ervaux, le premier dont on parle, est prévenu et vient recevoir l'accolade présidentielle.

On cite d'autres noms, ainsi que ceux d'ex-prêtres, qui seront prévenus.

7 germinal. — La Société accepte dans son sein les membres proposés par les commissaires et qui en avaient été exclus. Parmi eux figurent les citoyens La Boissière, Garnier, La Roche, Rivière aîné, La Rafinière, du Magnou. Chacun d'eux a témoigné sa satisfaction de se retrouver parmi ses frères et pouvoir avec eux encore une fois concourir à l'affermissement de la liberté.

Le président leur a donné l'accolade fraternelle en prononçant le discours suivant, fort applaudi :

Citoyens,

Vous avez fait la triste expérience que l'innocent se trouve souvent compris avec le coupable et que la prévention conduit l'homme cruel et féroce à sacrifier les uns et les autres, sans écouter la voix de l'humanité.

Vous avez éprouvé qu'une grande Révolution ne pouvait s'opérer sans faire bien des victimes, surtout lorsque des tyrans se succèdent aussi rapidement et que des hommes de sang veulent dominer à quelque prix que ce soit.

La loi du 27 germinal an II prescrivait à la Société populaire dont vous étiez membres alors, votre expulsion. Quoi qu'il en coutât à vos frères de mettre une ligne de démarcation entre eux et vous, la loi parlait, il fallut obéir. Aujourd'hui cette loi est rapportée, aujourd'hui la justice et l'humanité sont à l'ordre du jour et la Convention fatiguée ou prête à l'être de tous ces terroristes qui avaient à cœur d'appliquer des décrets qui ne servaient que les passions liberticides de quelques factieux, fait

briller un nouveau jour sur notre horizon ; elle reprend sa
dignité et répare autant qu'il est en elle les erreurs passées.
Vos frères s'empressent de vous rappeler parmi eux ; c'est par
mon organe qu'ils vous annoncent que l'examen le plus scru-
puleux de votre conduite justifie leurs démarches actuelles,
ils ont lieu d'espérer que jetant un voile sur le passé, vous par-
tagerez avec eux le plaisir d'être serrés dans leurs bras.

Citoyens,

Permettez-moi de saisir cette occasion où vous donnez des
marques non équivoques des sentiments de fraternité et d'union
qui vous attachent les uns les autres, pour vous présenter quelques réflexions à l'ordre du jour.

Citoyens,

Rappelons-nous tous qu'il n'existe actuellement que deux classes
de citoyens, les bons et les mauvais, que les bons soient chéris,
aimés et respectés ; que les mauvais soient méprisés et livrés aux
tribunaux qui seuls doivent en faire justice. Pour nous, soyons
justes, soyons humains, tolérants, mais soyons fermes dans les
bons principes, soyons travailleurs.

N'oublions jamais que les Sociétés populaires sont heureusement réduites à l'impuissance de faire le mal et qu'il leur reste
le glorieux avantage de faire le bien : Union, indulgence, justice, humanité, l'amour de la Patrie bien dirigé, de l'ordre dans
nos délibérations, de la raison et du sang-froid dans les discussions ; point d'humeur, point d'aigreur, surtout point d'empor-
tements, point de personnalités, point d'apostrophes, point d'iro-
nies amères et piquantes. Si nous aimons l'ordre, si nous aimons
l'union, si nous voulons vivre en frères, voilà la règle de notre
conduite.

Que d'avantages n'en résulteront pas pour la chose publique ;
nous éclairerons l'opinion publique par la sagesse de nos délibérations, nous en condamnerons les abus, nous enhardirons
l'homme timide par le sang-froid de nos discussions ; les mères
de famille et les jeunes citoyennes viendront en foule à nos
séances, elles nous écouteront avec intérêt parce que nos conférences les intéresseront, et le silence ne sera troublé par qui
que ce soit. Vive la République !

On décide que d'autres citoyens seront rappelés et
en effet ils sont inscrits au tableau le surlendemain.

11 germinal. — Il n'y aura plus séance que tous les décadis.

16 germinal. — La Société s'occupe de la caisse de bienfaisance, des répartitions à faire et aussi des causes de l'extrême cherté de toutes choses.

18 germinal. — La discussion continue au sujet de la cherté des denrées ; les uns ont demandé qu'il soit fait une adresse à nos concitoyens, notamment à ceux de la campagne, pour demander que celui qui vend, prenant pour comparaison le haut prix des objets qu'il achète, enchérit à son tour et que si chacun voulait au contraire rabattre de cette avidité réciproque, la balance qui s'établirait, en moins comme en plus, ramènerait le taux duquel nous nous trouvons si étrangement éloignés ; d'autres ont attribué ce fléau à la coupable méfiance jetée par les malveillants sur le papier national. L'accord existant sur ce point, il est demandé que la Convention nationale s'occupe de cet objet et donne l'espoir que bientôt les assignats seront au pair avec l'argent.

25 germinal. — La Société, appelée à se prononcer sur un arrêté qui interdisait aux citoyennes l'entrée dans la salle des séances, décide que ledit arrêté sera rapporté afin qu'à l'avenir aucun membre ne puisse arguer de l'exclusion d'un sexe à qui sont dûs des égards et de l'honnêteté et dont la présence ne peut qu'avoir une heureuse influence sur les délibérations.

On va même s'occuper d'agrandir la salle.

La nouvelle officielle qui annonce la paix avec la Prusse produit des applaudissements unanimes et réitérés. Chaque citoyen y trouve l'espoir d'une paix générale, le retour de l'abondance et la satisfaction inappréciable de serrer bientôt dans ses bras de jeunes parents dont le sang fut offert à leur Patrie pour cimenter la Liberté.

28 germinal. — La convocation faite comme à l'ordinaire au son de la cloche ayant réuni un trop petit nombre de sociétaires, il n'y a pas eu de séances.

30 germinal. — Deux réunions tenues ce jour n'ont donné lieu qu'à des procès-verbaux sommaires.

2 floréal. — Une lettre se trouve parmi les papiers de la Société ; un secrétaire la décachète et son contenu lui mérite de suite l'honneur d'un autodafé dont on arrête unanimement l'exécution dans le sein même de la Société.

5 floréal. — Séance tumultueuse, certains sociétaires ne veulent pas obéir aux injonctions du président, qui veut faire sortir les enfants et ne pas tolérer la présence des hommes parmi les femmes ; plusieurs de ces derniers discutent ; l'un d'eux déclare que puisqu'il en est ainsi, il va se coucher.

Le zèle des sociétaires diminue de jour en jour. Pendant tout ce mois, on ne s'occupe guère que de questions de détail sans intérêt.

Le 30 floréal, l'agent national du district et membre de la Société, annonce qu'il vient de recevoir communication d'un décret portant que les assignats à empreinte de Royauté de 5 livres et au-dessus n'auraient plus cours de monnaie.

Du 1er au 17 prairial, il n'est encore question que de sujets peu intéressants. A cette dernière date, un membre s'étonne que la Société n'ait pas encore discuté quelques articles du projet d'un nouveau règlement. Ceux qui vous régissent, dit-il, ne respirent que la terreur et vous rappellent encore un temps désastreux dont la seule idée fait frémir la vertu et l'humanité.

Le titre premier et les cinq premiers articles du second sont adoptés et la discussion renvoyée au 21; mais ici se termine le registre des délibérations de la Société montagnarde, dont les témoignages étaient consignés sur du papier à fleurs de lys.

La Terreur, commencée le 31 mai 1793 par la chute des Girondins, prit fin le 9 thermidor (juillet 1794), à la chute de Robespierre.

Voici les noms des divers présidents de la Société au cours de ces quatorze mois :

MM. Pinoteau, Jacques Balland, Deraze, Morand, Mondion, Demondion, Thorel, Mimaud, Brumauld de Montgazon, Hélion, Chabot, Thinon, Brousse, Gendroneau.

En somme, pendant cette période qui fit couler tant de sang en France, on n'eut pas à reprocher de faits graves aux Terroristes ruffeccois, même aux cours des visites du citoyen Romme, dont l'ardeur se reporta sur Verteuil.

L'*Histoire de l'Angoumois*, par Gervais, a signalé les attentats commis en 1793 au château de Verteuil, où les caveaux furent violés et plus de quarante cercueils ouverts par les ordres du citoyen Romme, commissaire révolutionnaire. On prit le plomb de ces sépultures et les cendres qu'elles renfermaient furent jetées dans la *Charente*. La plupart des archives et tableaux du château furent pillés et brûlés. Il en reste encore cependant, dont plusieurs fort anciens.

C'est ainsi que disparurent les sépultures de l'historique maison de La Rochefoucauld, érigées aux Cordeliers, sous prétexte de fondre des balles à l'aide des cercueils de plomb.

Au cours de la période révolutionnaire, Ruffec fournit

et organisa une compagnie de cent hommes pour les volontaires, de 1793 à 1794, en sus de ceux déjà enrôlés. Cette compagnie faisait partie du 1er bataillon de la Charente, qui eut pour lieutenant-colonel en second Rochette de Plusay. Le capitaine Jousserand commandait la 5e compagnie.

Parmi les généraux de l'armée de 1792, constituée en grande partie avec les premiers volontaires, figurait un Villemolet, de Ruffec.

Ici pourrait se terminer ce chapitre, que le lecteur a peut-être trouvé trop long, mais qu'il nous a paru utile de consigner en entier, car il témoigne de l'esprit qui régnait alors dans notre petite cité, et nous ajouterons :

Dans son ouvrage *Les Victimes de la Terreur dans le département de la Charente,* M. le docteur Gigon, vice-président de la Société archéologique et historique, a écrit :

« En raison de la modération toute charentaise dont je m'enorgueillis, en raison de l'horreur qu'inspirait la vue de l'échafaud et des hommes sanguinaires qui ont déshonoré la Révolution (1), peu de victimes ont succombé sur le vieux sol patriotique qui a produit tant de braves soldats et si peu de bourreaux. »

Et il donne une liste générale des victimes de la Terreur, empruntée aux archives du tribunal criminel et révolutionnaire de la Charente, ainsi qu'à celles du tribunal révolutionnaire de Paris et aux archives de l'Empire.

-----

(1) Le conventionnel Romme, en mission dans la Charente, ayant fait dresser la guillotine sur la place du Mûrier, à Angoulême, comme objet de menace et d'effroi, la municipalité lui présenta des observations si énergiques, qu'il fut contraint de dissimuler sa hideuse machine dans une salle de l'ancien château.

Sous le n° 67 figure Angély Antoine, ex-garde du tyran-roi, natif de Lichères, près Mansle, domicilié à Sainte-Foy, canton des Sables (Vendée), condamné à mort comme chef des brigands de la Vendée, le 3 vendémiaire an II (24 septembre 1793), par la commission militaire séant aux Sables.

Rochette de Plusay (Louis), de Nanteuil-en-Vallée, ancien lieutenant-colonel en second au 1er bataillon des volontaires de la Charente, condamné à mort par le tribunal révolutionnaire d'Arras pour avoir, dans la place d'Avesnes (Nord), qu'il commandait par intérim, secouru un officier autrichien blessé, prisonnier et parent du prince de Cobourg.

Dupas (Jacques-Maurice), prêtre, vicaire de Ruffec, où il était né, avait refusé les deux serments politiques et continué à exercer son ministère dans son pays. Après avoir souffert bien des persécutions, il fut arrêté à Poitiers et conduit à Rochefort pour être exilé au-delà des mers. Embarqué à bord des *Deux-Associés*, il succomba sous le poids des souffrances, le 21 juin 1794, à l'âge de 39 ans. Enterré à l'île d'Aix.

Dusolier des Granges (Joseph), né aux Granges, paroisse de La Faye, prêtre et chapelain de Ribérac (Dordogne), mort le 25 octobre 1794, à 56 ans. Repose à l'île Madame.

Et l'auteur établit ainsi le total des victimes pour le département : district d'Angoulême, 37 ; de La Rochefoucauld, 27 ; de Confolens, 13 ; de Cognac, 13 ; de Ruffec, 5, et de Barbezieux, 3, dont 68 condamnées à mort et 30 envoyées en déportation.

Mais cela n'avait pas suffi à l'appétit sanguinaire des Jacobins et pendant ce même temps, Danton et la commune de Paris avaient accompli les massacres de septembre 1792.

Après des considérations générales sur la manière de procéder et sur les agissements des membres des comités dans les communes, où la haine et l'espionnage sévissaient de toutes parts, M. Gigon, à la fin de son premier volume, donne la liste générale des personnes suspectes, modérées ou parentes d'émigrés des six districts de la Charente, incarcérées pendant la Terreur. Nous y relevons les noms ci-après, pour le district de Ruffec :

Garnier La Boissière, détenu chez lui, à Ruffec. Vu son grand âge et ses infirmités, ordre de mise en liberté le 5 brumaire an III (26 octobre 1794).

Frathier, 63 ans.

Guiot d'Ervault Armand-Charles, 76 ans, et son frère Jacques, détenus à Ruffec, mis en liberté le 1er nivôse an III (21 décembre 1794).

Baugard Louis ; Martin Pierre, dit Saintonge, et Terrier Jacques, menuisier, mis en liberté le 17 pluviôse an III (5 février 1795).

Vachier, 64 ans et infirme, mis en liberté le 3 ventôse an III (21 février 1795), après vingt-deux mois de captivité.

Corchant, Garmont, Rivierre François, Rivierre Jacques, Rivierre Pierre, ex-prêtres, détenus à Verteuil par ordre de l'administration du district de Ruffec, mis en liberté le 6 ventôse an III (24 février 1795).

Champville père et fils, détenus depuis dix-huit mois à la tour de Ruffec, mis en liberté le 8 ventôse an III (26 février 1795).

Jourdain, détenu à Ruffec, mis en liberté le 16 ventôse an III, sur le vu de pièces constatant qu'il a entretenu des volontaires aux frontières.

Dans le deuxième volume de son ouvrage, M. le docteur Gigon raconte la mort de Louis Rochette-Plusé, natif de Nanteuil-en-Vallée, qui, à l'âge de 41 ans, commença à prendre part aux guerres de la Révolution. Le 17 octobre 1791, il était nommé lieutenant-colonel au 1er bataillon des volontaires nationaux de la Charente, dont le colonel était Léchelle qui, plus tard, fut général en chef des armées républicaines dans la Vendée. Le sort ne leur fut pas favorable, car tous deux moururent tragiquement. Léchelle, après quelques brillants succès en Vendée, vaincu à Laval, fut arrêté et enfermé au château de Nantes, où il s'empoisonna. Rochette-Plusé, qui fut commandant de la place d'Avesnes et fut accusé d'avoir illégalement abandonné son poste, le 28 février 1793, périt sur l'échafaud. Sa famille était désignée aussi sous le nom de Plusé de Gardillaux, du nom d'une terre.

L'auteur relate aussi les condamnations prononcées contre Marie-Rose de Chamborant, épouse du Plessis-Lamerlière, et Catherine-Victoire du Plessis, de Cellefrouin, comme femme et fille d'émigré, qui, non seulement furent soumises à toutes les vexations par les révolutionnaires de l'endroit, mus par le fanatisme politique, mais furent condamnées à mort et exécutées quelques heures après la sentence prononcée.

Enfin est signalée la mise en vente, comme biens nationaux, de 56 lots d'immeubles saisis au préjudice des familles Robert de Ranzureau, François Clément, Lucien Boisnier et autres.

Parmi les victimes de la Terreur, figure aussi de Salignac-Fénelon (André-Emmanuel), ancien porte-étendard des chevau-légers de la maison du roi, né le 30 novembre 1716, à Cellefrouin, condamné à mort par l'une des commissions militaires de Quiberon, le 15 thermidor an III (2 août 1795).

Dans le dictionnaire Larousse, ce fait historique

est ainsi rapporté : « Une petite armée d'émigrés y fut faite prisonnière par Hoche (1795). Conformément à la règle inflexible posée par la Convention, que tout Français rebelle pris les armes à la main serait fusillé, et malgré le désir personnel de Hoche, sept cent onze émigrés furent fusillés dans la prairie de Brech, près des bords du *Loc*, là où fut élevée en 1826 la chapelle expiatoire (Champ des Martyrs), près d'Auray. »

Et pour terminer ce chapitre, notons l'appréciation d'un Ruffeccois de talent, M. Léridon fils, avocat à Angoulême, dont le père fut longtemps directeur de notre école communale. Dans une plaquette où il a critiqué certains récits du livre de M. Gigon, il a conclu ainsi, au sujet de la façon dont s'était exercée la justice à Angoulême :

« Reportant nos regards sur les cités voisines, Rochefort, Bordeaux ou Nantes, nous disons qu'heureuse entre toutes, Angoulême échappa aux crimes judiciaires qui en ensanglantèrent tant d'autres, et quand on en recherchera les causes, on n'aura garde d'oublier la modération des hommes qui siégèrent alors aux conseils du département, de la commune et de la justice, et qui surent rester fidèles au culte de la Liberté, sans se mêler à ses fureurs. »

VI

LES ÉGLISES

Vers la fin du Moyen-Age, Ruffec comptait deux
églises, celle consacrée à Saint-Blaise, dont nous avons
parlé, et dont il ne reste qu'une construction encore
solide, présentant les caractères principaux de son
établissement; l'autre, Saint-André, qui subsiste toujours.

Dans un acte, il est question d'un chemin conduisant
à la chapelle de Notre-Dame-des-Vignes, qui se trouvait entre la route de Bordeaux et le chemin des
Plants. Il n'en reste aucune trace.

En juillet 1887, à l'occasion d'un voyage de la
Société archéologique dans notre arrondissement,
M. Biais-Langoumois, archiviste, écrivait :

Nos églises romanes angoumoisines portent l'empreinte de
diverses époques ; elles sont en général grossièrement réparées
et les raccords que l'on y a faits leur ôtent un caractère d'harmonie, d'unité. Cependant, on doit reconnaître que depuis une
quarantaine d'années elles sont honorablement restaurées.

L'église Saint-André dépendait de l'abbaye de Nanteuil dont elle fut, à l'origine, un prieuré conventuel.
C'était une basilique romane du xııᵉ siècle, dont il
ne reste plus que la façade. Si vous voulez vous
rendre compte de ce que fut la première construction,

prenez une des photographies d'aujourd'hui, masquez
les deux annexes qui y furent ajoutées de chaque côté
quand on agrandit l'église et vous aurez le type exact
et vraiment remarquable de la façade d'alors, un des
plus jolis spécimens des travaux de l'époque romane.
Le reste de l'édifice fut anéanti par un incendie, dont
on voit encore les traces à la petite porte donnant
sur la place, et reconstruit aux xvie et xviie siècles
tel qu'il est aujourd'hui. C'est un des vaisseaux les plus
élevés du département.

.La construction de notre vieille église dut être un
des grands événements du temps; dans tous les cas,
elle permet d'apporter une certitude historique.

Le château, construit au xe siècle, sur un point
presque désert, mais qui présentait les conditions re-
quises pour la défense, amena un groupement de population qui s'établit sous sa protection et vécut des
ressources qu'il lui procurait. Ce développement fut
long, puisque ce ne fut qu'au xiie siècle, près de deux
cents ans plus tard, que fut construite la première
église, dont la façade subsiste toujours.

De nos jours, on peut se demander comment pouvaient se recruter les ouvriers spéciaux qui ont
accompli tant de chefs-d'œuvre. Déjà sans doute, à cette
époque, les corporations fournissaient la main-d'œuvre
artistique nécessaire; des groupes de sculpteurs sur
pierre et sur bois, des constructeurs et des architectes
venaient s'établir dans les localités où les appelaient
les travaux à exécuter; ils y résidaient des années, et
voici comment on trouve dans les églises, les chapelles, les châteaux, des ouvrages d'art, en bois ou en
pierres, qui paraîtraient bien difficiles et surtout bien
coûteux à réaliser.

L'église Saint-André de Ruffec, une des plus anciennes de l'Angoumois, est restée, pour sa façade, quoique mutilée pendant les guerres de religion (sur les douze apôtres représentés, onze furent décapités et seul le patron de la paroisse reste intact) classée comme monument historique, un des plus beaux du style roman du xiie siècle. Dans le plein cintre de la grande porte d'entrée, on a inscrit une ogive qui rompt son unité monumentale.

Elle est très remarquée des archéologues, car c'est une des plus intéressantes du département, après la cathédrale d'Angoulême.

Elle a eu à subir des vicissitudes au cours de cette longue période de huit cents ans, mais elle paraît encore solide et continuera pendant longtemps, il faut l'espérer, à faire l'admiration des nombreux étrangers qui viennent à Ruffec et ne manquent pas d'aller la visiter.

Des réparations y furent faites au xve siècle, puis en 1770.

A côté du pilier de gauche de la petite porte, on peut voir un cadran solaire dont l'aiguille est brisée et qui porte la date du 24 février 1644, avec la mention : PETRE, POIRIER, sans doute les noms des deux architectes. Voici donc une date certaine.

Les curés relevaient des évêques, différents en cela des Frères de l'Observance, qui ne relevaient que du pape.

En 1668, une grande mission était prêchée à Ruffec par trois jésuites, les pères des Prés, des Roches et Costa. A cette époque, les Capucins n'étaient donc point établis à Ruffec.

De plus, en 1673 et 1674, on voit sur les registres paroissiaux la mention de plusieurs abjurations faites devant témoins et signées de « capucin indigne ». Elles ont donc été opérées par ces derniers. Voilà qui peut aider à fixer un point d'histoire locale.

On a trouvé dans ces registres la mention suivante :

Le second jour de septembre 1668, fut plantée la croix au Grand-Canton de la ville de Ruffec, malgré toute la résistance des huguenots.

La procession fut faite par Claude Nardeux, curé de Ruffécq, assisté de MM. les curés de Condac, Lizans, Voulesme, Villegast, Charmé, Barro, Salles, Bernacq, Aizecq, Taizé, etc.

Cette procession générale fut faite pour la « cleauture » de la mission. Le Saint-Sacrement y fut porté et y assistèrent cent cinq curés de l'archiprêtré et d'alentours, tous en chappe, et aussi les Cordeliers de Verteuil, contribuant à cette cérémonie si solennelle que plus de 7 à 8.000 personnes y accoururent, ce qui ne se verra peut-être plus dans Ruffecq.

Le Grand-Canton était la partie du plateau de la ville limitée par la rencontre des rues du Puits-Graffier et du Chenais, la place d'Armes et la place du Marché jusqu'à la maison Rimbaud.

L'église Saint-André de Ruffec est très belle et très vaste, mais il n'en fut pas toujours ainsi.

Ce qui frappe d'abord lorsqu'on regarde la façade de l'église, c'est sa dissymétrie. De part et d'autre des quatre colonnes du portail elle a été élargie, mais la partie droite a été plus élargie que celle de gauche. Cette dissymétrie se retrouve dans tout l'édifice En effet, dans la partie droite, le transept forme un léger rentrant ; dans la partie gauche, il fait saillie vers l'extérieur, car il est prolongé par le clocher. De telle sorte que dans l'église actuelle, la forme traditionnelle de croix est complètement effacée ; le transept n'est pour ainsi dire pas marqué. Cette disposition actuelle de l'église s'explique parfaitement par les modifications qu'a subies l'édifice.

L'ancienne église du XIIᵉ siècle, dont nous admirons

encore la belle façade à l'ornementation à la fois riche et noble, était une église romane régulière, en forme de croix, à nef unique Sa largeur nous est donnée par la largeur actuelle de l'ancienne façade, en faisant abstraction des deux portes latérales ajoutées ; c'est, en somme, l'espace compris entre les colonnes extrêmes du portail. Le transept de cette église primitive a été conservé dans sa façade sud joignant la petite porte donnant sur la place de l'église. Cette façade latérale, située dans l'axe du transept, porte des vestiges de colonne encastrée et d'arc qui l'apparentent à certains portails poitevins, tandis que la façade principale est plus purement angoumoisine.

Au moment de la reconstruction de l'édifice (au début du xviie siècle), on garda deux choses de l'église primitive : le portail ouest et la façade latérale sud du vieux transept. La façade principale, à l'ouest, fut élargie, en même temps qu'on construisait une nouvelle église, plus large, surtout du côté sud, débordant de ce côté la porte du vieux transept. Au nord, au contraire, l'extension fut moins grande, sauf à la hauteur du transept primitif, qui se prolongea par un clocher.

Cette dissymétrie est en rapport avec deux faits frappants : La partie droite étant plus élargie, c'est à droite que sont les chapelles latérales qui, au contraire, n'existent pas à gauche. Il y a bien de ce côté l'autel de Saint-André, mais il est ménagé dans un petit bâtiment adventice qui fait saillie au nord. C'est à droite également que se trouve la sacristie. En second lieu, le mur de droite n'a pas de contreforts extérieurs (sauf aux angles) ; il est fortifié par l'épaississement qui sépare les chapelles latérales. Le mur du nord, au contraire, n'a pas de chapelles latérales et il est soutenu extérieurement par une série de contreforts massifs.

En résumé, les modifications apportées à l'église primitive ont abouti à lui faire perdre sa belle régularité de croix, à lui donner une forme irrégulièrement rectangulaire et dissymétrique. Cette dissymétrie a permis de placer d'un seul côté les chapelles latérales et la sacristie, en dehors des trois nefs qui constituent désormais le corps de l'édifice. Ainsi, en faisant abstraction des chapelles latérales et (pour le chœur) de la sacristie, on a un grand vaisseau symétrique à trois nefs : une haute nef centrale et deux nefs latérales, séparées par deux rangées de sept piliers. Entre les premiers piliers et la façade se trouve une sorte de narthex, de plain-pied avec l'extérieur : au centre le tambour de la grande porte, à droite les fonds baptismaux. Du narthex on descend dans l'église proprement dite par un escalier de neuf marches. On monte ensuite de l'église dans le chœur par cinq marches. Le chœur est divisé par quatre piliers : les deux premiers à hauteur des marches, reliés par une balustrade, les deux autres reliés à ceux-ci par des stalles et aux murs latéraux par deux balustrades.

Tout le reste reproduit à peu près l'aménagement ordinaire des églises à trois nefs. Ces nefs sont voûtées régulièrement en croisées d'ogives. Les murs, en dehors de la façade, sont percés de fenêtres sans caractère, à arc ogival. La fenêtre située au fond, derrière le maître-autel, et celle de l'autel du Sacré-Cœur, à droite, portent des vitraux colorés avec personnages ; à gauche, près de l'autel de la Vierge, une fenêtre porte des vitraux à teinte neutre, représentant des scènes de la vie de Marie. Les autres fenêtres ont des rosaces colorées ou de simples losanges de verre blanc. Tous ces vitraux sont modernes. Le sol est dallé de larges pierres, dont quelques-unes sont tombales, avec des inscriptions presque effacées. Dans le chœur, ce dallage est remplacé par un carrelage.

1790 fut néfaste pour l'église de Ruffec. Les mutilateurs de cette époque brisèrent la plupart des statues des douze apôtres qui décoraient sa façade et dont seule a subsisté celle de saint André, patron de la paroisse.

D'après l'abbé Michon, auteur de la *Statistique monumentale de l'Angoumois*, le crucifix en bois de l'église fut moins heureux que saint André, car sur le livre des comptes de la municipalité de Ruffec, en 1793, on trouvait inscrite cette singulière dépense : « *Mémoire présenté pour avoir brûlé le ci-devant bon Dieu.* »

Pendant la Révolution française, l'église fut divisée en deux parties par un mur de huit pieds d'élévation. Le fond servait à l'atelier du salpêtre recueilli dans la crypte et le devant à la tenue des assemblées publiques.

Durant cette période, alors que l'église était employée, partie à un atelier de salpêtre, partie à des réunions publiques et aux clubs, les catholiques étaient obligés de se cacher pour la célébration des cérémonies de leur culte ; ils se réunissaient à cet effet dans une cave voûtée à plein cintre, très longue, ouverte au midi, qui se trouve rue de la République (ancienne rue de Verteuil), sous la maison actuellement habitée par Mme veuve Sicard. Les deux vases servant de burettes existent encore.

Depuis la loi bienfaisante qui rendit les églises au libre exercice du culte catholique, les cérémonies religieuses ont été célébrées dans la partie de devant ;

à cet effet, il fut adossé au mur de séparation un autel et une sacristie.

A cette époque, il n'y avait aucune place particulière ni pour les autorités, ni pour les fidèles; chacun y faisait apporter une chaise, pour laquelle il payait une rétribution annuelle de deux francs.

Lors des cérémonies publiques auxquelles devaient assister les autorités, la Fabrique faisait placer des chaises à ses frais au-devant de l'autel, entre l'officiant et le lutrin; chacun des membres payait alors sa chaise.

En 1708 ou 1709, MM. le curé et les marguilliers, au moyen d'une contribution volontaire, réussirent à réparer l'église. Le mur de séparation fut enlevé, le pavé refait, l'autel porté en avant, au lieu d'être placé comme autrefois au fond de l'église et adossé au mur; on l'avait mis au quart à peu près du bâtiment, de manière qu'il formait un autel à la romaine; les murs et les voûtes avaient été également réparés.

L'extrait suivant des registres paroissiaux témoigne de cette modification et en fixe la date :

Le sixième jour de may mil sept cent neuf, le rétable de notre grand autel de la paroisse Saint-André de Ruffec fut placé. Il a été fait par un appelé Rogier, dit la Fize, maître menuisier de la ville d'Angoulême, pour la somme de deux cent soixante livres tournois, sans y comprendre la dépense pour l'aller quérir à Mansle, les grappes, les fers, la nourriture des ouvriers, ce qui revient encore à la somme de quarante livres. En tout : trois cents livres.

L'aigle qui sert de pupitre est comprise dans le marché du rétable du grand autel.

C'est à peu près la disposition actuelle du chœur, sauf que l'autel a été reculé depuis; la partie entourée de grilles (qui ont été remplacées par des stalles en bois), forme une enceinte élevée de deux pieds environ et entièrement distincte du reste de l'église, convertie en nef. Cette enceinte était très vaste, l'autel au milieu, le lutrin derrière, la table de communion devant.

Ce nouvel établissement achevé, la Fabrique divisa en parties égales la nef de l'église et les deux collatérales. Elle adjugea aux enchères ces différentes places, à la charge par les preneurs d'y faire construire des bancs uniformes dont elle donna le plan, en réservant la première place pour le banc d'œuvre.

C'est à l'époque du placement de ces bancs que M. le sous-préfet, M. le maire et MM. les membres du tribunal demandèrent aux marguilliers où ils comptaient faire placer les autorités.

Il fut répondu que les jours de cérémonies on mettrait à leur disposition des chaises, entre le banc d'œuvre et la table de communion. Mais ce projet trouva de l'opposition. On fit observer que cet emplacement se trouvait être au milieu du passage commun, celui par lequel le curé fait les processions et passe pour arriver à l'autel; celui enfin où se plaçaient la majeure partie des fidèles de la campagne qui n'avaient pas de bancs; qu'il joignait immédiatement la porte latérale, par laquelle le peuple entrait et sortait continuellement, et qu'enfin ce n'était pas la place des autorités, qui se trouvaient ainsi au milieu du peuple, à côté d'une porte insupportable en hiver, dangereuse en été, installés sur des chaises à moitié cassées, entourés et entièrement cachés par des paysans debout, et on fit valoir que ce n'était pas là la place distinguée que la loi avait voulu donner à ceux qui tiennent du gouvernement le soin de la faire exécuter.

Ces considérations amenèrent M. le sous-préfet à dire à MM. les marguilliers qu'il ne conduirait pas là les autorités et les fonctionnaires, les jours de cérémonie, ajoutant : Bien que le sanctuaire fut exclusivement réservé au clergé, dès que par le nouvel aménagement de l'église, il se trouvait confondu avec le chœur ; que l'espace était d'ailleurs assez étendu, il ne voyait d'autres places pour les autorités que les parties latérales de ce chœur ; qu'en les y plaçant elles seraient distinguées du reste des fidèles, qu'elles se trouveraient entre le curé et le lutrin et que, par ce moyen, le vœu de la loi serait rempli.

Les marguilliers soutinrent au contraire que le chœur étant destiné au clergé, les autorités ne pouvaient s'y placer. Là se borna la discussion.

Quelque temps après fut chanté le *Te Deum* ordonné à l'occasion des victoires remportées sur les Autrichiens à Essling et Wagram (mai 1809). Les autorités se rendirent à l'église, où les marguilliers avaient fait aménager l'emplacement désigné par eux. Mais M. le maire, qui les conduisait (le sous-préfet étant absent), ne jugea pas à propos de l'occuper et ordonna au sacristain de porter les chaises dans les deux côtés du chœur, ce qui fut fait de suite. Les autorités s'y placèrent, celles administratives à droite et celles judiciaires à gauche. Depuis cette époque, la question fut tranchée. Force resta à la loi sur le Concordat du 23 messidor an IX (15 juillet 1801). Le ministre de la justice, saisi de la question, ne fit que confirmer la décision prise.

L'église Saint-André, dont le clocher est très modeste, possède trois cloches dont la principale, qui date de 1532, est une des plus anciennes, des plus grosses et des plus belles du département.

Si nous montons dans le clocher, en assez mauvais état du reste et qu'on devrait songer à consolider,

nous la voyons suspendue à une poutre transversale.
Son battant porte un chiffre gravé indéchiffrable.
Autour de la partie supérieure figurent les inscriptions
suivantes, avec diverses armoiries :

L'une en français :

L'AN ✿ MIL ✿ D ✿ XXXII
FUT ✿ FAITE ✿ POUR ✿ DIEU ✿ INSAM
JE ✿ CUIS ✿ DE ✿ RUFFEC ✿ LE ✿ PATRON
NOMMÉ ✿ ANDRÉ ✿ DE ✿ ARAN
GUB ✿ MEN ✿ NL

La deuxième ligne, en latin mélangé de quelques
mots français, porte :

DEO ✿ SANCTO ✿ DECUS ✿ ET ✿ LIBERTAS
P ✿ SCP ✿ I (ou T) ✿ SN
DE ✿ TOUT ✿ IMPECTES ✿ JE ✿ VOUS ✿ RI
E ✿ INS ✿ ALLA ✿ PIT ✿ MARIAM
DOMINUS ✿ ON ✿ E

En troisième ligne on lit :

A ✿ DU ✿ BOUIS ✿ I ✿ A ✿ R ✿ F ✿ A
PAC ✿ T ✿ N ✿ B ✿ MAFET

Enfin, une quatrième porte la mention suivante :

J ✿ CALLUAU ✿ M ✿ L ✿ CARMAIGNAC ✿ A

Dans ces quatre inscriptions, chacun des mots ou
lettres est séparé par des fleurs de lys.

Ces inscriptions, en gothique du xvi⁰ siècle, ont
été relevées par M. André Rempnoulx du Vignaud,
membre de la Société des Antiquaires de la Charente,
en 1886. Elles établissent bien que la cloche a été
fondue en 1532. Beaucoup des lettres sont déformées
ou effacées. Le patron André de Aran y est cependant
bien dénommé.

Dans la troisième ligne, presque tous les mots sont en abrégé, ce qui la rend incompréhensible, du moins pour ceux qui sont peu versés dans l'art des inscriptions.

Enfin, à la quatrième ligne sont les noms du parrain et de la marraine de la cloche : J. Calluau et Louise ou Marie-Louise Carmaignac.

Au commencement des première, deuxième et quatrième lignes, se trouvent des écussons de formes variées et de grandeurs différentes.

En 1886, le 22 avril, l'église Saint-André fut dotée de deux autres cloches fournies par la maison Bollée, fondeurs à Orléans, qui n'offrent rien de particulier, mais qui complètent le carillon joyeux que l'on entend pour les fêtes.

La plus grosse, qui mesure 1ᵐ05 de diamètre en bas, pèse environ 750 kilos. Elle porte l'inscription suivante :

Je me nomme LAURE-JEANNE

J'ai été baptisée le 20 décembre 1885, par Mgr A.-L. Sebaux, évêque d'Angoulême, assisté de M. P.-A. Lacroix, chanoine honoraire, curé-archiprêtre de Ruffec. J'ai eu pour parrain M. Ferdinand-Pol d'Hémery, conseiller général de Ruffec, et pour marraine Mᵐᵉ Louise-Laure Frappier, épouse de M. Edgard Dumas de Champvallier, député de la Charente.

L'autre, du poids d'environ 400 kilos, mesure 0ᵐ90 de diamètre. Elle porte la même inscription que sa grande sœur, avec cette variante :

Je me nomme LAURE-FRANÇOISE

J'ai eu pour parrain M. François Balland, avocat, président de la Fabrique, et pour marraine Mᵐᵉ Laure Perrain, épouse de M. C.-André-Jules Mimaud, juge d'instruction du tribunal de Ruffec.

Leur installation n'eut point lieu sans difficultés, car le conseil municipal d'alors y était hostile, et il est assez curieux de se reporter aux délibérations, aux rapports et aux discussions du temps, qui avaient fait dire au chroniqueur d'alors que ces cloches avaient fait plus de bruit avant leur installation qu'elles n'en feraient par la suite.

Après quelques mois de pourparlers avec la municipalité, ces cloches furent mises en place..... Et tous les opposants sont morts sans que le clocher ait bougé.

Le portail de l'église de Ruffec présente dans son arcade de gauche, au-dessus de la petite porte d'entrée, une sculpture en demi-relief d'un grand intérêt, mais dont on n'a pu établir la signification.

Il y a près de 80 ans, M. l'abbé Michon, dans son *Etude sur les Eglises charentaises*, l'a ainsi décrite :

« Un personnage barbu est couché sur un lit, la tête appuyée sur le coussin et soutenue de la main droite ; l'autre bras sort du lit, ainsi qu'une jambe en partie recouverte d'une draperie. Une tête de chien ailé est sculptée à ses pieds. Derrière le lit et vers le milieu du tympan, une femme vêtue est debout ; un de ses bras est brisé, mais l'autre est tendu pour soulever une draperie. »

M. Michon disait que son opinion bien arrêtée était qu'on se trouvait en présence du tombeau du fondateur de l'église, et il développait ses raisons.

Mais cette interprétation s'accorde mal avec les études de M. Emile Mâle sur l'iconographie chrétienne du Moyen-Age, où la sculpture était une écriture sacrée, avec des signes spéciaux, des arrangements conventionnels de personnages et des règles particulières qu'on a longtemps méconnues.

M. Chauvet, qui a étudié longuement la question avec des hommes très versés dans l'étude de l'iconographie chrétienne, notamment MM. Léon Palustre et Barbier de Moutault, n'a pu avoir d'avis positif.

Il a retracé comme suit les diverses interprétations successivement examinées :

La partie nord des églises étant en général réservée aux scènes tirées de l'Ancien Testament, il fallait chercher dans la Bible, et la scène reproduite pourrait bien représenter Judith et Holopherne.

Si la femme a les pieds nus, prétend M. Mâle, ce pourrait fort bien être un ange venant annoncer à saint Joseph qu'il faut fuir en Egypte, sujet assez fréquemment traité dans l'art du XIIe et du XIIIe siècles. Saint Joseph, dans ce cas, est toujours représenté endormi.

Mais une autre interprétation le séduirait davantage; il pourrait se faire que ce soit le songe de Nabuchodonosor voyant apparaître devant lui une statue. Ce songe symbolique se rapporterait à l'avènement de Jésus-Christ.

D'après un ouvrage paru en 1902, la *Légende dorée*, qui a résumé les idées courantes des XIIe et XIIIe siècles, il ne serait pas impossible de voir sur la façade de l'église de Ruffec un épisode de la vie de son patron : l'ange du Seigneur ordonnant à saint André d'aller en Myrmidoine trouver saint Mathias, et qui, obéissant à l'ordre, serait déjà à moitié sorti de son lit pour entreprendre son voyage. Saint André est représenté comme un personnage barbu qui correspond bien à celui de la sculpture, qui continuera probablement longtemps à passionner les chercheurs.

Enfin, le conservateur du Musée de Saintes avait été porté à voir dans ce travail une représentation de la *Mauvaise mort*, c'est-à-dire un mourant tourmenté par un démon, enseignement religieux qu'il faut toujours chercher dans une œuvre de cette importance et à cette place.

M. Chauvet concluait : « Voici bien des hypothèses parmi lesquelles je n'ose choisir, puisque les maîtres hésitent. Peut-être trouvera-t-on un manuscrit, un vitrail ou une autre sculpture reproduisant le même sujet non mutilé... qui pourra résoudre la question. »

Dans tous les cas, la belle photographie qui en a été faite restera toujours utile comme terme de comparaison.

Le tympan de la porte de droite est complètement vide.

Dans les registres paroissiaux, on trouve les indications suivantes :

Le premier jour de l'an 1708, Mme la duchesse douairière de Saint-Simon, marquise de Ruffec, a fait présent, pour placer au grand autel de l'église, d'un tableau qui représente la vocation de saint André et saint Pierre à l'apostolat, par notre seigneur. (Duval, curé de Saint-André de Ruffec).

12 décembre 1709. — Inhumation, au bas des degrés, de l'église de Ruffec, de Guillaume Le Vasseur, abbé d'Aubepierre, âgé de 63 ans.

Mémoire des dons faits à l'église par Mme Charlotte de Laubespine, duchesse de Saint-Simon, de 1708 à 1709.

3 décembre 1722. — Inhumation du curé Duval, curé de la paroisse.

23 septembre 1731. — Bénédiction d'une cloche, nommée *Barbe,* par le duc et la duchesse de Saint-Simon, et le 4 mai 1732, bénédiction d'une autre cloche donnée et nommée par le duc de Saint-Simon et Charlotte de Saint-Simon, femme de Louis-Antoine d'Alsace, prince de Chimay.

4 mai 1740. — Inhumation, dans le chœur de l'église de Ruffec, de Louis-Pierre de Montbel, prêtre, bachelier en Sorbonne, licencié en lois, abbé de Notre-Dame-la-Grande et vicaire général de l'évêque de Poitiers, décédé à 58 ans.

26 mai 1747. — Inhumation, dans l'église de Ruffec, de Marie d'Abzac, veuve de Pierre de Saluces, chevalier, seigneur de la Robertie, âgée de 83 ans.

3 octobre 1757. — Sépulture, dans l'église de Ruffec, de Marie Charié, femme d'Antoine Brumauld des Allées, lieutenant des grenadiers royaux.

1er juin 1759. — En vertu de la permission accordée au prieur de Ruffec par M. de Beaupoil, vicaire général, cérémonie de la bénédiction de deux cloches dont l'une, pesant 608 livres, est sous l'invocation de saint André, et l'autre, du poids de 366 livres, sous celle de la Très Sainte Vierge.

19 septembre 1766. — Inhumation, dans le caveau des seigneurs de Ruffec, d'Amédée de Broglie, âgé de huit mois, fils de Charles-François, comte de Broglie, marquis de Ruffec, et de dame Louise-Augustine, princesse de Montmorency.

3 décembre 1766. — Inhumation, dans la même église, d'André Brumauld, sieur de Montgazon, conseiller du roi, contrôleur ordinaire des guerres, conseiller au siège de la connétablie et maréchaussée de France, à l'âge de 57 ans.

3 août 1774. — Inhumation, dans l'église de Ruffec, de Jean de Massacré, écuyer, seigneur de l'Abrègement, époux de Françoise de Volvire, âgé de 75 ans.

8 août 1775. — Inhumation, dans l'église de Ruffec, de Françoise de Volvire de Massacré, âgée de 63 ans.

Depuis cette époque on ne fit plus d'inhumation dans les églises. L'assemblée du clergé de cette même année le défendit par mesure d'hygiène publique et ordonna que les cimetières fussent agrandis et transportés hors de ville.

L'assemblée générale du Clergé de France se réunissait tous les dix ans, à Paris; elle était composée des représentants de seize paroisses : Paris, Lyon, Rouen, Bourges, Sens, Reims, Tours, Albi, Bordeaux, Auch, Narbonne, Toulouse, Arles, Aix, Vienne et Embrun.

Le 19 juin 1812, la municipalité vote 237 fr. 35 pour établir dans le chœur un banc réservé aux autorités.

Le 19 février 1819, le conseil municipal rejette une pétition présentée par Mme la marquise de Marcieu, née de Broglie, tendant à obtenir la réintégration dans sa propriété de la place située devant l'église.

Une décision ministérielle du 11 février 1839 accorde une subvention de 1.000 fr. pour réparations à faire à l'église.

Une somme de 680 fr. est votée pour des réparations urgentes à faire au presbytère.

Le secours de 1.000 fr., bien qu'insuffisant, est affecté à la reconstruction des deux piliers de l'église placés au nord de l'édifice, à droite et à gauche du clocher; le reste, s'il y en a, servira à réparer la toiture et à crépir les frontons situés à chaque bout de l'église, mais surtout les deux portes d'entrée par lesquelles l'eau s'infiltre et dégrade considérablement l'édifice.

On trouve dans les papiers relatifs à la famille Maingarnaud, dont nous parlerons plus loin, que Maingarnaud Pierre, maître charpentier, né à Ruffec en 1747, reconstruisit la charpente de l'église, côté droit, détruite par un incendie. La date 1791, devait être inscrite sur la pierre de la voûte de la chapelle qui touche les fonts baptismaux, mais cette inscription a disparu lorsqu'on fit les grandes réparations de l'intérieur de l'église, en 1855. Quant à l'incendie dont il est fait mention, ce fut sans doute celui dont on voit encore les traces à la petite porte donnant sur la place et qui semble devoir être attribué aux méfaits de la Révolution, bien que les documents officiels n'en parlent pas.

Ce fut au début de cette année 1855 que fut ouverte par le curé Périgois, une souscription pour la restauration intérieure de l'église, qui devenait urgente en raison de l'état inquiétant de la plupart des fenêtres ; c'est à ce moment que furent installés les vitraux de couleur qui existent. Cette souscription réunit 10.000 fr. auxquels s'ajoutèrent 2.000 fr. fournis par la Fabrique plus une subvention de 6.000 fr. votée par la commission municipale.

L'hiver fut rude et en novembre les travaux, qui avaient été poursuivis avec activité, durent être suspendus.

A la session de mai 1858, le conseil municipal vota 500 fr. pour établir la grille actuelle.

En novembre 1860, M. l'abbé Chalet est nommé curé de Ruffec.

En mai 1871, M. Fontenaud le remplace jusqu'à sa mort, survenue le 21 mars 1885. Il était âgé de 71 ans.

Les orgues actuelles sont dues, pour la plus grande part, à la générosité de M. Hippolyte Rossignol, décédé le 9 novembre 1891, à l'âge de 78 ans. Elles furent inaugurées au mois d'octobre 1892.

Son frère Alexandre était mort le 1er octobre 1887, dans sa 70e année.

M. Balland Annecy, avocat à Ruffec, décédé au mois d'août 1899, à 83 ans, avait doté l'église Saint-André d'une magnifique installation d'éclairage au gaz qui ne fonctionnait guère depuis quelques années, en raison de la rareté et du prix du gaz, mais qui, avant la guerre, donnait aux cérémonies religieuses des jours de fête un éclat particulier, en faisant ressortir tous les détails de la vieille basilique. A la fin de 1922, l'éclairage électrique vint remplacer tout cela.

Terminons ce chapitre en mentionnant que le 14 avril 1907, M. Lacroix, curé de Ruffec, ayant été nommé chanoine à Angoulême, fut remplacé par M. Monnereau, archiprêtre actuel.

VII

L'HOPITAL

Comme il a été dit, l'hospice de Ruffec fut fondé le 5 mai 1663, écrivent certains; en 1675, affirment d'autres historiens, qui sont plus d'accord avec les documents fournis par les archives. C'est cette dernière date qui figure sur la plaque de marbre apposée dans la chapelle actuelle, pour perpétuer le souvenir de son fondateur, Louis-Martial Rousseau du Fresneau, écuyer et clerc missionnaire.

Il acheta à cet effet quelques maisons sur le même emplacement qu'occupe aujourd'hui cet établissement, l'aménagea et le meubla à ses frais. Il le dédia sous le vocable de Notre-Dame-des-Anges, titre qui rappelle celui de l'Hôtel-Dieu d'Angoulême, lui constitua une rente de 200 livres et se chargea d'y remplir les fonctions d'administrateur.

Louis-Martial Rousseau du Fresneau est mort peu de temps après, le 5 mai 1683, ce qui peut expliquer le désaccord au sujet de la date de la fondation, et après testament en faveur de l'hôpital, par devant Me Maurice, notaire à Verteuil, testament qui fut approuvé par Mgr Hardouin Fortin de la Hoquette, évêque de Poitiers. Il a été enterré dans l'hôpital qu'il avait fondé et la tradition a conservé le souvenir du lieu de son inhumation. C'était dans la chapelle d'alors (aujourd'hui salle des hommes), à l'endroit qu'occupent les lits 2 et 3.

Par son testament, il constitua l'hospice de Ruffec, le fit son légataire universel et exprima le désir que la direction en fut donnée à un de ses amis, qu'il désigna, et qui se nommait Jean de Casemayou, seigneur d'Ambelle. Ce choix fut ratifié par l'autorité civile et ecclésiastique. Le nouveau directeur fit plusieurs voyages à Paris afin d'obtenir de faire enregistrer, reconnaître et autoriser régulièrement l'hospice de Ruffec. C'est ce qui eut lieu grâce aux lettres patentes du roi Louis XIV, datées du mois de décembre 1685 et enregistrées au Parlement le 29 mars 1686.

Grâce à la libéralité d'un habitant de Ruffec, on s'occupait de refaire, au commencement de 1894, le plancher de la vaste salle du rez-de-chaussée affectée aux hommes, lorsque Mme la supérieure générale des sœurs de Sainte-Marthe, se trouvant à Ruffec, fit faire des fouilles dans le but de retrouver, d'après les indications de la *Notice historique sur la Congrégation des filles de Sainte-Marthe d'Angoulême*, les restes du fondateur de l'hospice, qui avait pris logement dans cet établissement. Les fouilles, faites avec l'aide du personnel, furent couronnées de succès, car après une journée de travail on découvrit, à l'endroit précis indiqué par la *Notice*, les ossements d'un homme qui, d'après l'examen de la mâchoire, encore parfaitement conservée, avaient dû appartenir à un homme d'une soixantaine d'années.

Ces restes, pieusement recueillis, furent renfermés dans une boîte, déposés dans la chapelle actuelle et le 7 mai de cette même année, un service solennel fut célébré, à huit heures et demie du matin, pour le repos de ses cendres. M. l'archiprêtre Lacroix officiait, le diacre était M. l'abbé Butan. Le catafalque, orné de franges et de larmes d'argent, entouré de nombreux cierges, était environné des curés des environs : Taizé-Aizie, La Faye, etc. Parmi les administrateurs de l'hospice se trouvaient M. Mimaud, juge au tribunal, et M. le docteur en chef Albert Duportal ; parmi les membres du conseil municipal étaient M. le maire, MM. Gustave Frère, Gabriel Frère, etc.

Cet hommage rendu à la mémoire de l'homme de bien, il n'était pas sans intérêt de faire quelques recherches dans les archives de notre établissement de bienfaisance.

Le début ne fut pas encourageant, car la première pièce était ainsi conçue : « Le titre de la fondation de l'hôpital s'est perdu dans la Révolution. Feue la dame Cambois, qui en était supérieure, voulant le soustraire aux flammes, ainsi que d'autres papiers très intéressants, les renferma dans une boîte qu'elle enfouit dans la terre ; ils y demeurèrent trop long-temps et se trouvèrent consumés lorsqu'on retira la boîte. » Tel est le rapport fait sur ce point par la dame Mimaud-Lafuie (une Ruffeccoise que nous retrouverons), qui était alors religieuse, rapport consigné dans une note transmise à la sous-préfecture le 20 août 1816, par M. Gendronneau, maire de Ruffec, et dont copie fait partie des pièces de l'inventaire.

Mais il reste encore dans les archives des documents intéressants.

On peut dire que l'hôpital de Ruffec ne fut pas ici le premier témoignage de la charité et de la solidarité. Bien avant lui existait l'aumônerie de Saint-Blaise,

près de l'église de ce nom, en dehors de la porte Boistant, à peu de distance du cimetière.

Si les aumôneries, sur l'organisation desquelles les
détails manquent, n'avaient pas pour but spécial de
secourir les malheureux et de soigner les malades
pauvres, il est reconnu que cependant elles rendaient
des services. Organisées sous la surveillance des
prieurs et des évêques, leurs moyens d'existence se
composaient de dons, legs, donations, subsides de
toutes sortes, tant en nature qu'en argent.

Sans doute l'aumônerie de Saint-Blaise avait aussi
pour mission d'assurer l'exercice du culte dans l'église
de ce nom. Rien de précis sur cette installation,
cependant on peut voir encore au Pontereau, en face
l'église, une maison assez vaste dont la porte principale, avec sculptures simples, pourrait bien avoir été
l'entrée de l'aumônerie.

On trouve, par des actes remontant à 1528 et années
suivantes, des constitutions de rentes au profit de
l'aumônerie, payables en froment, vin, bois, chapons
et gélines (poules). Parfois les terres, vignes et prés
sont donnés en toute propriété, ce qui explique certains
baux à ferme passés avec des propriétaires voisins,
ou la vente d'immeubles éloignés.

A la date du 26 février 1528, figure l'acte de vente
d'une ouche aux Pontereaux, au devoir de 13 sols
4 deniers à l'Aumônerie, et le contrat de vente d'une
pièce de terre moyennant redevance de six boisseaux
de froment, autant de seigle et trois boisseaux
d'avoine.

Un registre fait mention de constitutions de rentes
remontant à 1535, 1541, 1549, 1599 et, cette dernière
année, d'un contrat de fermage à 50 livres par an de
trois journaux de terre au carrefour de Refousson.

En 1629, il est question d'une cession de maison et jardin aux Pontereaux. Plus tard, c'est la copie d'un arrêt du conseil donné au siège de la réunion des aumôneries, le 16 juin 1693, au sujet d'un autre acte, et le 23 novembre de la même année, copie d'une ordonnance de M. de Labourdonnays, intendant de Poitiers.

Une liasse de vingt-cinq dossiers concernant l'aumônerie de Saint-Blaise figure aux archives, mais les feuillets en sont en partie détruits. Parmi ces derniers figurait un état des lieux de l'établissement. Dans ce qui reste, portant la date du 15 décembre 1544, il est question de ventes de terres et maison au faubourg Boistant, mouvant de l'aumônerie.

De 1645 à 1652, actes de constitution de rentes au devoir de l'aumônerie, désignée « hôpital du Bois, » dont une de huit boisseaux de froment, vingt-six de seigle, quatorze d'avoine et deux gélines.

2 mai 1665. — Acte assurant à l'aumônerie la jouissance de terres et bois acquis du seigneur de Moutonneau.

16 juin 1684. — Mention d'un inventaire de titres et papiers établissant les ressources de l'aumônerie et mentionnant pareils inventaires en 1612 et même en 1560.

1688. — Arrentement par le sieur d'Ambelle, pour les pauvres, à Joseph Carron, sieur de Fayolle, de Valence, baronnie de Verteuil, d'une pièce de pré ayant appartenu au consistoire de Verteuil.

Février 1696. — Des lettres patentes de Louis XIV portent réunion de l'église de Saint-Blaise à l'hôpital. Sur le repli, la signature de Colbert, avec l'arrêt du conseil dûment enregistré. Le tout scellé à la cire verte.

6 mars 1699. — Constitution de dot de 50 livres par les héritiers de maître François Coyteux, sieur de Lordaget, conseiller du roi, juge au siège présidial d'Angoumois, et le 10 novembre 1702, de 25 autres livres, avec assignation, le 31 mars 1738, au sieur Coyteux, de Fontclaireau, curateur, pour demande exécutoire des deux pensions ci-dessus.

9 novembre 1699. — Contrat d'arrentement par l'hôpital du Bois, sous la signature de son directeur, à François Raimpaud, taillandier à Grégueuille, et le 24 novembre de cette même année, contrats relatifs aux moulins de Montigné et d'Aiguependant.

Mars 1711. — Réclamation par les héritiers d'Ambelle, au sujet d'une rente de 3 fr. due à l'aumônerie et lettres d'un curé de Vervant à son cousin, qui a fini par payer.

Un registre contient la liste des rentes constituées à l'aumônerie à partir de 1718. On y trouve les noms des Chandon, de La Boissière, de Montgazon, Binet, Meningaud, Demondion.

De 1778 à 1781, l'hôpital, ou plutôt les dames de l'hôpital, qui semblaient administrer elles-mêmes, payaient 300 livres à la Saint-Michel pour prix de ferme de l'aumônerie.

Rien de précis sur la date à laquelle disparut l'aumônerie de Saint-Blaise, mais il est probable qu'elle subit le sort de l'église de ce nom, dont elle était proche. Les dates relevées dans les registres consultés donnent des indications positives sur l'existence de l'aumônerie, mais c'est tout.

Arrivons à l'hôpital. C'est en 1675 que les religieuses furent appelées à sa direction.

L'hospice était desservi par deux sœurs de l'ordre

de Sainte Marthe et de Saint François de Sales, avec deux postulantes ou novices, aidées d'un domestique et de deux servantes. Il était ouvert aux malades et vieillards infirmes de la commune, ainsi qu'aux enfants abandonnés et aux militaires malades. Bien que ne comptant que vingt-six lits, il eut à héberger jusqu'à quarante de ces derniers. Sans doute, dès sa fondation, son importance fut moindre, car il n'avait pour ressources que les libéralités de son fondateur et celles des particuliers.

Un médecin, un chirurgien, un élève et un pharmacien y donnaient leurs soins gratuitement, en raison de l'insuffisance des revenus.

Mgr Hardouin Fortin de La Hoquette, évêque de Poitiers, conseiller du roi, en tournée épiscopale, signa à Villefagnan, le 30 septembre 1685, les approbations d'un règlement, en spécifiant que « le dit hôpital soit dirigé par huit directeurs au moins, attendu que s'il n'y en avait que six, les voix officielles du marquisat, attribuées à des directeurs perpétuels, auraient toute l'autorité, ce qui pourrait être préjudiciable au dit hôpital, dans des temps que les charges ne seraient pas si bien remplies qu'elles sont présentement. »

Après la donation des premiers immeubles qui constituèrent la création du sieur Rousseau du Fraisnaud, les directeurs de l'hôpital de Notre-Dame des Anges et Hôtel-Dieu de la ville de Ruffec adressèrent à Mgr l'évêque de Poitiers une lettre dans laquelle il est dit :

Ledit hôpital, ouvert en 1675, ayant été basti, meublé et établi dans la ville de Ruffec par la piété des seigneurs et dames de Ruffec, des habitants de la ville et des faubourgs, à cause de la grande quantité de pauvres et de malades qui se trouvent continuellement au dit Ruffec et aux environs, qui périssaient journellement sans secours, la divine Providence a bien voulu susciter la charité; qu'il n'y a point d'hôpital dans le pays le plus proche que ceux d'Angoulême et de Poitiers, qui en sont le plus éloignés, surtout celui d'Angoulême de huit lieues et celui de Poitiers de quatorze lieues; et qui a un si glorieux évêque et supérieur.

Désirant obtenir de Sa Majesté la confirmation du dit hôpital, ils ont recours à vous, Monseigneur, qui connaissez mieux que personne combien il est important de conserver, maintenir et augmenter de plus en plus le dit hôpital, pour la plus grande gloire de Dieu et le soulagement soit en nourriture et entretien de ses pauvres infirmes et malades.

A considéré, Monseigneur, vous plaise de vouloir, en grâce, donner à Sa Majesté votre avis favorable pour obtenir les lettres de confirmation du dit hôpital aussi nécessaire; et ce faisant les sus dits conseillers habitants du pays de Ruffec et les pauvres qui sont et seront admis dans le dit hôpital offriront continuellement leurs vœux et leurs prières pour la santé et prospérité de Votre Grandeur.

Ce fut la première démarche en vue d'obtenir l'autorisation royale.

Puis fut établi un projet de règlement pour l'administration de l'hôpital et le service religieux. Ce travail, qui comprenait 50 articles, fut trouvé trop long par l'évêque d'alors, à l'approbation duquel il fut soumis. Ce dernier réclama notamment la suppression des articles relatifs à l'exonération des charges publiques pour les médecins, chirurgiens, apothicaires, ce qui donna lieu à quelques discussions.

Aussi le dimanche 16 décembre 1685, les habitants de la ville, assemblés sous la grande halle, à la manière ordinaire, au son de la cloche, par les soins du sénéchal, accompagné de messire Pierre Coyteux, assesseur, et de Jacques Giraud, procureur fiscal et autres, furent-ils appelés à se prononcer.

Lecture fut donnée du règlement, approuvé par Mme la duchesse de Saint-Simon.

Les dits habitants déclarèrent que les filles hospitalières, médecins et chirurgiens secourant les pauvres seraient exempts de tailles, subsides, logements militaires et autres charges publiques, afin de les obliger à secourir gratuitement les dits pauvres, en plus du soin de veiller à l'application des décisions prises par le directeur. Puis, invités à joindre leurs prières pour supplier très humblement le roi de vouloir ordonner et approuver le dit règlement, tous d'une commune voix se prononcèrent pour que les personnes attachées au service des malades soient affranchies de toutes tailles et impositions.

Voici quelques-uns des principaux articles de ce règlement qui spécifiait les secours religieux à accorder aux malades et certaines prescriptions relatives au décès des étrangers admis temporairement à l'hospice :

Ne devaient pas être reçus dans l'établissement les malades atteints d'affections contagieuses comme teigne, peste et autres semblables maladies incurables. A cet effet, ils seraient visités par le médecin ou par le chirurgien, avant que le bureau délibère s'ils doivent être admis.

En cas de décès, les familles en situation de le faire devaient fournir un linceul.

Les filles hospitalières, les médecins et chirurgiens pour diriger le dit hôpital seraient exempts du logement des gens de guerre, payement de tailles et autres charges publiques pendant le temps qu'ils seraient au service actuel des pauvres.

Le médecin apothicaire devait fournir les médicaments aux prix qu'ils lui coûtaient.

Chaque dimanche, le bureau devait désigner un visiteur pour voir les malades de l'hôpital.

Il devait être mis dans les archives un grand livre in-folio, en papier non timbré, pour y être établi par le menu, par articles et chapitres, les rentes, héritages ou fondations, legs et autres tenances du dit hôpital, ainsi que les noms des bienfaiteurs.

Le secrétaire du bureau aurait un livre dans lequel serait écrit tout ce qui se passe, avec signatures du président, du secrétaire et de toutes autres personnes dont le témoignage serait jugé utile.

A l'approche des fêtes de Noël, Pâques, Pentecôte et Toussaint, le président ferait donner des billets aux notables, tant hommes que femmes, par lesquels ils seraient priés, de la part du bureau, de faire des quêtes par les maisons, et aux fabriqueurs des paroisses aux portes des églises, et faire recommander aux sermons et aux prières les pauvres de l'hôpital.

Voici maintenant quelques faits consignés :

Testament de Benjamin Pastoureau, sieur d'Ordières, donnant 1.000 fr. au consistoire de Courteilles, somme qui, à l'époque à laquelle fut interdit l'exercice de la religion prétendue réformée, fut réclamée par l'hôpital, en se basant sur les édits du roi Louis XIV de 1683 et de 1684 supprimant les consistoires et attribuant leurs biens aux hôpitaux.

5 janvier 1653. — Testament d'un sieur Bouchard en faveur de la religion prétendue réformée, au sujet du pré de Martreuil, qui donna lieu plus tard à l'acte suivant :

Aujourd'hui 22 juin 1685, par devant le notaire royal en Angoumois soussigné et témoins dénommés, a comparu en personne de Cazemaïoux, sieur d'Ambelle, économe de l'hôpital de deffun M. du Fraisnaud, établi en la ville de Ruffec, lequel nous a démontré que en conséquence de la déclaration du Roy et requête par lui présentée à M. le sénéchal du dit Ruffec, il lui est permis de se mettre en possession du dit pré situé en la prairie de Martreuil, près de Condac, tenant d'un côté au fleuve de Charente et d'un bout au Fontagnou, lequel a appartenu au ministre en consistoire du temple de Verteuil à présent condamné et étant proche du dit pré, avons vu le dit sieur de Cazemaïoux dans icelui pré dans lequel nous, dits notaire et témoins, avons aussi vu que le dit sieur de Cazemaïoux et ses assistants ont fené l'herbe du dit pré qu'il nous dit avoir fait faucher, laquelle herbe il a fait porter au dit hôpital le même jour, dont il nous a requis le présent acte que nous lui avons octroyé pour lui valoir et servir ce que de raison, en présence de Jean Rougier, sergent, et François Vinatier, geôlier, demeurant au dit Ruffec, témoins requis qui ont signé. Aussi signé en la minute : de Cazemaïoux, Rougier, Vinatier et François Billaud, notaire royal. Contrôlé à Ruffec le 25 juin 1685.

Signé : François BILLAUD.

20 mai 1686. — Testament de Ménard Jacques, écuyer, sieur de la Tascherie, avec dispositions spéciales pour chacun de ses quatre fils et de ses sept filles.

30 décembre 1687. — Supplique du sieur Giraud, procureur fiscal, au sénéchal du marquisat de Ruffec, pour obtenir paiement de 6 livres 10 sols d'intérêts en rente seconde du fonds de six vingt dix livres, toujours payés aux ministres du consistoire de Villefagnan, et qui reviennent à l'hôpital, par suite des édits du roy. Cette somme due par les héritiers de Jean Drouhaud, de la métairie de Frédières.

Texte des lettres patentes autorisant l'hôpital, vérifiées en Parlement et en la Chambre des comptes :

Louis, par la grâce de Dieu Roi de France et de Navarre, à tous présents et à venir, salut. Les directeurs, secrétaires, sindics et trésoriers, et les Religieuses hospitalières de l'hôpital de Notre-Dame des Anges de la ville de Ruffec en Angoumois, diocèse de Poitiers, nous ont très humblement fait remontré que le dit hôpital a été fondé et établi par les dons et charités du feu sieur Dufraisnaud pour retirer et soulager les pauvres malades de la dite ville et autres, lequel, par les soins qu'il en a

pris pendant sa vie, a exité la piété de beaucoup de personnes
qui ont aussi fait des dons et legs, notamment Jean Decaze-
maioux, sieur Dambelle, qui en cette considération a été nommé
par le testament du dit Dufraisnaud pour lui succéder et tenir sa
place dans le dit hôpital et y a été établi du consentement du
sieur évêque de Poitiers; depuis son établissement, tous les
pauvres malades et autres y ont été secourus spirituellement et
corporellement, nourris et entretenus à la satisfaction du public
et particulièrement des habitants de la dite ville qui ont donné,
le 25 juin dernier, leur approbation et consentement à l'établissement du dit hôpital, mais comme nous n'avions pas encore
donné nos lettres de confirmation sur le nécessaire, ils nous
auraient très humblement fait supplier de les leur vouloir
accorder, sur quoi nous aurions ordonné au sieur de Gougier,
conseiller en nos conseils, maître des requêtes ordinaires de
notre hôtel, intendant de justice, police et finance en la généralité de Limoges, de prendre connaissance de ce qui nous
avoit été exposé, lequel auroit envoyé son avis le vingt-sixième
septembre aussi dernier, portant que cet établissement seroit
utile et avantageux et qu'il étoit approuvé du dit sieur évêque
de Poitiers et fort souhaité dans le païs pour les causes et
autres et à ce nous mouvant de l'avis de notre Conseil, qui
avec le consentement des habitants du dit Ruffec cy attaché
sous le contre scel de notre chancelerie, qui est reconnu que
le dit hôpital possède déjà plus de deux cent cinquante livres
de rente; d'ailleurs voulant seconder les pieuses intentions du
feu sieur Dufraisnaud et concourir de ce qui peut dépendre
de nous pour le soulagement des pauvres malades tant de la
dite ville de Ruffec que autres, nous avons de notre grâce
spéciale, pleine puissance et autorité royale confirmées, agréées
et autorisées et par les présentes signées de notre main,

Confirmons, agréons et autorisons l'établissement du dit
hôpital de Notre-Dame des Anges de la dite ville, pour être
conduit et dirigé suivant les règlemens qui ont été et seront
fait cy après par les dits directeurs, et les pauvres malades
seront secourus, nourris et entretenus par les dites religieuses
hospitalières, à la charge que les dits règlemens seront approuvés
par le dit sieur évêque de Poitiers, sous la juridiction duquel
les dites religieuses vivront selon les règles de leur ordre et
aux conditions de leur institu, que par les autres séculiers

qu'il appartiendra ; permettons au directeur du dit hôpital de prendre et recevoir tous legs et donations qui lui seront faits entre vifs ou autrement, sans prétendre néanmoins autre amortissement que les maison, jardin et enclos que nous avons amortis et amortissons par ces dites présentes comme choses à Dieu dédiées et consacrées, à la charge qu'il sera dit tous les ans le jour de Saint-Louis, dans l'église du dit hôpital, une grande messe pour notre prospérité et santé et qu'à la fin d'icelle on chantera le verset *Domine salvum fac Regem* et l'oraison accoutumée.

Si donnons en mandement à nos amez et féaux conseillers, les gens tenant notre Cour de Parlement et Chambre de nos comptes à Paris, au juge sénéchal d'Angoumois ou son lieutenant et autres nos officiers et justiciers qu'il appartiendra, que ces présentes ils ayent à faire registrer et du contenu en icelle, fassent, souffrent et laissent jouir et user les dits exposants et ceux qui leur succèderont au dit hôpital, pleinement, paisiblement et perpétuellement, cessant et faisant cesser tous troubles et empêchements au contraire, car tel est notre plaisir, et enfin et afin que ce soit chose ferme et stable à toujours, nous avons fait mettre notre scel à ces dites présentes, sauf en autre chose notre droit et en toutes. Donné à Versailles au mois de décembre l'an de grâce mil six cent quatre-vingt-cinq et de notre règne le quarante-troisième, signé Louis, et sur le repli : par le roy, Colbert ; et à côté viza Boucherat, pour confirmation d'hôpital à Ruffec, en Angoumois. Signée Colbert et scellée du grand sceau en cire verte enlacé de soie rouge et verte.

Sur le même parchemin on peut lire :

Et du même côté est écrit : Registrées ouy le procureur général du Roy pour jouir par les impétans de leur effet et contenu et être exécutées selon leur forme et teneur, suivant l'arrêt de ce jour à Paris, en Parlement, le 29 mars 1686, signé Jacques.

Et sur le dit reply, du côté de la marge, est aussi écrit : Registrées en la Chambre des comptes, ouy le procureur général du Roy, pour avoir lieu pour le dit établissement d'hôpital et jouir par les impétants de l'amortissement de la maison, jardin et enclos servant d'hôpital seulement, à la charge d'indemniser si fait n'a été les seigneurs particuliers ou la censive des quels les dites maison, jardin et enclos peuvent être situés et que le procès-verbal du 17 juin 1687 sera retour an

greffe pour y avoir recours quand besoin sera, le vingt-sixième
jour d'octobre 1688, lequel procès-verbal du 17 juin 1687 a
a été retenu au dit greffe les dits jour et an. Signé : Richer.

Cette pièce est accompagnée d'un état justifiant des
ressources dont l'hôpital disposait à ce moment :

25 livres de rente annuelle et perpétuelle, due par le
sieur de Saint-Amand, donnée par le seigneur
de Fornoux, fondateur.

30 livres, payables sur ses biens, par le sieur de
Caumont, donnés par le seigneur du Bonnaud.

30 livres de rente constituée par la duchesse de
Saint-Simon, marquise de Ruffec, sur les revenus
de son château.

25 livres par la dame Dorgelet, religieuse hospitalière, sur tous ses biens.

120 livres à fournir sur les biens donnés par le
sieur de Cazemayoux d'Ambelle, secrétaire de l'hôpital, y tenant la place du seigneur du Fresnaud.

30 livres à prendre sur le revenu ordinaire du pré
de la rivière de Martreuil, qui était autrefois au consistoire de Verteuil.

Total des dits dons : 260 livres.

Plus Antoine-Pascal Seguin, intendant de Mme la
marquise d'Hautevine, a donné au dit hôpital la somme
de 1.000 livres, dont la moitié a été employée au profit
du dit hôpital, qui fera 25 livres de revenus.

Total général : 285 livres.

Le dit hôpital consiste en deux salles haute et
basse, en chacune desquelles il y a deux autels
garnis de tabernacles, calices d'argent et de tous
autres ornements nécessaires à dire la sainte messe
qui y est célébrée. Six lits aussi en chacune des
dites salles, garnis de bons rideaux, matelas et cou-
vertures, pour être utilisés continuellement au service

des pauvres malades. Quatre chambres, cuisine, boulangerie, garnissent les autres bâtiments pour la servitude du dit hôpital, cour, jardin.

Voici copie d'un autre acte :

Le dimanche 10ᵉ jour de février 1686, par devant le notaire royal en Angoumois soussigné, M. de François Euquingne, sénéchal, M. Jacques Giraud, procureur fiscal du marquisat de Ruffec, directeur et administrateur de l'hôpital de Notre-Dame des Anges ; Jean Piet, successeur de Bellefleur, trésorier, et Pierre Vindais, successeur de Trognier, syndic du dit hôpital, ayant assemblé les bourgeois et habitans de la dite ville et faubourgs, au lieu accoutumé de faire assemblées publiques, sous la grande halle, pour délibérer des affaires communes, au son de la cloche, à la manière accoutumée, ont représenté aux dits bourgeois et habitans les lettres patentes du roy confirmant, agréant et autorisant l'établissement de l'hôpital pour être conduit et dirigé suivant les règlemens et aux conditions exprimées, pour donner leur avis et faire rapport sur tous faits relatifs à cet établissement.

L'acte d'assemblée des habitans de la présente ville passé par devant Billaud et Toutait, notaires royaux, les 24 juin et 16 décembre 1685, lesquels ont approuvé et confirmé l'établissement du dit hôpital.

Tous, d'une commune voix, ont déclaré être reconnaissant à Sa Majesté qu'il lui ait plu de faire droit à leurs vœux et disposés à prier pour sa prospérité.

(Suivent de nombreuses signatures).

Puis quelques actes intéressants, se rapportant aux débuts de l'hôpital :

Par acte du 24 janvier 1680, la dame G. de Laubespine, épouse de très haut et très puissant seigneur Monseigneur Claude, duc de Saint-Simon, pair de France, gouverneur pour Sa Majesté des ville et château de Blaye, laquelle dame, après avoir eu communication de l'acte d'assemblée de la ville du dit Ruffec, passé par devant Mᵉ Bilhaud, notaire royal au dit lieu, le 24 juin dernier, sur l'établissement de l'hôpital de Notre-Dame des Anges, par lequel M. Jacques Giraud, procureur fiscal de la dite dame, faisant pour elle et pour son bon plaisir, a consenti l'établissement du dit hôpital, et qu'en conséquence du dit consentement, sur la jouissance du dit hôpital, ont fait, le 19 août courant, un règlement pour l'augmentation et la conservation du bien des pauvres, aussi, sous le bon plaisir de dame de Saint-Simon, a déclaré qu'elle approuve et ratifie le dit acte d'assemblée, ensemble le dit règlement, consent qu'il aura son plein et entier effet, selon leurs conventions, et pour contribuer à l'augmentation des ressources du dit hôpital, elle a, par ces présentes, donné par donation irrévocable faite dans la meilleure forme et manière que faire, acceptant par M. Jean de Cazemaioux, le premier paiement de 30 livres de rente à prendre sur la recette du marquisat de Ruffec, que la dite dame a affecté et dispose.

Cette donation faite à la condition que la dite dame duchesse sera reconnue pour être du nombre des fondateurs du dit hôpital, et aussi qu'il sera fait dire prières par les pauvres d'icelui matin et soir, pour la santé et prospérité des dits seigneur et dame de Saint-Simon, pendant leur vie et après leur décès, pour le repos de leurs âmes.

Et pareillement à la charge et condition expresse qu'on les dise à l'hôpital et qu'au cas où ledit hôpital viendrait à manquer, la présente donation devienne nulle, comme non faite, avec stipulation de dame du Geffe que la donation n'aura lieu que tant que l'hôpital subsistera à Ruffec.

Signé : LARDOUIN.

Cet acte, approuvé par l'évêque de Poitiers le 24 janvier 1686, certifiait que l'établissement de l'hôpital était fort utile au bien public et nécessaire au soulagement des pauvres.

22 juillet 1695. — Arrêt du conseil privé du roy ordonnant que les directeurs et administrateurs des hôpitaux, maladreries, léproseries et autres lieux pieux de pareille qualité jouiront des biens, droits et revenus indépendants.

Nombreux furent ensuite les actes relatifs à des constitutions de rentes pour assurer celles que devaient payer les filles hospitalières admises au noviciat et qui étaient en général de 2.000 fr. de capital ou 100 fr.

de rente, moitié pour le service des pauvres, moitié
pour la congrégation. Ces pièces permettent d'établir
que, dès le début, le recrutement des dames hospitalières se faisait plus particulièrement dans les rangs
des familles nobles ou aisées, ce qui amène à conclure
que pendant une certaine période ce furent ces femmes
dévouées qui assurèrent de toutes façons le fonction-
nement de l'hôpital.

Nombreux sont aussi les actes passés au cours du
xviiie siècle.

En voici quelques-uns :

Testament fait par M. André-Auguste Chevalier,
seigneur de Balzacq, gouverneur de la ville et de la
citadelle, par lequel il a donné aux religieuses carmélites d'Angoulême sa maison, située en la paroisse,
au pont de la dite ville, à la charge de deux contrats
de rente annuelle et perpétuelle au profit de l'hôpital
de Ruffec, en date du 6 juin 1692, de 200 livres
(13 janvier 1694), par acte devant notaire royal passé
avec le sieur Giraud, directeur de l'hôpital.

En 1704, Marguerite de Voluyre d'Aunac (ou d'Aulnay)
apporte 2.000 livres de dot, moitié pour la communauté, moitié pour les pauvres.

Acquisition le 15 mars 1706, moyennant 240 livres
payées par M. de Lordaget, de maison, petit jardin et
puits, en faveur de l'hôpital, à la décharge sur le
capital de 50 livres de rente qu'il devait par contrat
du 20 août 1701, auquel est attachée la quittance ou
remise gratuite faite par Mme la duchesse douairière
de Saint-Simon en faveur des pauvres, des droits et
indemnités à elle dus au compte de son château de
Ruffec, pour raison de la dite acquisition.

Extrait du testament de M. André Deguets, chevalier, seigneur de Balzac, gouverneur de la ville d'An-

goulême, par lequel il donne aux pauvres une rente de 200 livres par an, payable à l'hôpital de Ruffec.

De 1720 à 1731, échange de lettres entre les administrateurs de l'hospice et les dames carmélites d'Angoulême, au sujet des 200 livres de rente que doivent payer ces dernières, d'après les prescriptions du testament du seigneur de Balzac, gouverneur de la citadelle de Kuerké et commandeur de Valenciennes.

Suivant des actes reçus par Condat, notaire royal héréditaire, cession de pièces de terre (l'une à Fontclaireau, une autre près de Valence, sur la rivière de *Son* et *Sonnette*), en garantie de rentes données à l'hospice, en présence de Daniel Boiset, *mètre* chirurgien, et de François Couzet Laisné, *mètre* cordonnier, témoins requis.

En 1727, cession de terrains ayant servi autrefois de cimetière aux religionnaires réformistes, pour garantir 50 sols de rente.

En 1729, reçu de 400 livres des dames carmélites d'Angoulême, pour paiement de deux années de la rente due à l'hospice, par suite du legs de la maison qu'elles ont eue de feu M. de Balzacq.

Un livre de comptes de 1729 établit que les malades admis à l'hospice venaient des diverses communes de l'arrondissement.

Contrat d'arrentement à Samuel de la Maisonneuve, pour 12 livres 6 sols de rente, d'une maison et domaine, situés au village d'Usseau, paroisse de Taizé-Aizie, avec arrérages du 21 mars 1729.

Le 15 juillet 1729, constitution de la dot de dame Jeanne Barraud, hospitalière, de 50 livres de rente, capital 1.000 livres, avec mention que cette somme appartiendra aux pauvres de l'hôpital à son décès.

Trois actes de constitution de dot de 2.000 livres par chaque religieuse.

En avril 1731, acte au sujet de la délivrance d'un legs de 2.000 livres fait à l'hospice par Mme de Saint-Hermine.

En janvier 1732, action commune entre dame Estachon, supérieure de l'hospice, et Anne Gancaraud, épouse du sénéchal de la châtellenie de Villefagnan, demeurant au château de la Commanderie, paroisse de Villegats, ainsi qu'une sœur hospitalière, au sujet du paiement de créance de pension viagère.

Le 28 mars 1738, contrat d'acquisition au sieur Chartier, à la paroisse de Courcôme, par le curé-archiprêtre de Melle et curé de Mazières, d'une maison, jardin et terre situés à Courcôme, au nom de MM. les seigneurs de Paris, qui en donnent 140 livres de rente au profit des pauvres de l'hôpital de Ruffec.

De 1737 à 1747, prise d'habit de dix-sept religieuses, en présence de l'archiprêtre de Ruffec, curé de Bious-sac, spécialement commis par Mgr l'évêque de Poitiers, et de la communauté.

En 1737, constitution de 144 livres de rente, payables à chaque fête de Toussaint, au profit de l'hospitalisation et pauvres de l'hôpital, par François Billaud, marchand, et dame Catherine A..., son épouse, demeurant à Ruffec, pour 195 livres (2.595 livres pour la garantie).

En mars 1737, cession par Louis Rouchier, cordier à Ruffec, pour 50 sols de rente, de trois parcelles de terre appelées à la Bardonne, ayant servi de cimetière aux religionnaires protestants réformés de la ville.

Acquisition faite le 2 octobre 1738 par les hospitalières de Ruffec, des époux François Bouin, dont la fille, hospitalière, devait 35 livres de rente, dé partie de l'hôpital, du renclos et du jardin, le tout situé faubourg de Valence, tenant d'un bout au chemin qui va de la porte de Valence à Lordaget, d'autre bout au chemin qui va des halles du dit Ruffec à Veille-morte, à droite, d'un côté au champ de foire et à l'ouche du dit hôpital, aux jardin et maison des R. P. Capucins, et d'autre côté à la maison et jardin de Claude Larsier et au renclos de Lordaget, au prix de 1.500 livres.

Le 15 octobre 1738, contrat de constitution de rente au profit des pauvres et des dames hospitalières, par François Rivaud, procureur à Angoulême, et dame Arnaud, son épouse, pour le capital de laquelle ils ont payé 2.200 livres, pour faire la dot de dame Marie Poitevin de Saint-Georges, religieuse à l'hôpital royal.

En septembre 1739, constitution par la dame Genty, d'une dot de 2.000 livres pour sa dot religieuse.

Arrentement fait par Jean de Cazemaiou aux époux Bertaud d'une pièce de pré enfermée de fossés, située à la Sangle, paroisse de Fontclaireau, moyennant 15 livres et un chapon, vu jugement rendu au siège de Verteuil du 16 mars 1740, portant condamnation de payer les arrérages de la dite rente depuis 1722.

Inventaire des titres et papiers compris dans les archives de l'hôpital, fait le 4 août 1744 par MM. les directeurs assemblés et dame Marguerite de Voluyre d'Aulnay, dénommée fille hospitalière à Ruffec.

Donation faite le 5 avril 1745, par Pierre Coyteux, juge lieutenant assesseur de Ruffec, en faveur des pauvres, de 12 livres 10 sols de rente et d'une maison située rue des Petits-Bancs, en approbation d'icelle faite par M. de Lordaget, son fils et héritier.

8 mars 1749, en présence de messire Jacques-Louis

Corgnol, écuyer, seigneur de Tessé, Ebréon et autres lieux, et de sa femme, acte portant amortissement d'une rente de 100 livres par an due à l'hôpital, constituée le 28 mars 1719.

Testament (ou plutôt codicille) le 10 août 1762, devant notaires royaux, de messire Benoist de Paris, seigneur du Triou, à Villefagnan, en Angoumois, chargeant son frère, le seigneur de Lépineuil, de veiller à l'accomplissement de ses dernières volontés, parmi lesquelles figuraient un don de 300 livres aux pauvres de la paroisse de Villefagnan ; 150 livres aux Capucins de Ruffec, à charge par eux de faire un service annuel pour le dit seigneur testateur ; 75 livres au curé de Saint-Gervais ; 75 livres à celui de Nanteuil ; 500 livres, ensemble la garniture du lit de soye que l'on met à la chapelle le jour du Jeudi-Saint, 2.000 livres aux administrateurs de l'hospice de Ruffec pour être employée à l'entretien particulier des pauvres de la paroisse de Villefagnan, avec observation que le revenu de la dite somme retournera au profit des autres pauvres du dit hopital. Le sieur Poitevin, de Villefagnan, exécuteur testamentaire, touchera 240 livres.

2 décembre 1764 et juin 1765. — Les héritiers de messire Henry-Louis de la Copte de Saint-Marc, qui a laissé quatre enfants mineurs, demandent saisie-arrêt ou délivrance de deniers contre le sieur Tournier, maître de la forge à feu de Ruffec, située paroisse de Taizé-Aizie, qui devait 1.500 livres. Les pauvres de l'hôpital, intéressés à l'affaire comme créanciers du dit seigneur et de dame Garnier, son épouse, interviennent par leurs administrateurs.

Le 30 avril 1781, Pierre Prévost Dulas, juge sénéchal du marquisat de Ruffec ; Jean Degorce, procureur fiscal du même siège; Jean Pinoteau, notaire, et Decaud, prieur de Ruffec, administrateurs de l'hospice, constatent que tous les revenus de l'aumônerie, tant rentes nobles que terrages, ainsi que le pré de Martreuil et divers immeubles, sont loués par bail pour trois ans, à partir de la Saint-Michel, moyennant 300 livres par an.

Un registre de 1783, affecté au compte des arrérages de rentes dûs à l'hôpital, établit qu'à cette époque ils étaient payés en livres tournois, monnaie dont la valeur a varié suivant les temps, jusqu'au moment où elle fut remplacée par le franc. Il y avait la livre tournois (de Tours) et la livre parisis (de Paris), qui valaient vingt sous. A partir de 1686, la livre tournois fut la seule monnaie de compte en France jusqu'à l'établissement du système métrique.

Les Malbay de Lavigerie payèrent des rentes à l'hôpital jusqu'en 1820, de même que les héritiers de Jean Decaud, prieur, décédé à Ruffec, représentés par M. Roussine, officier de santé, ainsi que les citoyens Rossignol et Desmoulins, de Ruffec; Geoffroi, Lesueur, serrurier; Larsier, Antoine Cailler, remplaçant feu Ouvrard; Girard, demoiselle Laboissière; André Suire, de Condac; François Blondeau, dame Bourdeau, Baudin-Després fils, veuve Dumagnou, Teissot.

Le 24 décembre 1791, un billet de 104 livres est souscrit par Bourdage, émigré.

Un certificat du 29 novembre 1792 établit que le citoyen Brumauld de Montgazon, l'un des administrateurs de l'hôpital, a déposé au secrétariat du district l'expédition d'un titre constitutif de 140 livres de rente foncière au profit des pauvres par feu le ci-devant comte de Broglie sur tous ses biens, le dit acte reçu le 26 décembre 1769 par Pinoteau et Larsier, notaires.

Un certificat du maire et officiers municipaux de la commune de Ruffec, donné en la maison commune le 29 juillet 1793 (an II⁰ de la République française), affirme que la citoyenne Rambaud, supérieure de l'hôpital, ainsi que les autres sœurs, ont demeuré constamment à leur poste jusqu'à ce jour, en foi de quoi le présent certificat leur a été délivré pour leur valoir et servir ce que de raison. Il est signé de Marchive, maire, et de B. Passios et Cuirblanc, officiers municipaux.

Dans les registres paroissiaux, on trouve les documents ci-après :

Le 15 janvier 1720, inhumation dans le sanctuaire de l'église de l'hôpital de Ruffec, de Catherine Desmiers, veuve de François de Vissac, écuyer, sieur du dit lieu, morte en son château de La Forêt-de-Tessé.

Le 1ᵉʳ juillet 1781, bénédiction de la cloche de l'hôpital de Notre-Dame-des-Anges de Ruffec, sous l'invocation de Sainte-Anne, nommée par M. Chardonnet, vicaire général d'Angoulême, et dame Anne Coyteux, femme de M. Prévot du Las, juge de la ville de Ruffec.

Trois pièces des archives sont relatives à la revendication de l'emplacement du consistoire de la religion prétendue réformée de Verteuil (édits de 1683, 1684 et 1685).

Dans une lettre portant la date du 13 février 1749, il est dit :

M. notre curé a rapporté au bureau de notre hôpital, Monsieur, avoir eu l'honneur d'écrire à M. le duc de La Rochefoucauld, au sujet du temple des religionnaires de Verteuil, dont le château s'est emparé ; il est actuellement dans l'enclos du champ-de-foire aux bœufs, qui appartient à notre hôpital, et avoir prié Sa Grandeur, au nom des pauvres, de leur rendre justice, et nous a dit que ce seigneur vous avoit, Monsieur, renvoyé la chose et que vous ratiphié sans nous en avoir dit les raisons, ce qui m'oblige, par délibération de notre bureau, d'avoir l'honneur de vous dire, Monsieur, que notre demande est juste et fondée sur les déclarations du roy de 1681 à 1685, qui ont réuni tous les biens qui appartenaient et avaient appartenu aux consistoires, même ceux attribués depuis 1660, aux hôpitaux les plus prochains.

Notre hôpital est autorisé par les patentes de Sa Majesté, registrées au Parlement en chambre des comtes.

Il fut répondu à cette requête par une longue lettre dans laquelle on lit :

En supposant que l'emplacement du temple de Verteuil ait appartenu à un hôpital, ce ne serait pas à celuy de Ruffec, mais à celuy de La Rochefoucauld, par la raison que ce dernier est l'hôpital du lieu ; en effet Verteuil est un membre du duché-pairie de La Rochefoucauld. L'hôpital établi dans le chef-lieu du duché est pour toute la terre, et la terre de Verteuil n'est pas une terre détachée et séparée de celle de La Rochefoucauld ; l'une et l'autre n'en composent qu'une et un seul corps de fief, sous le titre de duché-pairie ; ainsi l'hôpital de La Rochefoucauld est l'hôpital de Verteuil, par conséquent l'hôpital de La Rochefoucauld a dû seul profiter du bénéfice accordé par les déclarations de 1683 et 1684. En ce qui concerne le consistoire de Verteuil, c'est un fait qui intéresse seuls les administrateurs de l'hôpital de La Rochefoucauld.

Les documents cités ne comportaient pas de sanction.

En 1807, les ressources de l'hôpital ne s'élevaient qu'à 6.000 fr. et en 1808 à 7.000 fr., lorsque ses dépenses atteignaient 11.000 fr.

Plus tard, elles s'augmentèrent et il n'y a pas encore très longtemps que les possesseurs de l'ancien prieuré de Ligné payaient une rente annuelle à l'hospice de Ruffec.

Mais il eut de .mauvais jours à passer. Une lettre du 19 mai 1813 signale au préfet la détresse dans laquelle se trouvait l'hospice, qui devait la fourniture de viande de deux trimestres, et la menace du boucher de ne plus en fournir avant d'être payé ; plus quatre mois de pain et 50 hectolitres de vin ; le bois de chauffage allait manquer. L'hospice était encombré de militaires malades et le gouvernement devait à l'hospice 6.169 fr. pour l'exercice de 1812. Menace de fermer l'établissement si on ne lui vient pas en aide.

Au lieu de cela, le 1er avril suivant, la dette était montée à 7.156 fr.

Aussi, après réunion de la commission, nouvelle menace de mettre tout le monde dehors, en raison de l'impossibilité de les nourrir. Et nouvelles réclamations au préfet et au ministre de la guerre, en faisant ressortir que depuis cinq ans, l'hospice, qui était destiné aux malades civils, a été envahi par les militaires, qui ont absorbé au-delà de ses ressources.

En mai 1814, l'autorité s'émeut enfin et en septembre M. le receveur général mettait à la disposition de l'hospice une somme de 5.700 fr. pour liquider la situation.

Un registre mentionne le décret impérial du 18 février 1809, relatif aux congrégations des maisons hospitalières de femmes, signé par Napoléon au palais des Tuileries.

Le 25 novembre 1816, suppression du bureau de bienfaisance et sa réunion à l'hospice.

Les enfants appartenant à l'hospice, qui n'ont pas été habillés depuis trois ou quatre ans, sont dans un état de nudité la plus absolue. On procède, le 11 juillet 1818, à une adjudication pour en habiller trente-six de 2 à 14 ans.

Une partie des revenus de l'hospice a été perdue par

suite de la Révolution, tandis que les besoins ont augmenté.

En mars 1824, menace de procès entre la commission de l'hospice et Mme la marquise de Marcieu, au sujet de la rente de Mme Perry de Mallevault, qui avait été relevée de ses vœux en 1779.

En janvier 1825, la ville devait à Mme de Marcieu 3.000 fr. pour l'acquisition des halles. Un transfert fut autorisé pour se libérer de pareille dette due à l'hospice.

Communication aux administrateurs de l'hôpital, le 7 novembre 1825, d'une copie de l'ordonnance du roi du 16 octobre 1825, qui approuve la transaction passée le 16 mars dernier, avec Mme la marquise de Marcieu, au sujet d'une somme de 3.000 fr. due à l'hospice par la dite dame. C'est, en conséquence, à cet établissement que la ville devra payer, jusqu'au remboursement, les 150 fr. d'intérêt qu'elle servait annuellement pour le prix des halles.

Un procès eut lieu entre les héritiers du comte de Broglie, ancien seigneur de Ruffec, et celui de Mlle Perry de Mallevault, religieuse, qui avait doté l'hospice de cette somme, laquelle parvint à se faire relever de ses vœux quelques années avant la Révolution. M. Perry de Mallevault fut débouté de sa demande. La ville continua à payer la rente de 150 fr.

D'après un registre spécial, la liste des enfants trouvés recueillis à l'hôpital de Ruffec du 29 brumaire an VII au 13 août 1834, a été de 488. Pour quelques-uns de ces pensionnaires, leur inscription sur le registre était accompagnée de morceaux d'étoffe ou de dessins variés, qui devaient servir à les faire reconnaître en cas de réclamation. Quelques-uns sont d'étoffes riches, d'autres sont ornés de perles en verre.

Ils sont plus nombreux à partir de 1829. Le dernier est inscrit à la date du 15 mai 1834. Les enfants trouvés, recueillis au moyen du tour qui existait dans chacun des hôpitaux, étaient inscrits sous le nom qui leur était donné en les baptisant ; l'hôpital les gardait jusqu'à l'âge de 12 ans.

La municipalité eut maintes fois à s'occuper de l'hospice ; en voici quelques témoignages :

Le 21 juillet 1820, adoptant les propositions faites par la commission de l'hospice, le conseil municipal vote l'aliénation de diverses pièces de terre appartenant à cet établissement et situées dans l'arrondissement de Confolens, pour le prix en être converti en rente sur l'Etat.

En août 1825, il est question de travaux à faire à l'hospice.

A la session de mai 1833, le conseil municipal, d'accord avec la commission administrative de l'hospice, décide la suppression du cimetière existant dans l'établissement, en spécifiant que désormais on n'établira de sépulture que dans le grand cimetière.

En 1835, le sous-préfet remplit les fonctions d'économe de l'hospice, à défaut de titulaire.

Un registre constate les entrées et les sorties des militaires du 1er juillet 1825 au 5 juillet 1837. Il suffirait à témoigner des services rendus.

Le 10 février 1838, il fut même question de la reconstruction projetée de l'hôpital, mais l'assemblée, ne pouvant donner une nouvelle preuve de sa sollicitude en raison de l'état des finances communales, promit d'augmenter dès que possible les secours accordés à cet établissement, qu'il reconnaissait insuffisant pour les besoins des nombreux malades secourus.

A diverses reprises, notamment en août 1838, le conseil sollicite du conseil général des secours pour réédifier l'hospice, dont les murailles menacent ruine, et réparer l'église, afin de prévenir des malheurs et des dépenses considérables. L'urgence de ces travaux est reconnue.

En mars 1845, il était question d'apporter quelques modifications aux ouvertures de la façade de l'hospice. En juin, travaux en cours, qui devaient être terminés en octobre, ainsi que la reconstruction d'une partie de l'édifice.

Le 4 avril 1852, le conseil municipal consent à céder une partie de terrains communaux pour agrandir la chapelle de l'hospice, dont les travaux seront payés par la communauté.

Dans une délibération du conseil municipal du 8 juin de la même année, à propos de ce projet d'agrandissement de la chapelle, il est dit :

Considérant qu'il résulte de lettres patentes du roi Louis XIV, vérifiées en Parlement et en la Chambre des comptes, datées de Versailles du mois de décembre 1685, que l'hôpital de Notre-Dame des Anges de la ville de Ruffec a été fondé et établi par les dons et charités du sieur du Fresnaud, pour retirer et soulager les pauvres malades de la ville et autres ; que par les soins qu'en avait pris pendant sa vie le sieur du Fresnaud, il avait excité la piété de beaucoup de personnes qui avaient fait des dons et notamment Jean de Cazemaïoux, sieur d'Ambelle, qui, en cette considération, avait été nommé par le testament du dit sieur du Fresnaud pour lui succéder et tenir sa place dans le dit hôpital ;

Considérant dès lors que la propriété de cet établissement ne saurait résider sur la tête de la commune, en ce sens qu'elle pourrait avoir le droit d'en disposer,

Est d'avis de répondre que la commune n'est pas propriétaire de l'hospice.

Le 10 septembre 1852, ratification par le conseil de

préfecture de la délibération autorisant la commune de Ruffec à consentir la cession gratuite d'une partie de la cuisine de son école primaire, pour l'agrandissement d'une chapelle de l'hospice.

Plus tard, au cours de la session d'août 1899, il fut question d'obtenir une part dans la répartition aux établissements de bienfaisance des sommes prélevées sur les fonds du pari mutuel aux courses. On justifia du besoin urgent d'une vingtaine de mille francs. L'affaire traîna en longueur, mais aussi prit de l'importance, puisqu'en février 1905 il était question de 60.000 fr. pour la subvention de l'Etat, qui demandait à la ville de voter 18.000 fr. de plus.

Enfin le 21 janvier 1906, grâce à l'heureuse intervention de M. le docteur Roux, de l'Institut Pasteur, dont le cousin, M. Henri Emard-Lacroix, était maire de Ruffec, on adjugeait pour 90.000 fr. de travaux à l'hospice, qui voyait ainsi augmenter son importance d'une trentaine de lits.

Ceci n'empêchait point de nouveaux dons de se produire et en février 1910 on enregistrait un legs de 8.000 fr. par Mme Jules Mimaud ; en juin, 1.000 fr. par Mme veuve Léchelle ; en octobre, 10.000 fr. par M. Eugène Coyteux-Duportal, ancien maire, ancien député, et en août 1915, 5,000 fr. par Mme Charles Furaud.

Les dons et legs attribués à l'hospice, au cours du XIXe siècle, se résument ainsi :

4 août 1855. — Par André Lafond, legs de diverses créances évaluées à 1.275 fr. 75.

17 août 1855. — Par Pierre Vergne, 1.800 fr. et 74 fr. 45 de meubles.

16 septembre 1865. — Par Virginie Michaud, veuve Lespérance, 1.000 fr.

Août 1885. — Mlle Binet, de Ruffec, 200 fr. de rente, capital 4.123 fr.

Août 1885. — 2.000 fr. par M. Guimbellot, chanoine honoraire à Angoulême.

5 juin 1888. — 500 fr. par Mme Gétraud, née Vincent, à Ruffec.

3 juin 1892. — Règlement du legs important des époux Poitevin, de Villefagnan, au sujet duquel il y eut grande discussion et menace de procès par la commission de l'hospice au département.

Avril 1896. — Deux legs de chacun 1.600 fr. nets de frais par Mlle Jarriau du Tablet, décédée à Ruffec, qui fit même don au bureau de bienfaisance.

Même année. — Legs de Mme Després, de Nanteuil, avec affectation spéciale de deux lits réservés à des malades de cette commune.

L'hospice de Ruffec est un des plus anciens des onze qui existaient alors dans le département et qui, tous, étaient desservis par les sœurs de Sainte-Marthe, avec des administrations distinctes.

Voici quelques noms des supérieures de l'hôpital recueillis dans les actes :

Mars 1689. — Dame Marianne Ménard de la Garenne de la Tâcherie.

1695. — Sœur Renée-Aissa d'Orgelet.

1695. — Demoiselle Luce Geoffroy des Bouchaud.

1697. — Dame de la Roccetière.

1702. — Dame Marie Desvaux.

1730. — Sœur de la Chantellerie.

1732. — Dame Marie Estachon.

1733. — Sœur Marie Préveraud.

1737. — Sœur Baudoin.

De 1738 à 1768. — Sœur Barraud.

1768. — Sœur Genty.

1778. — Sœur Barraud, décédée à 92 ans.

De 1780 à 1781. — Dame Louise Cambois, veuve Rambaud.

Il n'est pas possible d'établir une liste complète des supérieures depuis cette époque, car les sœurs hospitalières de Ruffec se maintinrent comme communauté particulière jusqu'en 1835, où la pénurie de sujets les força de se réunir à celles de La Rochefoucauld. De même ces dernières qui, depuis leur fondation, s'étaient maintenues en congrégation séparée, se réunirent en 1852 à la maison d'Angoulême, qui devint la maison-mère de toute la congrégation de Sainte-Marthe.

En 1835, Mme Mimaud-Laffuie, seule religieuse de l'hospice de Ruffec, s'adressa à mère La Renaudie, supérieure de La Rochefoucauld, pour lui demander de l'aide. Cette dernière conduisit à Ruffec la sœur Clotilde Pintaud, qu'elle nomma supérieure; Mme Moreau, sœur Saint-Dominique, assistante.

Mère Clotilde Pintaud fut supérieure de l'hospice de Ruffec de 1835 à 1857, époque à laquelle elle fut nommée maîtresse des novices à Angoulême. C'est sous son supériorat que fut construite ou instaurée la chapelle actuelle, avec les dons qu'elle recueillit et ses propres deniers.

De 1857 à 1859, un intérim fut fait par une des religieuses de l'hospice.

De 1859 à 1863, la place fut occupée par mère Prémont, ancienne supérieure générale, qui mourut à Ruffec le 23 janvier de cette dernière année, et dont la dépouille mortelle, inhumée dans le cimetière de notre ville au milieu d'un grand concours de population, fut transportée un peu plus tard à Angoulême, dans le cimetière des religieuses de Sainte-Marthe, à Bardines.

Mère Dedé, sœur Sainte-Jeanne-de-Chantal, lui succéda jusqu'en 1867, où elle fut désignée pour la fondation de Vars.

De 1867 à 1868, la supérieure de l'hospice de Ruffec fut mère Tourette, désignée pour la fondation de l'hospice d'aliénés de Breuty.

De 1868 à 1873, mère Saint-François-de-Paul.

Mère Sainte-Jeanne-de-Chantal revint à Ruffec en 1873, où elle mourut le 21 juin 1896, après une longue existence de bienfaisance et de dévouement.

Elle fut remplacée cette même année par Mme Maria Dars, mère Sainte-Claire, à laquelle les préoccupations multiples ne manquèrent point pendant la guerre et qui s'éteignit doucement le 24 décembre 1917, après plus de cinquante années d'apostolat.

Actuellement, la supérieure de l'hospice de Ruffec est mère Saint-Jean-Baptiste.

Dans une *Notice historique* sur la Congrégation des filles de Sainte-Marthe d'Angoulême, établie en juillet 1876 par M. le chanoine Duchassaing, aumônier du noviciat des religieuses de Sainte-Marthe, il est dit :

« On conserve dans l'hospice de Ruffec un tableau qui représente deux religieuses hospitalières ; l'une offre un bouillon à un malade et l'autre est en prière devant un crucifix. C'est bien là l'existence des filles de Sainte-Marthe, qui partagent leur vie entre les exercices de la piété et ceux de la charité. Quant à l'habit religieux, il est semblable à celui qu'elles portent aujourd'hui. Au bas, on lit le nom de Mme La Fuie. »

Ce tableau a disparu.

.La même notice relate les faits dont eut à souffrir la Congrégation des sœurs de Sainte-Marthe, à Angoulême, dès les derniers mois de 1790, où les événements politiques avaient porté le trouble dans toutes les administrations. Le 5 juillet 1791, le sieur Sicard, huissier, vint, à la requête du procureur général, signifier à la supérieure un arrêté du district du département, qui ordonnait la cessation de tout culte religieux dans la chapelle de l'Hôtel-Dieu et dans celle de l'hôpital général.

Le 15 mars 1792, après le renouvellement des administrateurs, eut lieu une visite pour se rendre compte de l'état des pauvres qui y étaient admis et soignés, dans le but de procéder à quelques éliminations, pour réaliser des économies. Mais les visiteurs constatèrent que sur quatre-vingt-huit pauvres, aucune élimination ne pouvait avoir lieu, attendu, dit le procès-verbal du 15 mars 1792, « que les uns sont dans un âge très avancé et dans un dénuement absolu ; les autres, en très grand nombre, étant atteints de maladies incurables, d'autres aveugles, certains imbéciles et d'autres estropiés. »

Au mois de janvier 1793, eut lieu le renouvellement du bureau et dès le lendemain de son installation, la nouvelle administration reçut communication d'un arrêté du citoyen Roux-Fézillac, qui ordonnait que les sœurs hospitalières seraient expulsées de l'Hôtel-Dieu et de l'hôpital général et qu'à leur place seraient installées des demoiselles de la ville, choisies par la municipalité. Cette mesure fut désastreuse pour les hôpitaux, comme on ne tarda pas à le reconnaître.

Après avoir demandé et obtenu le renvoi des sœurs de Sainte-Marthe, la municipalité d'Angoulême se saisit de tous leurs titres de rentes, capitaux et autres revenus, ĕt en fit le dépôt au secrétariat du district du département, qui les déclara confisqués au profit de la Nation par procès-verbal du 28 germinal an III (11 mai 1796). Ainsi furent totalement perdus les fruits de leurs économies et le capital des dots qui avaient été payées depuis plus d'un siècle et demi, soit environ 120.000 fr., qui constituait toute la fortune de la Congrégation.

Au reste, ajoute la notice, les nouvelles administratrices, au nombre de neuf, dont on fixa le traitement à 200 livres par an, prirent comme à tâche de faire regretter les religieuses. Elles apportaient peu de zèle dans leurs fonctions et par suite il y eut peu d'exactitude dans le service et peu d'économie dans la dépense, comme le fit constater le trésorier dans la séance du 14 pluviôse an III. Mais enfin l'Hôtel-Dieu continuait à fonctionner.

Telle était la situation lorsque le 6 messidor an III (24 juin 1796), les administrateurs nouvellement élus firent une pétition pour obtenir, en termes fortement motivés, la réintégration des sœurs, qui fut décidée par décret du 10 du même mois.

Un gros registre, commencé l'an II de la République, contient d'un côté le texte des lois, décrets et arrêtés du district et du département. L'énumération en est longue; elle ne manquerait pas d'intérêt, mais nous en retrouverons les plus intéressants quand nous aborderons la période révolutionnaire à Ruffec. De l'autre, figure le texte de 845 pétitions faites par des habitants de tous les points de l'arrondissement, la plupart demandant des remises d'impôts.

Ce registre aurait mieux sa place à la mairie, car il n'y est point question de l'hospice.

Comme on a pu voir, l'hospital de Ruffec, depuis sa

fondation, qui remonte à deux siècles et demi, a eu à traverser des périodes difficiles provenant le plus souvent du manque de ressources, bien que, en dehors de quelques secours en argent, longtemps il fut dans les habitudes d'offrir des dons en nature : Vieux vêtements, chaussures de toutes sortes, linge, légumes verts et secs, fruits, etc., etc., donnés par les habitants de Ruffec et des environs, et qui rendaient de grands services.

Il y eut là pendant longtemps une tradition qu'il serait bon de reprendre, car si l'immeuble a été agrandi, amélioré, ses ressources n'ont pas augmenté dans les mêmes proportions, et quand, à notre époque, il faut assurer l'existence de 70 à 80 personnes avec des moyens qui déjà étaient assez restreints, ce n'est pas chose facile.

Nous ne pouvons donc, pour terminer ce chapitre, que faire appel à la générosité de nos lecteurs en faveur d'un établissement de première utilité qui a rendu déjà et est appelé à rendre encore des services incontestables.

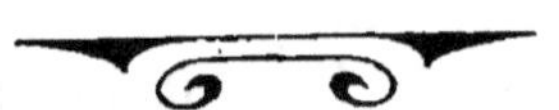

VIII

LES CIMETIÈRES

Suivant l'usage d'alors, le premier cimetière fut établi auprès de l'église, dans l'emplacement occupé par la belle place ombragée qui fait l'ornement de ce quartier. Les nombreuses pierres tombales qui servent de bancs sur cette place ou de marches pour descendre puiser à la fontaine du *Lien*, près de l'abreuvoir, ont été empruntées à ce cimetière, lors de son transfert sur l'emplacement qu'il occupe aujourd'hui.

Par suite de l'usure des pierres, il est presque impossible de relever, même en partie, quelques-unes des inscriptions de ce temps avec dates certaines. C'est à peine si les croix, gravées plus profondément, sont encore visibles. Une seule dalle porte la date de 1779.

Pendant et après la Réforme, les protestants étaient enterrés dans un terrain où est bâtie l'habitation de M. Desmoulins, près du champ de foire aux bœufs. Quand on construisit en effet cette maison, les fouilles pratiquées pour se procurer de la pierre et établir une cave mirent à jour un très grand nombre de fosses avec les squelettes placés, comme pour les catholiques, la face orientée vers le levant. Ce cimetière était destiné à recevoir la dépouille mortelle des adeptes de la religion réformée sans fortune et ne possédant ni jardin ni champ pour y être enterrés, comme faisaient les riches.

Sans nul doute les lourdes pierres qui servent de bancs sur les allées du champ de foire proviennent de ce cimetière.

A quelque distance de Ruffec, au lieu dit les Fayolles, entre le chemin de Villegats et la route nationale, a existé longtemps une sépulture, avec pierre tombale, désignée sous le nom de « Tombe du Juif », donnant à croire. que les lieux de sépulture consacrés aux catholiques et aux protestants n'étaient pas à l'usage des israélites.

Enfin, à droite de la route de Villefagnan, entre les lignes ferrées de l'Orléans et de l'Etat, au lieu dit Veillemorte, est un emplacement inculte qui passe pour avoir été un cimetière. L'appellation qui a survécu porte à le croire.

Il y avait alors à Ruffec plusieurs lieux de sépulture : le grand cimetière, le cimetière de l'hôpital et celui de Notre-Dame-des-Vignes. Quelques privilégiés étaient enterrés dans l'église.

Le service de l'hôpital était à cette époque confié à Pierre Delaâge qui voulut rester à son poste jusqu'à son décès, survenu en 1718. Les registres paroissiaux mentionnent, à la date du 5 septembre de cette année, l'enterrement de Pierre Delaâge, âgé de 82 ans, maître-chirurgien de l'hospice de Ruffec, qui a mené une vie exemplaire de piété et de charité pour les pauvres. La cérémonie a été faite en présence de MM. les curés de Verteuil, Bernac et Villiers et de M. Giraud de la Gétière. La fille de Pierre Delaâge, Marie, eut de son mariage avec René Limouzain-Laplanche, de Mansle, un fils, René, qui épousa Catherine Giraud, de Condac.

Plus tard, vers le xviiᵉ siècle, alors qu'on procédait à une restauration de l'église de Ruffec, après avoir bâti entre les contreforts les chapelles latérales du nord-ouest, on avait creusé un large fossé du côté où se trouve le clocher et le long de l'église, dans le jardin du prieuré, avec l'intention d'y faire les mêmes installations. Les terres extraites avaient formé un rejet dans lequel on enterrait les corps des enfants et des jeunes gens. On en trouve la mention expresse dans de fréquents actes des registres paroissiaux.

Depuis la fondation de l'hospice, on enterrait également les catholiques dans la partie du clos dépendant de cet établissement qui longe l'allée du champ de foire réunissant le jardin public à la rue de l'Hôpital.

Les personnes distinguées par leur situation sociale : prêtres, nobles et notables de la cité et des environs, avaient leur sépulture dans l'église même ou dans la chapelle dépendant du couvent des capucins, laquelle avait un caveau spécial pour les religieux de l'ordre.

Les notes que nous avons sous les yeux, recueillies et annotées depuis quelque temps déjà, assurent que le caveau et diverses sépultures avaient été découverts à ce moment.

D'après les registres paroissiaux de l'église Saint-André de Ruffec qui, depuis 1790, ont été déposés à la mairie, il n'y avait plus à cette époque qu'un lieu de sépulture, désigné sous le nom de « grand cimetière ».

Ce grand cimetière était situé à l'endroit qu'occupe le cimetière communal actuel, c'est-à-dire hors de l'enceinte fortifiée de la ville de Ruffec. On y accédait par la rue et la porte Boistant, en passant devant l'aumônerie et traversant le pont Saint-Blaise ainsi

que le village des Pontereaux. Le cimetière était longé
par la route qui conduisait, par une tranchée profonde
de deux à trois mètres, au bourg de Condac. Il était
moins grand qu'aujourd'hui et remonte à une époque
fort reculée.

Il y a cinquante ans, on pouvait encore voir les
ruines d'une chapelle funéraire occupant le point cul-
minant, à une petite distance de la voie qui conduisait alors à Condac. Dans le sous-sol de cette église
était disposé un vaste caveau où étaient entassés
avec ordre et par nature les différents ossements des
squelettes trouvés dans les tombes qu'on rouvrait.
Autour de cette chapelle funéraire, en creusant de
nouvelles tombes, on a trouvé, à la profondeur d'un
mètre environ, des squelettes provenant de corps
humains de très haute stature. Les parois de la fosse
à la tête, aux pieds et sur les côtés étaient garnis
de larges pierres plates fixées verticalement.

A quelle époque précise fut constitué le cimetière
actuel, c'est à rechercher. Toujours est-il qu'aussitôt
son établissement, celui du voisinage de l'église fut
désaffecté et aussi supprimées les inhumations particulières. Mais tout cela fut long.

D'après les registres municipaux, le 24 décembre 1817
fut voté un crédit de 2,339 fr. 50 pour la construction
des murs de clôture du cimetière, mais ce travail ne
fut exécuté qu'en 1818 et la dépense en fut répartie
sur les budgets de 1819 et 1820.

Ce n'est qu'en 1830, la première année du règne
de Louis-Philippe, sous l'administration d'un Brumauld de Montgazon Alphée, maire de Ruffec, que fut
aménagée et plantée la belle place de l'église, qui
offre un frais ombrage avec ses marronniers géants
et ses tilleuls élevés.

A la session de mai 1837 fut voté un tarif des concessions accordées dans le cimetière, avec cette clause que la superficie permet de faire, sans aucun inconvénient, des concessions aux particuliers soit à terme, soit à perpétuité.

Mais cette innovation ne donna pas les résultats espérés, car en février 1844 on décida de se montrer rigoureux pour le paiement des terrains, que jusqu'ici les gens s'étaient le plus souvent appropriés. Il était dit qu'on démolirait les monuments établis, à défaut du paiement des terrains occupés.

Au cours de l'hiver 1848-1849 furent plantés deux cent cinquante arbres dans le cimetière.

En février 1861, la municipalité établit un nouveau tarif des concessions.

En avril 1896 on jugea utile d'agrandir le cimetière actuel, devenu insuffisant par suite des concessions à perpétuité vendues par la ville et par l'établissement de monuments parfois somptueux érigés par les soins des familles.

De nos jours encore, en 1921, il a fallu y revenir, et l'administration préfectorale a accordé les autorisations nécessaires pour que le cimetière soit agrandi du côté est par l'emprise d'un terrain sur le territoire de la commune de Condac. Les travaux sont terminés.

En octobre 1899 un gardien fut installé au cimetière.

Il semble que, suivant les époques, les vieilles familles ruffeccoises aient cherché à se grouper comme elles avaient vécu. Ainsi, au sud-est, en entrant à droite, vous trouverez beaucoup de noms de familles éteintes ou dont seulement subsistent encore quelques rares membres.

Parmi les illustrations ruffeccoises, on peut voir encore les tombes des Garnier de Laboissière, nom bien connu dans notre région, où existent encore de ses descendants.

Né le 10 mars 1754, dans la commune de Chassiecq, le comte Garnier de La Boissière entra à l'école royale militaire en 1769. Nommé sous-lieutenant au régiment Custine - Dragons en 1772, il passa en 1788, avec le grade de capitaine, au régiment de Montmorency, fut fait chef de brigade le 1er décembre 1792, général de brigade en l'an III et général de division en l'an VII. Il fit avec distinction un grand nombre de campagnes. Présenté en 1802 par le département de la Charente comme candidat au Sénat, il fut élu et pourvu, en l'an XII, de la sénatorerie de Bourges. Il mourut au commencement de 1809, grand officier de la Légion d'honneur et commandant de la Légion de Versailles.

Une petite brochure, publiée en octobre 1907, sous le titre : *Une page d'histoire locale*, nous dit :

Quelques années avant la Révolution, sur l'emplacement du vieux fief du Bois, dont il reste une tour massive et forte, s'élevait une maison ; c'était celle de M. André Garnier de Laboissière, arrière grand-père maternel de Mᵐᵉ Arnaud, bien connue à Ruffec.

M. de Laboissière, justement considéré, succéda à M. le comte de Broglie dans le commandement de la garde nationale à Ruffec, puis quand le parti réformiste et loyalement constitutionnel fut écarté, alors que la conquête jacobine s'imposait à la France, André Garnier de Laboissière devint suspect et, sous cette inculpation, fut incarcéré dans la tour Sainte-Catherine du château de Ruffec.

Une fidèle domestique lui portait ses repas, quelquefois pillés en route ; mais la brave fille ne se déconcertait pas, elle recommençait à pourvoir le ci-devant, comme on disait, en s'y prenant autrement ou mieux, quand Romme, le délégué de la Convention, vint à Ruffec. Il s'enquit des arrestations opérées et de leurs motifs ; il convient d'établir qu'il fut modéré et que le comité local affilié au club central de Paris ne le fut pas moins.

Le fils aîné (Antoine) de M. de Laboissière servait dans les armées de la République comme aide-de-camp de son oncle, le général Garnier de Laboissière, qui devint sénateur et chambellan de l'empereur ; ses restes reposent au Panthéon.

Antoine Garnier fut tué à l'armée du Rhin, il sauvegarda ainsi pendant la Terreur les jours de son père, qui fut maintenu en prison jusqu'à la paix.

Il est noté, à l'honneur du district de Ruffec, qu'il ne fournit pas de pourvoyeurs à la sinistre charrette.

En 1800, le troisième fils d'André Garnier, François de Laboissière, prenait du service et treize ans plus tard, étant général, il succombait, à 32 ans, à Dresde, des suites de ses blessures.

Pendant près de quatre siècles, la famille de Laboissière demeura mêlée de la façon la plus intime à la vie sociale et son nom est resté au petit pont sous lequel passe la *Péruse*, un peu plus loin que l'abattoir actuel.

Dans le cimetière de Ruffec existent deux mausolées en pierre qui ornent les tombes de généraux français, enfants du pays. Voici les notices qui leur furent consacrées :

Pinoteau Pierre-Armand naquit à Ruffec en 1769 (dans une des vieilles maisons qui sont appelées à disparaître bientôt pour agrandir la place du Marché). Parti comme volontaire, avec le grade de capitaine, dans le 1er bataillon de la Charente, en 1791, il se fit distinguer à Jemmapes, à Nerwinde, au combat de Mortagne, comme aide-de-camp du général Léchelle. Nommé adjudant-général en 1794, il se signala en Allemagne, en Vendée, en Espagne, en Portugal, et fut nommé général avec le titre de baron de l'Empire. Il est mort à Ruffec, en 1834, après 43 ans de glorieux services.

Dans les *Mémoires* du général baron de Marbot, il est beaucoup question du colonel Pinoteau, alors chef du 82e de ligne, représenté comme homme capable, très actif, très brave, mais à la tête un peu exaltée, quoiqu'il parût flegmatique. C'était une des créatures de Bernadotte et l'un des chefs les plus ardents de la conspiration ourdie par les généraux Bernadotte et Moreau contre le Premier Consul. Pinoteau, alors à Rennes avec son régiment, dont il était adoré, devait donner le signal de l'insurrection des troupes de l'Ouest.

En 1808, après cinq ou six ans de détention à l'île de Ré, il était revenu à Ruffec, où il végétait, lorsque Bonaparte, devenu empereur, se rendant en Espagne, s'arrêta à Ruffec pour changer de chevaux. Le colonel Pinoteau se présenta résolument à lui, dit le général Marbot, et lui demanda à rentrer au service. L'empereur savait que c'était un excellent officier, il le mit donc à la tête d'un régiment, qu'il conduisit parfaitement bien pendant les guerres d'Espagne, ce qui, au bout de plusieurs campagnes, lui valut le grade de général de brigade.

Une autre version, plus d'accord avec la légende napoléonienne, transmise par les contemporains du général, raconte ce fait comme il suit :

Napoléon, descendant de voiture pendant qu'on changeait les chevaux, aperçut dans la foule, non loin de lui, Pinoteau qui, en uniforme, le saluait militairement. Lui faisant signe de s'approcher, il lui dit : « Que fais-tu là, Pinoteau? As-tu toujours mauvaise tête ? » Et comme celui-ci répondit qu'il était toujours prêt à reprendre du service, l'empereur lui dit : « C'est bien ! J'ai besoin de tous les bons Français, tu viendras me rejoindre à Burgos d'ici trois jours ! »

Nous avons dit que le portrait du général Pino-

teau, donné à la municipalité par ses héritiers, avait
été placé dans une des salles de l'hôtel de ville.

Un autre Ruffeccois de marque, le général Laroche,
a fait l'objet d'une notice intéressante, publiée en
1863 dans le *Bulletin de la Société archéologique de la
Charente* :

Laroche François, né à Ruffec en 1775, s'enrôla comme
volontaire dans le 1er bataillon de la Charente, en 1791.

Le 15 janvier 1792, il était nommé sous-lieutenant au 15e
régiment de cavalerie, puis lieutenant au 16e dragons le 1er avril
1793 ; capitaine au 25e de même arme le 12 février 1794, à l'âge
de 19 ans. Entré avec ce même grade dans la garde impériale,
le 5 septembre 1805, au régiment des grenadiers à cheval, il
fut nommé major au 1er carabiniers le 21 août 1806 et devint
colonel de ce régiment le 14 mai 1807. Il se distingua dans tous
les combats de l'époque et personne ne le dépassa en courage à
l'armée du Rhin.

Nommé baron de l'Empire en 1808 et général de brigade le
18 septembre 1813, il fut chevalier de la Légion d'honneur le
19 décembre 1803, à la création de l'Ordre ; officier le 14 mars
1805 et chevalier de Saint-Louis le 29 juillet 1814.

François Laroche naquit à Ruffec le 5 janvier 1775,
de François et de Madeleine Demondyon.

Son père appartenait à la classe industrielle aisée
et jouissait d'une fortune assez considérable pour le
temps.

Laroche reçut l'éducation la plus étendue qu'on
put acquérir à cette époque dans sa ville natale
et sa bonne mine, ses manières résolues et sa force
corporelle, annoncèrent de bonne heure ses dispositions pour la carrière militaire. Aussi, lorsqu'en 1791,
la France appela aux armes ses enfants, la ville de
Ruffec forma dans le bataillon des volontaires de la
Charente une compagnie de grenadiers qui élut pour
officiers : Armand Pinoteau, capitaine ; Perrein, lieu-

tenant, et Laroche, sous-lieutenant, malgré son jeune âge (il n'avait que 16 ans).

La notice qui lui a été consacrée signale quelques-uns de ses faits d'armes.

A 19 ans, quelques jours après sa promotion au grade de capitaine, envoyé en reconnaissance avec son escadron, il aborde crânement un groupe de quatre escadrons de uhlans autrichiens, les met en fuite et revient au camp avec deux pièces de canon et bon nombre de prisonniers.

Le 2 décembre 1800, après différentes charges aussi brillantes que vigoureuses, il dégage une compagnie de grenadiers enveloppée par un régiment de cavalerie autrichienne.

Blessé à Ratisbonne, à Wagram, à la Moskowa, il n'en fit pas moins la campagne de Russie.

A 33 ans, le colonel de carabiniers Laroche était à son apogée physique et morale. D'une taille de près de deux mètres, doué d'un visage martial et régulièrement beau, instruit et expérimenté en tout ce qui concernait l'arme de la cavalerie, c'était un officier accompli et certainement un des plus beaux et des plus braves de la Grande-Armée.

Dans l'intervalle de ses campagnes, il eut à remplir quelques missions flatteuses pour son amour-propre.

Après l'abdication de Fontainebleau, la Restauration voulut se l'attacher et une ordonnance royale du 29 juillet 1814 l'appela au commandement militaire du département de la Charente.

Lorsque les collèges électoraux furent réunis à l'effet d'élire les représentants de la Chambre de 1815, il fut élu dans l'arrondissement d'Angoulême.

Le 1er avril 1820, signalé comme bonapartiste, il était mis en disponibilité. L'inactivité pesait à cette forte nature et, malgré tous les soins dont il fut entouré par sa femme et sa vieille mère, dont il avait toujours été l'orgueil, il mourut à Ruffec le 23 février 1823, âgé seulement de 48 ans.

Sa mort fit grande sensation dans l'arrondissement et sur sa tombe, le général Pinoteau prononça un discours rappelant les services éclatants et la bravoure de son premier compagnon d'armes. Une souscription publique permit d'élever le tombeau où repose le corps du général Laroche.

Mentionnons en passant que les tombes de ces deux généraux, trop négligées, tombent en ruines et que depuis longtemps on a appelé sur leur état défectueux l'attention de la municipalité, mais sans succès.

Il nous faut maintenant citer, à la suite de ces illustrations ruffeccoises la famille des Maingarnaud, dont on a bien voulu nous communiquer la généalogie.

Les Maingarnaud doivent figurer parmi les meilleurs enfants du pays.

Sur les registres paroissiaux, on trouve pour la première branche :

Maingarnaud Jean, né à Ruffec en 1746, marié le 20 janvier 1769 à Elisabeth Chesne, fille de Léonard et de Marie Duchesne, qui eurent quatre enfants :

1° Maingarnaud Jean, né à Ruffec le 3 mars 1772, décédé colonel du 96e régiment d'infanterie de bataille.

Voici ses actes de service :

Engagé volontaire dans le 4e bataillon de la Charente, le 10 novembre 1792 ;

Sergent le même jour (en raison de son instruction) ;

Sous-lieutenant au 4e bataillon de la Charente, devenu le 10e léger, le 14 novembre 1792 ;

Capitaine d'infanterie, aide de camp du général de division comte Gazan de la Peyrière, le 20 mars 1806 ;

Chef de bataillon, aide de camp du maréchal Lefebvre, duc de Dantzig, le 15 avril 1807 ;

Lieutenant-colonel, aide de camp du maréchal Lefebvre, duc de Dantzig, le 20 septembre 1808 ;

Colonel, aide de camp du duc de Dantzig, le 24 mai 1809 ;

Chevalier de l'Empire, par décret du 15 août 1809 ;

Colonel, commandant le 96ᵉ régiment d'infanterie de bataille, le 16 mars 1810 ;

Tué à la bataille de Conil, devant Cadix, le 5 mars 1811.

Décorations : chevalier de la Légion d'honneur, chevalier de l'ordre militaire de Saint-Henry de Saxe, chevalier de l'ordre de Joseph-Maximilien de Bavière, chevalier de l'ordre militaire de Bade.

Le colonel Jean Maingarnaud avait épousé à Turin, le 11 juillet 1803, Marie-Madeleine Souiris, fille de Jean-Pierre Souiris, ancien sous-délégué de la juridiction royale d'Ajaccio, et de Livie-Marie Escharner. Les Souiris d'Ajaccio étaient intimement liés avec la famille Bonaparte. Ces relations étroites et l'instruction de Jean Maingarnaud qui, au moment où la Révolution éclata, se destinait à l'état ecclésiastique, lui valurent dans l'armée un avancement excessivement rapide. Et sa nomination au grade de général de brigade était décidée lorsqu'il fut tué sur le champ de bataille de Conil. Il n'avait alors que 39 ans.

Sa veuve, demeurée à Ruffec, maria la fille unique qu'elle avait eue de son union avec le colonel Maingarnaud, Marie-Caroline-Livie Maingarnaud, à M. Perrier, alors contrôleur des contributions directes, à Ruffec.

C'est de Ruffec, d'après une lettre du maréchal Lefebvre, que le colonel est parti directement pour rejoindre son régiment en Espagne, où il devait trouver une mort prématurée.

L'empereur, par deux décrets, l'un du 8 septembre 1808 et le second du 15 août 1809, avait constitué au profit de Jean Maingarnaud deux dotations, l'une sur le Mont de Milan et l'autre sur Erfürth.

En raison de son amitié pour sa veuve, il porta (en écrivant le chiffre de sa propre main) le montant de sa pension à 1.200 fr. par an, alors que d'après les réglements elle ne devait être que de 600 fr.

Dans cette première branche, on trouve encore :

2° Maingarnaud Pierre, né à Ruffec le 10 juin 1776 ;

3° Maingarnaud Jean-Jacques, né à Ruffec le 10 décembre 1777, qui fut lieutenant de gendarmerie royale, et dont voici les états de services :

Engagé au 4ᵉ Bataillon de la Charente, le 28 mars 1792 ;

Caporal au 4ᵉ bataillon de la Charente, devenu le 10ᵉ léger, le 5 août 1792 ;

Maréchal-des-logis au 20ᵉ régiment de chasseurs, le 2 août 1795 ;

Gendarme, le 1ᵉʳ mai 1802 ;

Brigadier, le 18 décembre 1807 ;

Maréchal-des-logis, le 23 juin 1809 ;

Sous-lieutenant de gendarmerie, le 23 août 1811 ;

Lieutenant de gendarmerie royale, le 5 octobre 1814 ;

Mis à la retraite le 29 février 1816.

Quinze campagnes, de 1792 à 1812.

Vingt-six blessures.

4° Maingarnaud Marie-Elisabeth.

Dans la seconde branche des enfants de Maingarnaud Pierre, marié à dame Plaignon Denise, figure Pierre, né à Ruffec en 1747, maître charpentier, puis entrepreneur de travaux publics, époux de Marie Berger, décédé le 15 août 1822, lesquels eurent six enfants :

Robert-Victor, auquel nous consacrons plus loin une notice particulière ;

Louise ;

Marie-Julie ;

François ;

Marie ;

Et Jean, né à Ruffec le 21 septembre 1787, qui devint lieutenant des gardes du corps du roi, chevalier de la Légion d'honneur, et dont voici les états de service :

Entré au service en qualité d'artilleur, dans le 5e régiment du corps d'artillerie de marine, à 16 ans ½, le 6 janvier 1804 ;

Fait prisonnier, il demeura jusqu'à la rentrée des Bourbons, sur les pontons anglais ;

Nommé sous-lieutenant des gardes à pied du corps du roi Louis XVIII, le 22 septembre 1819 ;

Nommé lieutenant des gardes à pied du corps du roi Charles X, le 14 juin 1828 ;

Licencié le 19 août 1830.

Chevalier de la Légion d'honneur, le 17 août 1822.

Enfin, dans la troisième branche on trouve :

Maingarnaud Marie-Geneviève, née à Ruffec en 1750, épouse de Poinçon Pierre, attaché aux forges de Taizé, mariée le 13 novembre 1769, décédée le 14 février 1824 ; ils n'eurent qu'une fille, Françoise Poinçon, née à Ruffec le 14 février 1771, mariée à Soussaintjean Charles, né aussi à Ruffec le 12 mai 1777. Dont naquit :

Soussaintjean Auguste, entrepreneur de travaux publics, conseiller municipal, né en 1800, mort à Ruffec le 19 novembre 1861, époux de Rose Grimaux, née aussi à Ruffec en 1800, décédée à Saint-Saviol le 19 octobre 1881.

Ils ne laissèrent qu'une fille, Soussaintjean Élodie, née à Ruffec le 31 août 1831, mariée en 1855, à Ruffec, à Burrus de Dangeran Philippe, né à Strasbourg le 4 août 1828, qui fut chef de gare à Saint-Saviol et mourut à Bordeaux le 17 novembre 1901.

Leur seul enfant, M. Burrus de Dangeran Armand, est aujourd'hui consul honoraire, vice-président de la Société des Beaux-Arts de l'Indre et membre de plu-

sieurs sociétés savantes. Il habite tour à tour Château-
roux et Paris.

On voit que les Maingarnaud sont bien de souche
ruffeccoise ; les familles Le Berger, Pissard, Texier,
Blanchon, Rouchier, sont parmi les descendants.

Pour en revenir à Maingarnaud Robert-Victor, voici
ses états de services :

Entré au service âgé de 15 ans et 8 mois, en qualité de soldat,
dans la 2ᵉ compagnie franche, devenue 6ᵉ de ligne, le 3 mars 1792.
La 2ᵉ compagnie franche de la Charente fut incorporée le 21
mai 1793 dans le 24ᵉ bataillon de la Charente, devenu la 6ᵉ demi-
brigade de l'Ouest le 26 thermidor an III, puis le 6ᵉ de ligne le
27 thermidor an IV.

Sergent le 13 mars 1793,

Sous-lieutenant sur le champ de bataille le 1ᵉʳ germinal an VII.

Confirmé dans ce grade, à la 6ᵉ demi-brigade de ligne, le
1ᵉʳ germinal an VIII.

Prisonnier de guerre à Malte le 5 fructidor an VIII.

Membre de la Légion d'honneur le 14 brumaire an XIII.

Lieutenant, après une action d'éclat, le 15 avril 1806.

Prisonnier de guerre à Monteleone (Calabre) le 6 juillet 1806.

Rendu le 6 septembre 1806.

Passé avec sa compagnie de grenadiers et par ordre de l'empereur, à la garde du roi de Naples, Joseph Bonaparte, le
1ᵉʳ août 1806.

Chevalier de l'ordre royal des Deux-Siciles le 17 mai 1808.

Passé à la garde du roi d'Espagne, Joseph Bonaparte, avec le
même grade, le 1ᵉʳ juillet 1808.

Capitaine des grenadiers de ladite garde le 13 mars 1809.

Major d'infanterie (Espagne) le 1ᵉʳ janvier 1812.

Attaché à l'état-major de S. M. le roi d'Espagne le 29 juin 1812.

Vaguemestre général des armées d'Espagne et des Pyrénées,
aux ordres du maréchal Soult, le 24 juillet 1813.

Rentré au service de la France, avec le grade de major en
second, par décret de l'empereur, le 5 novembre 1813.

Commandant des bataillons des 5ᵉ et 6ᵉ de ligne, par ordre du
prince major général, le 10 novembre 1813.

Major en premier et commandant le 19ᵉ léger le 6 janvier 1814.

Major au 16ᵉ léger le 22 juin 1814.

Officier de la Légion d'honneur le 29 juillet 1814.

Nommé par le roi Louis XVIII major au 12ᵉ léger le 5 septembre 1814.

Chevalier de l'ordre militaire et royal de Saint-Louis le 3 octobre 1814.

Proposé plusieurs fois pour le grade de colonel par le maréchal Macdonald, les généraux de division comte Molitor, Millaud, Amey, Brayer et Swer.

En non-activité, par suite de licenciement, le 25 février 1816.

Nommé lieutenant-colonel de la légion de Saône-et-Loire (70ᵉ régiment d'infanterie), avec rang du 5 novembre 1813, par décision royale du 24 mars 1819.

Admis au traitement de réforme le 17 juillet 1820.

Admis à la retraite par ordonnance royale du 24 mars 1821.

Réintégré sur les contrôles de l'activité le 22 août 1830.

Nommé colonel du 8ᵉ régiment d'infanterie de ligne le même jour.

Voici maintenant les actions d'éclat et blessures de Robert-Victor Maingarnaud, pendant les campagnes auxquelles il prit part sans interruption depuis 1792 (armées du Nord, Vendée, Italie, îles du Levant, Egypte, armée d'observation du Midi, Naples, Calabre, Espagne, Grande-Armée, Hollande, France) :

Le 30 messidor an II (18 juillet 1794), fut blessé de plusieurs coups de sabre à l'affaire de Saint-André (Vendée) en s'emparant, avec 25 hommes, de deux pièces de canon.

Blessé en l'an V d'un coup de feu à la jambe gauche, à la bataille de Saint Georges (armée d'Italie),

Blessé d'un coup de baïonnette au ventre, en montant le premier à l'assaut d'une redoute, lors du débarquement des Français dans l'île de Malte (an VIII).

Le 2 avril 1806, il fut envoyé avec cinquante grenadiers pour empêcher l'ennemi de déboucher du village de Saint-Blaise (en Calabre). Après l'avoir arrêté et repoussé plusieurs fois et avoir perdu une grande partie de ses grenadiers, avoir reçu sept blessures, sa décoration de la Légion d'honneur brisée et enfoncée dans sa poitrine par trois coups de feu, il fut renversé par quatre autres balles, qui lui brisèrent la cuisse droite. Cette action et ces onze blessures lui méritèrent les louanges du général en chef et de toute l'armée.

Le 30 novembre 1813, à Arnheim (Hollande), la division Charpentier, du 11ᵉ corps, ayant été repoussée par les Prussiens, ne dut son salut qu'à la résistance des 5ᵉ et 6ᵉ de ligne, qui arrêtèrent l'ennemi à Helden et jusqu'au pont de Nimègue. Dans cette retraite, le major Maingarnaud eut son cheval tué sous lui d'un éclat d'obus.

Pendant la campagne de France, il commandait le 19ᵉ d'infanterie légère, fort de 1.400 hommes, de la division Molitor, sous les ordres du maréchal Macdonald, commandant le 11ᵉ corps.

Le 3 février 1914, entre Châlons et Vitry-le-François, au village de la Chaussée, le général York avait repoussé notre cavalerie, qui avait été taillée en pièces, et toute l'armée eut éprouvé le même sort si le major Maingarnaud n'avait arrêté avec le 19ᵉ léger, formé en carré, les cavaliers qui chargeaient et repoussaient les corps de cavalerie des généraux Sébastiani et Exelmans. Le même jour, il repoussa encore les attaques du général York et enleva à l'ennemi la position importante du Moulin.

Le 4, à Châlons-sur-Marne, il fut placé par le maréchal Macdonald sur un point, avec ordre de résister le plus longtemps possible, pour permettre à l'armée d'effectuer sa retraite. Avec le 19ᵉ léger, il arrêta toutes les forces et tous les efforts de l'armée prussienne, aux ordres du général York, en lui faisant éprouver des pertes extraordinaires, et cela sans perdre un pouce de terrain, pendant près de vingt heures de combat.

Le 9 février, à la Ferté-sous-Jouarre, chargé sur les hauteurs de défendre l'aile gauche de l'armée, ne se retira, quoique blessé dans la journée à la cuisse droite par une forte contusion, que le dernier, avec le 19ᵉ léger, toujours formé en colonne serrée et faisant son feu de chaussée.

Le 27 février, à Fontête, et dans la nuit du 27 au 28, à la Ferté-sur-Aube, Maingarnand, toujours à la tête du 19ᵉ léger, après plusieurs belles actions et après avoir repoussé toutes les charges de la cavalerie autrichienne, s'empara de la ville, à la baïonnette, en culbutant plusieurs bataillons de grenadiers hongrois dans la rivière. Il fut blessé à ce combat d'un coup de feu au côté droit et le 1ᵉʳ mars suivant son cheval fut tué sous lui d'un coup de canon.

Comme on voit, le colonel Robert Maingarnaud et

deux de ses frères firent toutes les campagnes de la Révolution et de l'Empire. En famille, on les nommait les trois Horaces.

Une autre note dit que le colonel Maingarnaud fut l'aîné de dix-sept enfants, mais dans l'ordre généalogique nous ne trouvons que ceux cités plus haut.

Catherine Maingarnaud, leur sœur, qui mourut à Ruffec en 1859, était l'aïeule de M. Paul Dériveau, grand industriel à Paris, qui a bien voulu nous fournir quelques-unes des notes que nous avons consignées ici.

On trouve, dans les archives de la Grande Chancellerie de la Légion d'honneur, au sujet de la 6e demi-brigade de ligne, de l'armée d'Egypte, bataillon de Malte, le récit suivant :

Lorsque nos troupes débarquèrent dans l'ile de Malte, le commandant reçut l'ordre du général Vaubois d'envoyer un brave et intelligent sous-officier, avec vingt hommes, pour s'emparer de vive force d'une forteresse en forme de tour, qui faisait un feu terrible qu'elle dirigeait sur la barque où était le général Bonaparte et le général Berthier. Le commandant, ne croyant mieux choisir, en donne l'ordre au citoyen Maingarnaud. Ce brave militaire, jaloux du choix qu'on avait fait de lui, s'arme de courage et vole au combat. Après une longue et vigoureuse défense, il parvient au pied du fort; l'ennemi, forcé de se rendre, ouvre une porte haute de vingt pieds et coule une échelle. Personne ne voulant s'exposer, craignant une supercherie de la part de l'ennemi, le citoyen Maingarnaud, sans calculer le danger, redouble de courage voyant que le général en chef était exposé par le feu continuel que faisait l'artillerie du fort, il s'élance le premier et bientôt suivi de sa troupe, entre et s'empare des hommes, de leurs armes et du canon. Il s'expose aussi à leur enlever un drapeau, qui était dans un endroit périlleux, envoye les prisonniers et le drapeau au quartier général à Bercaka.

Suivent les attestations les plus flatteuses de onze officiers du régiment.

Robert Maingarnaud se distingua aussi en Prusse. En effet, le 3 avril 1807, pendant le siège de Dantzig (4e coalition), un détachement de troupes prussiennes, infanterie et cavalerie, débarqué sur l'île de Nehrung, du côté de Pillau, se présenta devant un poste de cavalerie placé par le général Schramm, au petit village de Kahlberg. Ce poste s'étant retiré, suivant ses instructions, le général Schramm fit marcher une petite colonne de cent chevaux et deux compagnies d'infanterie, sous les ordres du capitaine Maingarnaud, pour s'opposer aux progrès de la troupe ennemie ; un bataillon saxon soutenait cette avant-garde. Le capitaine français attaqua les Prussiens, les défit et leur prit deux cents hommes, dont un officier. Le reste du détachement ennemi se sauva en désordre, dans des barques de pêcheurs (¹).

Le contrat de mariage de Robert Maingarnaud et demoiselle Herminie Marquette de la Viéville, fille majeure de défunts François-Guillaume Marquette de la Viéville, chef d'escadron, et Antoinette Cohendet, son épouse, contrat qui fut passé devant Me Pierre-Henry Péan de Saint-Gilles, notaire à Paris, les 28 et 31 mars 1815, porte, outre la signature de l'empereur, celles du général duc de Rovigo, pair de France ; du comte de Luçay, préfet du palais impérial, et de la comtesse de Luçay, dame d'atours de l'impératrice Marie-Louise.

C'est le seul contrat de mariage signé par Napoléon, pendant les Cent-Jours. Il le fit en reconnaissance de ce que Maingarnaud lui avait sauvé la vie, devant Malte, alors que général Bonaparte, il se rendait en Egypte.

____

(¹) *Victoires et conquêtes des Français, de 1792 à 1815*, tome XVII, page 98.

Au nombre des cadeaux offerts par l'empereur, à cette occasion, aux jeunes époux, figuraient notamment deux magnifiques vases de Sèvres, qui sont en possession de l'arrière-petit-neveu du colonel, M. Armand Burrus de Dangeran.

La famille Marquette, dans laquelle était entré, par son mariage avec Mlle Herminie Marquette de la Viéville, le colonel Maingarnaud, est considérée comme l'une des plus vieilles, sinon la plus ancienne de la ville de Laon (Aisne).

Le premier de ce nom qui soit connu, Vermand Marquette, vivait au temps de Louis VII, dit le Jeune, roi de France de 1137 à 1180, et fut un de ceux que ce prince laissa dans la ville d'Arras, pour la maintenir dans son obéissance. Jacques Marquette, son fils, fut intendant de Fernand de Portugal, comte de Flandre, en 1214, etc.

Le R. P. Marquette, de la Compagnie de Jésus, appartient à cette famille. C'est à lui qu'on doit la découverte du Mississipi et sa statue se trouve, à cause de cela, au Panthéon de Washington (Etats-Unis d'Amérique).

Il y a à Laon une rue et une place Marquette.

Une généalogie, que possède notre correspondant, établit que les Marquette descendent de Charlemagne au 28e degré.

Le colonel Maingarnaud Victor-Robert ne fut pas seulement un officier de haute valeur, on lui doit aussi des ouvrages militaires qui furent très appréciés, notamment *Les Campagnes de Napoléon*, deux volumes, dont *Les Fastes de la Légion d'honneur*, ouvrage en cinq volumes, publié à Paris en 1842, disaient :

Un écrivain militaire distingué, M. Victor Maingarnaud, a parfaitement résumé les événements, à partir du retour de

Napoléon Ier dans la capitale jusqu'au moment de son abdication. Nous avons cru devoir adopter ce résumé et le reproduire textuellement ici, parce qu'il comprend le récit exact et complet d'une des périodes les plus intéressantes de la vie de l'empereur.

Maingarnaud publia aussi un *Projet de constitution militaire*, en deux volumes.

Et dans un autre ordre d'idées : *Juliette* ou l'*Amie d'un grand roi* (Paris, 1824), un volume in-8°, puis *Adolphe* ou *Les Victimes de l'hypocrisie et de l'amour*, (Paris, 1825), deux volumes in-12.

De patientes recherches faites aux Archives nationales, à la Bibliothèque nationale, aux Archives des ministères de la guerre et des finances, à la Grande Chancellerie de la Légion d'honneur, ainsi qu'en province, notamment à Lille, ont permis de réunir une documentation suffisante pour pouvoir écrire un petit ouvrage sur les quatre Maingarnaud, qui furent officiers sous le premier Empire, la Restauration et Louis-Philippe.

Le colonel Maingarnaud Victor-Robert fut particulièrement une belle figure et un soldat superbe, à tel point que notre regretté compatriote, Paul Déroulède, le choisit entre mille pour le magnifier dans son *Drapeau*, en disant qu'il représentait véritablement le prototype du soldat de la Grande Armée.

Aussi intelligent que brave, soldat aussi vaillant qu'écrivain compétent, il aurait sûrement conquis les plus hauts grades, s'il n'avait pas eu, malheureusement pour lui, un détestable caractère, car il possédait toutes les qualités qui ont fait les maréchaux de l'Empire. Il était d'une si belle prestance et d'une si haute taille qu'il avait été remarqué, aussi bien par Napoléon que par Murat et Joseph, roi d'Espagne.

On n'a pu trouver de pièce authentique au sujet du titre de baron, qui lui fut officiellement donné de plusieurs sources différentes, notamment dans la lettre notifiant son décès au ministère de la guerre.

On a pu voir longtemps, au cimetière de Ruffec, la tombe de M. le général de division Olivier Rivaud, comte de La Raffinière, né à Civray, mais Charentais d'adoption.

Puis celle de Lériget Antoine, né à Ruffec en 1764, sous-lieutenant en 1779, qui servit en Amérique; lieutenant dans le régiment de Touraine-infanterie; capitaine en 1791 au combat de Fleurus; chef de bataillon en l'an V; eut un cheval tué sous lui à Montebello et reçut un coup de feu à l'épaule droite; passa en Espagne et en Portugal, à la Grande-Armée, et retraité pour cause de santé en 1806.

A ces illustrations locales, il faut ajouter les noms du lieutenant Roy; du général baron Brumauld de Villeneuve, beau-frère du général de Laboissière, ainsi que ceux de personnalités féminines qui, durant toute leur vie, ont fait le bien avec la plus grande discrétion.

Les générations nouvelles ignorent presque tout de ces vaillantes. Au premier rang on peut citer plusieurs supérieures de l'hospice, parmi lesquelles Mme Mimaud-Lafuie, de Ruffec, dont la tombe porte l'inscription suivante :

Ici repose Françoise Mimaud-Lafuie, hospitalière de Sainte-Marthe, décédée le 21 janvier 1846, âgée de 84 ans, employée 68 ans de sa vie au service des pauvres et à la pratique des vertus religieuses.

A noter également la modeste tombe d'une humble

Ruffeccoise dont le zèle inlassable à secourir les infortunes fut consigné sur les registres municipaux.

Elle porte cette simple inscription :

Ci-gît Mlle Aimée Pinassaud, décédée le 24 juillet 1863. — Reconnaissance.

Puis Mme Rosa Bernard, décédée le 11 février 1900, à l'âge de 81 ans, après une existence consacrée à la bienfaisance.

Enfin, au nord du cimetière, se trouve le monument élevé à la mémoire des deux docteurs Coyteux-Duportal, dont le dévouement et la générosité n'ont point été oubliés.

Sur l'un des montants, on lit :

A la mémoire de l'excellent docteur Eugène Coyteux-Duportal, décédé à Ruffec le 28 mars 1873. — Témoignage d'affection de ses concitoyens.

Sur l'autre, à droite :

Les habitants de Ruffec au dévoué docteur Albert Coyteux-Duportal, décédé à Ruffec le 28 mai 1896. — Souvenir de reconnaissance et d'affectueuse sympathie.

Ont droit aussi à un mot de souvenir :

Le colonel d'artillerie Brumauld de Villeneuve, décédé à Ruffec le 26 novembre 1833.

Carmignac-Descombes Alfred, né à Ruffec le 3 septembre 1828, tué comme lieutenant au siège de Sébastopol, en 1856 ;

Le capitaine Demondion, né à Ruffec le 14 mai 1835, ancien élève de Saint-Cyr, tué à Paris le 23 mai 1871, sur une barricade de la Commune. Son corps fut ramené à Poitiers, où habitait sa mère.

Les Ruffeccois d'antan se trouvent groupés dans le cimetière, à l'ombre des grands arbres, au sud ; ce sont les Geoffroy, de Villognon, Mimaud, Frère,

Pinoteau, de La Boissière, Mimaud-Grandchamps, Mimaud-Lafuie, de Mallevault, Arnaud, de Taffin, Brolly, Quillard, Thorel, et bien d'autres, dont le souvenir s'affaiblit chaque jour.

D'après les registres paroissiaux, furent inhumés à Ruffec :

12 octobre 1777 : Jean Desmiers de Chenon, écuyer, colonel d'infanterie, âgé de 66 ans ;

24 juillet 1792 : Louis-Aimé-Charles de Bon, chevalier de Saint-Louis, ancien ministre plénipotentiaire de la cour de France près le gouvernement des Pays-Bas, décédé à 71 ans.

Depuis, la guerre franco-allemande a conduit au cimetière de Ruffec quatre militaires étrangers à notre région, décédés à l'hospice, auxquels la population et les autorités ont fait des funérailles solennelles et qui reposent ensemble, dans un carré spécialement aménagé et entretenu.

Voici leurs noms :

Pinot Henri, soldat au 57ᵉ d'infanterie, né à Saint-Denis-de-Piles (Gironde), le 17 mai 1880, décédé le 27 octobre 1914.

Bourdebaigt Joseph, soldat au 18ᵉ d'infanterie, né à Salies-de-Béarn (Basses-Pyrénées), le 2 avril 1890, décédé le 9 novembre 1914.

Duval Fernand-Auguste, soldat au 2ᵉ bataillon de chasseurs à pied, né à Magny-le-Hongre (Seine-et-Marne), le 9 mai 1885, décédé le 23 novembre 1914.

Bouden Georges, soldat au 43ᵉ d'infanterie, né à Lille (Nord), le 26 mai 1893, décédé le 2 mars 1915.

Sous le calvaire du cimetière existe un caveau réservé aux prêtres de la paroisse.

Enfin, clôturons cette revue funèbre en mentionnant qu'au cimetière du Père-Lachaise, à Paris, sur la tombe de M. Philippe-Athénaïs Léchelle, ancien pharmacien, on lit l'inscription suivante : « La ville de Ruffec à son bienfaiteur. »

****

Le 11 novembre 1923 a été inauguré à Ruffec le monument destiné à perpétuer le souvenir des cent neuf enfants de la commune tombés pour la défense de la Patrie.

Ce mausolée, adossé au mur de soutènement du cimetière, à droite de la porte d'entrée, représente, à gauche, une paysanne charentaise tenant par la main une fillette qui dépose une couronne sur la tombe des martyrs; à droite, deux femmes symbolisant la douleur.

La cérémonie, à laquelle avaient été invités les parlementaires du département, fut présidée par M. le préfet de la Charente.

Après la bénédiction du monument par M. Monnereau, curé de Ruffec, M. Raison, président de l'association des anciens combattants, fait l'appel des noms gravés à gauche et à droite du bas-relief. En voici la liste :

1. AUDIN Gabriel.	12. BAUDOUIN Henri.
2. ANCELIN Edouard.	13. BÉLY Charles.
3. AUPETIT Emile.	14. BÉLY Louis.
4. AUPETIT Fernand.	15. BÉLY Raoul.
5. BARA Jules.	16. Billard Edgard.
6. BARADUC Louis.	17. BONNEAUD Frédéric.
7. BARDEAU Jean.	18. BONNIN François.
8. BARDON Alphonse.	19. BORDAS André.
9. BARDON Auguste.	20. BOUCARDEAU Louis.
10. BAUDELET Arsène.	21. BOULOT Alfred.
11. BAUDELET Artidor.	22. BOUYER Edmond.

23. BRUN Jean.
24. BRUNET Pierre.
25. CAPITAINE Philippe.
26. CAUTE Marcel.
27. CARTRAUD Emile.
28. CARTRAUD Germain.
29. CARTRON Théodore.
30. CHARDAC Joseph.
31. CHARPENTIER Maurice.
32. CHASSONNAUD Gabriel.
33. COLAS André.
34. COMBAUD Emile.
35. COYTEUX Gabriel.
36. DAIGRE Louis.
37. DEBENAY-LAFOND René.
38. DECHAMBE Gustave.
39. DELAGE Sylvain.
40. DEMAY Eugène.
41. DENIVELLE Marcellin.
42. DEPEYROUX Louis.
43. DEVERGNE André.
44. FAVRE Pierre.
45. FAYS Valentin.
46. FERRAND Georges.
47. FERRAND Robert.
48. FRAGNAUD Camille.
49. FRIQUET Edmond.
50. GABARD Emile.
51. GARÉTIER Gaston.
52. GAURY Fernand.
53. GAUVIN Auguste.
54. GEOFFROY Léon.
55. GERVAIS Emile.
56. GIRAUD Gaston.
57. GIRAUD Henri.
58. GRELON Alexis.
59. GUILLAUD Jean.
60. GUINAUD Maurice.
61. ISRAEL Baptiste.
62. JARRAUD Marcel.
63. JARRAUX Jean.
64. LASNIER Henri.
65. LAVAUD Ulysse.
66. LESCORAT Charles.
67. LÉVESQUE Aristide.
68. MAGNARD Raoul.
69. MARBŒUF Edouard.
70. MARBŒUF Ernest.
71. MAUFRAS Elie.
72. MAULDE Maurice.
73. MERSIER Louis.
74. MICHELET Edgard.
75. MICHELET Gaston.
76. MIGAUD Pierre.
77. MIGAUD Gaston.
78. MIMAUD Georges.
79. MONTOU Marcel.
80. NOUHAUD Martial.
81. OLIVIER Eugène.
82. PAPILLEAUD Pierre.
83. PELOQUIN Lucien.
84. PARICAUD Georges.
85. PELLEVOISIN Léonce.
86. PENIGAUD René.
87. PERROT Félix.
88. PÉTER Maxime.
89. PICHOT Marcel.
90. PORTEJOIE Pierre.
91. PRESSAT Henri.
92. RAFFOUX Ferdinand.
93. RAFFOUX Léon.
94. RAT Fernand.
95. RIVAUD Victor.
96. ROGEON Gaston.
97. ROLLAND Norbert.
98. ROLLAND Paul.
99. ROUFFAUD Albert.
100. ROUFFAUD Edgard.
101. SAUNION Alcide.
102. SIRMAQUE Henri.

103. Soussaintjean Gaston.
104. Sureau Jules.
105. Vallade François.
106. Videau Henri.

107. Vincent Maximin.
108. Vrillac Emile.
109. Vrillac Eugène.

Des discours furent ensuite prononcés par MM. Fays, maire; Delannois, président de la section des vétérans des armées de terre et de mer; Serryn, vice-président de l'association des anciens combattants; Poitou-Duplessy et Raynaud, députés, et enfin par M. le préfet.

Cette inauguration, longtemps attendue par la population, a été l'objet d'une imposante manifestation dont la ville de Ruffec gardera un pieux souvenir.

**

Parmi les pièces ayant trait à l'histoire de Ruffec qui nous ont été communiquées, doit figurer un extrait des *Mémoires de la Société de statistique, sciences et arts du département des Deux-Sèvres*, tiré du procès-verbal de délivrance à Jehan Chandos, commissaire du roy d'Angleterre, des places françaises, abandonnées par le traité de Brétigny, publié d'après le manuscrit inédit du Musée Britannique :

L'an mil troys centz soyxante et un, et

Le xxve jour du moys d'octobre, Monseigneur Jehan Chandos, Lieutenant du Roy d'Engleterre, se parti de la cité d'Engolesme, en venant pour la delivrance deu lieu de Verteuil, que tenait Peyran du Sault et vint a cocher à Rofflec ; en sa compagnie : le captal de Buch, Monseigneur Loys de Harecort, vicomte de Chastelerault, le vicomte de la Rochefocaut, Messire Guicard d'Angle et plusieurs aultres chevaliers et escuiers.

Et ilec, vint au dit Monseigneur le lieutenant, à son mandement, Bernard du Sault, frere du dit Peyran ; si le fist detenir en prison, ou chastel de Rofflec, pour ce que son dit frere et li ne voloyent oubeir au dit Monseigneur le lieutenant, sur la delivrance du dit lieu.

Et atendi ilec le dit Monseigneur le lieutenant, le xxviie et xxviiie jours, pour la dite delivrance.

Et le xxviii^e jour du dit moys, Monseigneur le lieutenant, en la compagnie dessus dite, ala au chastel de Verteuil et ilec fist mesner le dit Bernard devant le dit chastel ; et illec le comanda, de par le Roy d'Engleterre, notre sire, si quant qu'il se pouvoit mensfere envers lui, qu'il fist delivrer le dit chastel et qu'il le deist à son frere, qui estoit dedans, ou le li monstrast par ascuns signes coument il le fist fere vider ; et ilec feurent en atendant le dit Peyran, aces longuement.

Et a la parfin, quand le dit Peyran vit le dit Bernard son frere en peril, ouquel le dit Monseigneur le lieutenant le avoit mis de perdre la teste, si vint en obedience vers le dit Monseigneur le lieutenant, et promist a li qu'il rendroit et delivreroit le dit chastel.

Et eh poy d'eure empres, le dit Peyran apporta les clieff du dit chastel et les bailla au dit Monseigneur le lieutenant, liquieux les prist et les bailla, ouvec le garde du dit chastel, au captal de Buch, jusques a tant que aultrement en feust ourdenne.

Et en signe de ses choses, laissa au dit lieu maistre Pierre Pigache, qui demoura la nuit au dit chastel, en grant paour.

Et lendomaing fust baille et delivre le dit chastel aus enfans du seigneur d'ice luy et le dit Peyran mis hors d'iceluy.

Si fait a remembrer que, en atendant la delivrance du dit lieu, a Roffiet, le dit Monseigneur le lieutenant receut plusieurs sermentz d'obeyssance des personnes dout les noms en suient :

Messire Guy Charbonnel, chevalier ;

Guiot du Herbergement :

Messire Gurraud de Laye, arceprestre d'Amberac ;

Messire Aymeri Vegier ;

Jehan de Monterambert ;

Guilleaume de Martrueil ;

Jehan du Breuil ;

Jehan Gay ;

Raymond le Gaut ;

Messire Guy de la Roche ;

Aymeri de la Roche ;

Pierre le Rechinevoysin.

Et receut plusieurs serementz de foyaute qui sont au livre des ditz serementz.

Et celuy jour, le dit Monseigneur le lieutenant se parti du dit lieu de Roffiet et vint a coucher a Melle, ou l'on compte VII lieues.

Voici maintenant, toujours sur le même sujet, un extrait des *Chroniques de Froissart* (Livre 1er, Chapitre CXLIe) :

En cette année 1361 passa messire Jehan Chandos, comme régent et lieutenant de par le roi d'Angleterre ; et vint prendre la possession de toutes les terres dictes, et les fois et les hommages des comtes, des vicomtes, des barons et des chevaliers, des villes et des forteresses ; et mit et institua partout sénéchaux, baillifs et officiers à son ordonnance et vint demeurer à Niort.

IX

RUFFEC MODERNE

Les documents officiels manquent depuis la fin de l'époque révolutionnaire jusqu'à 1811.

Il semble qu'en dehors des événements historiques de cette période, si glorieuse pour la France, et aussi très dure par les sacrifices de toute nature qu'elle eut à supporter, la vie des petites cités ait été comme paralysée. Mais cela ne pouvait durer et les grandes transformations apportées à Ruffec eurent lieu au cours du XIXᵉ siècle.

Avant tout, faut-il accepter que la ville prit comme armoiries ou plutôt conserva celles de la famille de Voluyre ?

Ce n'est peut-être pas facile à établir d'une façon indiscutable, mais enfin nous allons enregistrer les données recueillies à ce sujet.

L'origine des armoiries vient d'Orient, mais en

France elle ne date guère que des Croisades (expéditions en Terre Sainte aux xie et xiiie siècles entreprises par l'Europe chrétienne contre les Musulmans) au cours desquelles s'établit l'usage, pour les guerriers, de faire représenter sur leurs boucliers des figures symboliques ou ornementales de toutes sortes destinées à les faire distinguer dans les mêlées, combats ou tournois ; mais le caractère de ces ornementations, qui ne suivait pas de règles bien déterminées, ne devint la science du blason qu'un peu plus tard ; elle eut ses règles, qu'on apprenait aux enfants, et qui, bien négligées aujourd'hui, sauf par quelques érudits, permettent d'entrevoir un peu du passé.

On a vu que Jean de Voluyre fut seigneur de Ruffec de 1460 à 1470, et que cette terre resta dans sa famille jusqu'à la vente qui en fut faite en 1672 à Claude de Rouvroy, duc de Saint-Simon. Dès cette première époque les armoiries non seulement existaient, mais on peut croire qu'elles n'étaient pas les premières, car on a signalé, dès 1356, « un blason portant d'or à la fasce fuselée de gueules » pour les branches issues de l'alliance des Voluyre.

Plus tard, un écrivain charentais a prétendu que les armes des Voluyre portaient : « Burelé d'or et de gueules de dix pièces en les brisant d'un chef. » C'est le seul qui ait donné ce dernier détail, lequel serait de nature à accuser l'ancienneté des armoiries par la constatation d'une pièce honorable.

Dans l'*Armorial de Limoges*, sous le n° 207, folio 432, les armoiries de Ruffec sont ainsi désignées : « Porte de vair à un chef composé d'argent de sable. »

En présence de ces données contradictoires, le mieux nous a paru de demander l'appréciation d'un homme compétent, M. Paul Beauchet-Filleau, de Chef-Boutonne, qui continue à justifier la réputation scientifique depuis si longtemps méritée par son père.

Il nous a écrit :

Je ne possède pas l'*Armorial de Limoges*, mais je pense qu'il s'agit dans l'espèce de l'*Armorial de France*, qui fut dressé en vertu de l'édit de 1696 par Charles d'Hozier. Or, il y a lieu de remarquer que cet immense travail n'a pas été rédigé par lui, et qu'il n'a, en définitive, fait qu'enregistrer les renseignements qui lui étaient envoyés par les commis qui en avaient été chargés dans les différentes provinces du royaume. Il ne faut donc pas s'étonner si un très grand nombre de blasons de famille et de ville ne sont pas exacts.

En effet, d'après cet édit, qui n'était à proprement parler qu'une mesure fiscale, chaque famille portant des armoiries était tenue de les faire enregistrer et devait verser une somme de 20 livres. Or, soit négligence, soit pour éviter cet impôt, beaucoup des intéressés ne se présentèrent pas devant les commis de d'Hozier. Ces derniers, si les blasons de ces familles leur étaient connus, les inscrivaient à la suite de leurs noms; dans le cas contraire ils leur en imposaient un d'office, ce qui fait que *ce répertoire officiel* contient un très grand nombre d'armoiries de fantaisie que les familles n'ont jamais voulu admettre. Sans compter que beaucoup de bourgeois et un grand nombre de petits négociants furent également portés sur cet armorial avec des blasons bien souvent grotesques, mais qui, par cela même, obligeaient ces derniers à payer l'impôt. Ce qui s'est passé pour les personnes s'est produit également pour les villes et je crois que dans la circonstance c'est ce qui a eu lieu pour les armoiries de la ville de Ruffec.

D'après des documents certains (voir entre autre le travail du vicomte H. de la Messelière sur sa famille), les anciens seignenrs de Ruffec portaient pour blason : « Burelé d'or et de gueules de 10 pièces. » C'est donc, à mon avis, les armoiries qui auraient dû être données à la ville de Ruffec. Du reste, la famille de Voluyre ou Volvire, qui hérita de cette terre par suite du mariage d'Hervé de Voluyre avec Aliénore, fille et héritière d'Yrvoix de Ruffec, changea ses armoiries qui étaient « d'or à la fascé de gueules fuselée de 5 pièces » et adopta celle des seigneurs de Ruffec, c'est-à-dire le burelé d'or et de gueules de 10 pièces.

De plus, le dessin du blason que vous m'avez envoyé en communication est fautif. En effet, cet émail ou fourrure se compose d'azur et d'argent au moyen de petites cloches opposées les unes aux autres et alternativement renversées et debout, le champ d'azur. Les pièces de vair sont disposées sur quatre rangs dont le 1ᵉʳ et le 3ᵉ comprennent quatre cloches d'azur et trois d'argent, le 2ᵉ et le 4ᵉ trois cloches d'azur et deux demies et quatre cloches d'argent. Sur votre dessin, il y a six rangs au lieu de quatre et le nombre de cloches est plus considérable, puisque sur les 1ᵉʳ, 3ᵉ et le 5ᵉ rangs il y a six cloches d'argent, et sur les 2ᵉ, 4ᵉ et 6ᵉ il y a six cloches d'azur. Or, ce dessin est ce qu'on appelle en blason : le *menu-vair*.

Il s'ensuit donc que les armoiries données à la ville de Ruffec, que ce soit le *vair* ou le *menu-vair* ne lui vient pas des anciens seigneurs de cette ville. C'est bien une couronne murale qui a été placée au-dessus de ces armoiries et le chef qui a été placé au-dessus du menu-vair est bien campané d'argent et de sable. D'après M. de la Messelière, les Voluyre n'ont pas brisé d'un chef le burelé d'or et de gueules de 10 pièces de leur blason.

Un autre savant, M. Boisserie de Masmontet, fait remarquer que le blason, tel qu'il est représenté sur une des épreuves, porte de fausses couleurs, car les hachures, pour indiquer l'azur ou bleu devraient être horizontales et non croisées.

D'autre part, les petites cloches qui représentent des pelures de petits-gris (variété russe et sibérienne de l'écureuil commun et que la science du blason emploie sous le nom de *vair*) sont beaucoup trop nombreuses.

N'insistons pas.

Pour en revenir à l'historique des armoiries, vint un moment où tous ceux qui portaient les armes eurent leur blason, depuis le modeste chevalier jusqu'au prince, en passant par les différents titres de noblesse : baron, comte, marquis, duc, etc. Plus tard, les villes eurent aussi leurs armoiries, dont il ne fut pas toujours facile d'expliquer le sens.

A la Révolution, les titres de noblesse furent supprimés ; Napoléon Ier les rétablit ; enfin la Restauration, non seulement reconstitua l'ancienne noblesse, mais créa de nouveaux barons.

Sans doute, à ces diverses époques, les dessins trouvés de ces armoiries furent remaniés, appropriés aux besoins décoratifs, car en Charente le fait est établi par un dessin qui complète l'écusson en le surmontant d'une couronne murale du plus gracieux effet représentant des tours du Moyen-Age et par deux branches de chêne et de laurier qui complètent gracieusement notre écusson municipal.

De nombreuses créations ou améliorations furent faites à Ruffec au cours du XIXe siècle.

Mentionnons-les par ordre de dates, ainsi que les faits principaux. Une incursion dans le passé est toujours intéressante. Les moindres détails, consignés dans un journal local, qui semblent sans valeur au moment où ils sont fixés, sont recherchés et lus avec intérêt lorsque le temps leur a donné un peu de son empreinte sévère.

Telle question qui paraît nouvelle aux jeunes d'aujourd'hui est revenue bien des fois sur le tapis et par ses conclusions mêmes, qui semblaient le rêve des améliorations à réaliser, a prouvé que la solution en était toujours difficile.

C'est ainsi que dans notre histoire locale on peut noter l'aménagement du puits de la place d'Armes, l'organisation des sapeurs-pompiers et des pompes à incendie, la création d'une société de panification, etc.

Le premier registre des délibérations du conseil municipal de Ruffec part du 27 août 1811. Il est signé de la plupart des noms figurant à la suite des procès-verbaux de la Société montagnarde, de 1793 à 1794.

D'après le budget de 1812, le total des revenus de la commune s'élevait à 7.299 fr. avec 5.129 fr. 48 c. de dettes arriérées, parmi lesquelles figurait une somme de 600 fr. pour une fête prescrite à l'occasion du baptême du roi de Rome et la dot imposée par arrêté prefectoral du 12 octobre 1811 au profit de demoiselle Marie-Elisabeth Mercier à l'occasion de son mariage avec Jean-Baptiste Vincent, militaire retraité, ancien soldat au premier bataillon principal d'artillerie de la Garde impériale.

Notons en passant qu'à cette époque les prix de la viande de boucherie s'établissaient ainsi : Bœuf et mouton, 70 c. le kilo; vache et brebis, 45 c.; veau, 60 et 80 c.

En novembre 1811, Ruffec possédait un collège dont le principal fut M. Pinaud, et en 1814, M. Grandjean.

Dans un arrêté municipal de 17 avril 1812, à l'occasion du curage de la *Péruse*, il est encore question des murs d'enceinte de la ville et d'un ancien moulin à Talujeau.

Le premier travail important fut, en 1808, au moment des guerres d'Espagne, la tranchée ouverte pour abaisser le terrain de la route nationale, dont les jardins qui subsistent encore sur son parcours indiquent l'ancien niveau, de même que plusieurs maisons qu'il fallut pourvoir d'escaliers pour en permettre l'accès.

Mêmes constatations ont survécu longtemps et subsistent même encore sur quelques points dans les rues de Valence et de l'Hôpital, que l'on dût creuser pour leur raccord avec la route nationale. Les déblais provenant de ces travaux servirent à combler une partie de la vallée du Puits-Dorin et à relever le sol du quartier où aboutissaient la rue de Verteuil (aujourd'hui de la République) et la route de Jarnac.

Plus loin, vers l'avenue actuelle du champ de foire

aux bœufs, près l'ancienne porte de Valence, durent être faits aussi d'assez importants travaux de nivellement, car on voit encore, près de l'immeuble où sont établis les bureaux de la Banque de France, le cadre d'une ancienne ouverture, ainsi qu'une fenêtre avec dessus sculpté, dont une bonne photographie pourrait seule révéler les détails. Tout fait présumer que cette habitation faisait partie de l'ancienne demeure des sieurs de Lordaget, dont il a été souvent question dans les registres paroissiaux.

En 1819, la municipalité eut à se prononcer sur une demande de Mme la marquise de Marcieu, qui réclamait comme lui appartenant, en qualité d'héritière des de Broglie : 1° la petite place triangulaire longeant la route de Paris à Bordeaux, à droite, limitée de l'autre côté par la route de Jarnac ; 2° la place située devant l'église ; 3° le réservoir se trouvant à la suite de cette place. — Les trois demandes furent rejetées.

Dès l'année 1812, la préoccupation dominante fut d'édifier des halles solides pour remplacer les vieilles constructions en bois qui depuis plus de trois siècles « ornaient » la place du Grand Canton et qui étaient devenues un danger permanent d'autant plus grand, qu'elles servaient d'abri à la plupart des commerçants.

Bouchers, bijoutiers, marchands d'étoffes et autres y avaient leurs installations particulières, sur des emplacements affermés au seigneur, qui avait supporté les frais de la construction, et en tirait profit. On peut juger du chemin parcouru par le commerce local quand on voit les splendides magasins qui de nos jours entourent la place d'Armes ! Il paraît même que les halles du Grand Canton, à toitures basses, couvertes en tuiles, servaient de réceptacle à quantité d'immondices de toutes sortes, provenant des tueries de petits animaux : agneaux, chevreaux, lapins, etc., et que l'eau, pénible à puiser au puits de la place, était trop rare pour permettre un lavage fréquent. Aussi, les registres municipaux témoignent-ils de plaintes répétées au sujet des conditions déplorables dans lesquelles étaient faites les installations, et des mauvaises odeurs qui infestaient la plupart du temps tout le quartier.

Dans un acte d'avril 1693, il est parlé d'un Daniel Genatin, marchand, au sujet de sa maison, située au Grand Canton, joignant la halle du Minage, la rue où l'on va de la rue de Verteuil à la rue des Petits-Bancs, entre deux du côté du midy à la ruelle de Raimbiot, du côté du nord et vers l'orient à la maison et grange de feu André Dumagnou, après à Jean Lavouint, sieur de la Boissière.

Après la Révolution, un arrêté préfectoral, portant la date du 31 janvier 1812, se basant sur ce que la loi, en prononçant au profit du gouvernement la confiscation des biens des émigrés Broglie, abandonnait au profit de la commune de Ruffec le montant des redevances en argent, sous le titre de rentes nobles, directes, seigneuriales, et payables par les fermiers, à la charge par eux de contribuer aux réparations. Le conseil émit l'avis qu'il y aurait avantage pour ces derniers à payer à la commune les redevances qu'ils payaient au seigneur.

Mais la reconstruction des halles était une très grosse affaire, en raison de la situation budgétaire, bien que le produit de l'octroi se soit élevé, en 1812, à 11,436 fr. 40 c., et on devait parler longtemps du projet avant de voir sa réalisation.

Dans une délibération du 18 août 1812, il est dit que

la municipalité s'occupa beaucoup de la question ; tous les inconvénients résultant de cette antique installation furent passés en revue, notamment ceux résultant des tueries d'animaux, mais le conseil décida de la maintenir et vota la somme de 604 fr. pour y faire quelques réparations urgentes.

Une demande de la commune de Sommières, en date du 14 avril 1824, relative au rétablissement des marchés aux grains dans la région, fut rejetée pour les motifs suivants : « Il y a plus de 60 ans que par ordonnance du roi, Ruffec est devenu un entrepôt considérable placé avantageusement pour l'échange des grains de Poitou contre les vins d'Angoumois ; que les arrondissements d'Angoulême, de Cognac, de Barbezieux, les cantons d'Aigre et de Mansle viennent y chercher les grains qu'y apportent les arrondissements de Melle, de Poitiers et de Civray, et que cette habitude de plus d'un demi-siècle y a formé des relations de commerce qui ne pourraient être remplacées sans blesser beaucoup d'intérêts. »

Plus que jamais, la construction de halles nouvelles devenait une nécessité urgente.

On comptait bien que cela n'irait pas vite, car par délibération du 19 février 1815, la municipalité afferme pour neuf années, à partir du 1er janvier, moyennant 60 fr. par an, l'appartement situé sous la grosse horloge, au premier étage, ayant vue sur la place d'Armes.

Le 3 mai 1818, le conseil vote 748 fr. 40 c. pour l'entretien des quatre halles et de la couverture de la flèche de la grosse horloge, travaux reconnus des plus urgents.

A la date du 10 mai 1821, l'entretien de l'horloge, jusqu'ici assuré par un serrurier, ce qui ne donnait pas toute satisfaction, est confié à un horloger, moyennant rémunération annuelle de 80 fr. Notons qu'en septembre 1814 le conseil municipal avait repoussé une demande de Mme la marquise de Marcieu, qui réclamait cette horloge comme ayant appartenu à son père, ancien seigneur de Ruffec.

Jusqu'au mois d'août 1832 il n'est plus question de la reconstruction des halles, lorsque le 3 de ce mois on revient sur le projet, notamment au sujet de la boucherie, qu'on voudrait transporter dans un quartier où elle serait moins en évidence et surtout moins insalubre que sur le point le plus peuplé et le plus fréquenté. Une commission est nommée; elle devra faire son rapport pour la session de novembre.

Ce travail constatera l'urgence de ces constructions sous les différents rapports de salubrité, de propreté, d'embellissement et même des avantages futurs qui pourront en résulter pour la commune. Il sera accompagné d'un plan qui comprendra, au centre des halles, un hôtel de ville avec tous appartements utiles : chambres, salles, bureaux, servitudes. A ce plan sera joint un devis estimatif des dépenses, ainsi que les moyens les plus propres à en assurer le paiement.

Le 8 novembre 1832, il est donné lecture du rapport de la commission. Ce document constate irrécusablement que la disposition irrégulière et sombre des halles existantes est une des causes de l'excessive malpropreté dont se plaignent avec raison les habitants du centre de la ville. Les émanations de la boucherie, celles des ordures qui y sont journellement déposées, ainsi que sous les autres halles, ont nécessité, dans le courant de l'été dernier, des aspersions fréquentes et dispendieuses de chlorure de chaux, aux frais de la commune, par mesure de salubrité publique.

D'autre part, la construction mesquine et bizarre, le délabrement de ces halles ne sont pas une des moindres raisons qui militent en faveur du projet. Il faut, en effet, ajoutait le rapport, une habitude de tous les jours, il ne faut jamais être sorti de Ruffec pour n'être pas frappé de dégoût à la fois et de pitié en voyant la ridicule structure de l'espèce de clocher de bois en forme d'éteignoir qui surmonte l'une de ces halles. Il n'est pas d'étranger, il n'est pas d'habitant de Ruffec pour qui le mauvais goût de cet amas informe de masures ne soit un juste sujet de risée. Mais ce serait peu que la ridicule pitié qu'elle inspirerait, si leur délabrement n'occasionnait pas tous les ans des dépenses de réparations en pure perte, et surtout si leur chute menaçante ne donnait à craindre sans cesse des accidents comme celui qu'a pensé causer récemment encore la chute d'une partie de l'une des halles.

Puis le rapport donne un détail explicatif du plan présenté par le maire, avec un hôtel de ville de trente pieds de façade qui s'élèverait au centre des nouvelles halles. Le devis total s'élève à 40.000 fr. en utilisant les matériaux provenant de la construction à supprimer, évalués à 2.400 fr.

Le projet fut adopté et l'assemblée, composée des conseillers municipaux et des plus imposés, vota vingt centimes additionnels pendant plusieurs années pour réunir 24.000 fr., en décidant qu'il serait demandé une subvention de 12.000 fr. au Gouvernement et une de 4.000 fr. au département.

A la date du 6 avril 1833, le ministre, sollicité en vue d'obtenir une subvention pour la reconstruction des halles, n'ayant pas donné d'avis favorable et conseillant certaines économies sur le projet primitif, on examine un nouveau projet et on décide de renoncer à la subvention, les travaux devant être payés par le produit de l'imposition de vingt centimes par franc pendant douze ans. Le maire de l'époque était M. Bartholomé, et le 1er adjoint, M. Aug. Demondion.

A la session de mai 1835, le conseil municipal et les plus imposés de la commune votent dix centimes par franc sur toutes les contributions pendant six années pour subvenir aux frais de construction des halles et d'un hôtel de ville. A ce moment, la dette de la commune s'élevait à 25.000 fr.

En octobre de la même année fut proposé un nouveau plan, adopté le 3 décembre suivant, avec réserve, au sujet de la façade de l'hôtel de ville, et au mois de février 1836, le conseil décidait la démolition de la partie des halles menaçant ruine et la descente de l'horloge.

Des modifications au projet furent votées le 9 avril suivant, mais en raison du mauvais vouloir de certains marchands, le conseil décida l'expropriation de bancs qu'ils possédaient sous les halles, et le 16 juin, 200 fr. furent votés pour les frais de démolition et de réparation à l'horloge, transportée provisoirement dans une maison particulière, ainsi qu'une indemnité de 250 fr. au fermier des halles.

En même temps est décidée la reconstruction de la petite halle aux noix, dont la dépense est évaluée à 298 fr. 60 en utilisant les matériaux provenant des halles de la place d'Armes.

Le 23 janvier 1837 la municipalité réclame avec insistance de M. Abadie, architecte, le dépôt des plans et devis, et se fait l'interprète de la population pour obtenir le commencement des travaux. Le 13 février, ces plans sont déposés et acceptés. Ils comportent une dépense totale de 48.000 fr. et seront prochainement mis en adjudication en trois lots. On commencera par les Halles ; le moëllon sera pris sur place ou sur le champ de foire. Un emprunt de 28.000 fr., avec intérêt à 5 %, est conclu avec dame Clerville.

Enfin en mars 1837 les travaux commencent, après que le sieur Guillaumeau, charpentier, fut autorisé à établir sur la place d'Armes une construction pour abriter les marchands drapiers et bijoutiers.

A la session de mai 1837, le maire propose d'emprunter 12.000 fr. à l'hospice pour activer les travaux des halles ; deux conseillers sont chargés de la surveillance de ces travaux.

Le dimanche 30 juillet, à l'occasion de la fête des Journées de juillet, il est déposé, sous la première pierre de l'hôtel de ville en construction, en présence de la municipalité, une plaque indicative de cette cérémonie, ainsi que des pièces de monnaie à l'effigie de S. M. Louis - Philippe, plus une plaque en plomb contenant les noms des vingt-cinq conseillers municipaux.

Voici le discours prononcé par le maire :

Messieurs,

En rattachant au jour même du triomphe des lois sur le despotisme, la pose de la première pierre de la mairie de cette ville, l'administration municipale ne pouvait plus dignement célébrer le septième anniversaire de cette fête nationale.

Dans ce modeste et simple édifice, rien de beau, rien de majestueux sans doute, mais à la vue des fondations effleurant à peine le sol de cette construction naissante, qui de nous pourrait nier l'existence d'un mouvement de progrès sensible dans nos murs ? Qui de nous méconnaîtrait que le régime constitutionnel s'étend à tout le pays et porte la vie et la civilisation au loin même des plus petites localités ?

En terminant, le maire regrette que la garde nationale

et la subdivision des sapeurs-pompiers n'aient pas été présentes à cette solennité.

Après quoi, chacun des conseillers municipaux, au bruit de salves d'artillerie, est venu donner un coup de marteau sur la pierre posée.

Un nouvel emprunt de 16.000 fr. est voté le 22 novembre 1837 pour payer les dépenses des travaux des halles et de la mairie, qui ne furent point inaugurées solennellement, n'étant pas complètement terminées, car dans le courant du mois de mai 1838, il fut question du transfert provisoire de la halle aux marchands sur une partie de l'ancien cimetière de l'hospice, en face du champ de foire; 150 fr. furent votés pour la construction à faire, mais le projet fut abandonné. En août 1838, on décide que la toiture de la mairie sera faite en ardoises, puis que le beffroi sera mis en chantier de suite et qu'il dépassera le faîtage de toute la hauteur de l'impériale, « afin que le son des cloches de l'horloge puisse être entendu de plus loin. »

On doit presser l'exécution des travaux des halles en vue de la prochaine foire de la Saint-Simon. L'entrepreneur, nommé Charadé, accepte d'augmenter le nombre des tailleurs de pierres et maçons, et prévoyant une occupation prochaine, on décide de donner congé au propriétaire de la maison servant d'hôtel de ville.

Certains conseillers se montrent partisans d'enlever les arbres de la place d'Armes, comme masquant l'hôtel de ville.

D'autre part, on s'aperçoit que le nombre des solives destinées à supporter les plafonds du premier étage est insuffisant, et 700 fr. sont votés pour y remédier.

Dans la partie du projet relative à l'aménagement

des halles aux grains et aux noix, il était question d'une maison Caillaux, dite « la Lanterne, » dont une souscription publique aida à l'acquisition. Le sieur Guillaumeau, charpentier, était alors architecte de la ville, et l'adjudication des matériaux des vieilles halles de la place d'Armes eut lieu le 18 mars 1839.

Le 23 août de la même année, la charpente du beffroi de l'hôtel de ville est terminée et on va s'occuper de la couverture en ardoises.

Le maire, M. Demondion Jacques-Auguste, qui a eu tant à faire pour arriver à une solution de cette importante question, ne peut assister au couronnement de son œuvre, et par ordonnance royale du 13 septembre, il est remplacé par M. Demondion-Duchirons.

Les travaux de l'hôtel de ville étant presque achevés à la date du 30 janvier 1840, on songe à aménager la grande salle (crépissage au plâtre, peintures et tapisseries) et on vote 20 fr. pour l'achat d'un drapeau national qui sera placé sur la façade du monument.

A la session de mai, il est décidé que l'horloge à placer à l'hôtel de ville sonnera les heures, les demies et les quarts, en utilisant, si possible, la cloche servant de timbre à ce moment; ce n'est que l'année suivante, à même époque, que l'on vote un crédit de 3.300 fr. pour la fourniture et l'installation d'une horloge nouvelle, après pourparlers avec un mécanicien-horloger de Paris.

Mais dès le 21 février 1842, il fallut déjà s'occuper de réparations à faire à la toiture de l'hôtel de ville, qui laissait filtrer des eaux dangereuses pour les plafonds de l'édifice. Comme la situation financière n'avait fait que s'aggraver, on chercha les moyens d'y remédier. Un conseiller propose d'installer le palais de justice dans les constructions du nouvel hôtel de ville, restant sans emploi; une commission fut nommée pour étudier son rapport, mais on n'entendit plus parler de rien.

On peut donc dire que pendant trente-quatre ans, de 1812 à 1846, la construction des halles aux marchands et de l'hôtel de ville fut une des questions dominantes dans les préoccupations des municipalités qui se succédèrent, préoccupations qui se continuèrent longtemps, puisqu'à la session de mai 1844 il fallut encore voter 300 fr. pour réparations à la toiture de l'hôtel de ville et un autre crédit, en 1846, pour faire mettre des persiennes aux fenêtres.

Depuis, l'immeuble n'a subi que des transformations de détail pour parer à des besoins variables.

Nous avons dit qu'en novembre 1811 Ruffec possédait un collège. Il devait être prospère, car le 24 février 1818, il est alloué 400 fr. par trimestre au sieur Boivin, principal de l'établissement, qui devait être assisté par M. Verrier, bachelier ès-lettres, ci-devant professeur au collège de Barbezieux.

En septembre 1813, la municipalité renouvelait pour une période de sept années, à raison de 600 fr. par an, la ferme de la maison de Mme Girault, occupée par le collège.

Une commission est nommée le 11 mai 1822, à l'effet de rechercher un local en vue de pouvoir adjoindre au collège, reconnu par l'Université, le cours secondaire qui existait aussi à ce moment.

Le 2 février 1832, après les élections du nouveau conseil municipal, la question du collège revient sur le tapis comme la plus urgente, mais aussi la plus difficile à résoudre, en raison de la dépense qu'on croyait cependant devoir être compensée par les avantages pouvant en résulter pour la commune. Une commission est nommée et le projet est ajourné...

M. Bartholomé Claude est nommé maire, et les adjoints sont : MM. Demondion Auguste, premier; et Mimaud-Labroue Florentin, deuxième.

A la session de mai 1837, il fut question de la construction d'une maison d'école primaire, celle dirigée par M. Malapert étant en fort mauvais état et peu fréquentée; elle ne comptait que vingt-quatre élèves.

Même situation pour l'école secondaire, dont M. Deraze avait la direction. C'est à peine si elle aussi comptait deux douzaines d'élèves.

Le 5 novembre 1839, on reconnaît de nouveau l'utilité d'établir un collège, mais la pénurie de ressources fait encore ajourner la question. Afin d'en créer, le conseil autorise le maire à louer pour un an les deux appartements situés à l'ouest de l'hôtel de ville. Et dix ans plus tard, en août 1849, on reparle encore de la question collège, qui n'a pas changé.

Le 3 août 1850, un conseiller propose de demander au département l'abandon des immeubles de l'ancien tribunal et de l'ancienne sous-préfecture pour y établir un collège. Il est décidé qu'on soumettra la proposition au conseil général.

La subvention accordée à l'école secondaire fut supprimée et dans un rapport à ce sujet, il était dit que la position de Ruffec, entre Angoulême et Poitiers, était absolument défavorable à cette institution.

Depuis cette époque, on a souvent reparlé, mais vaguement, d'un établissement similaire, et si la situation a changé, c'est que le collège de 1811 a disparu, sans date certaine, et qu'il n'a pas été remplacé.

Un bulletin des exercices littéraires de l'école secondaire de Ruffec, dirigée par M. A. Verrier, portant la date du 2 septembre 1821, contient les noms des élèves suivants : Balland Annecy, Brothier Célestin, Lacroix Jean, Mautait André, Després Gustave, Audidier Théophile, Bergeron Achille, Cornillé Auguste. Laquintane Anatole, Merceron Joseph, Montgazon Auguste, Prebay Léon, Vitteau Octave, Léridon Henri, Massidoux Jean, Nadaud Louis, Rossignol Claude, Verdal Ferdinand, Avril Ernest, Chauvaud Florimond, Desbertins Aristide, Merceron Lucien, Roux Henri, Vergier Joseph, Villeneuve François, Augier Laurent, Brothier Auguste, Clerville Aristide, Doche Charles, Milet Florent, Sicard Aimé.

Malgré la situation pécuniaire de plus en plus difficile, on eut à s'occuper, en janvier 1839, de l'acquisition d'une maison pour l'installation d'une école primaire, et on commença par demander le secours de l'Etat.

La première organisation d'un corps de sapeurs-pompiers à Ruffec remonte à 1820, où pendant la session de mai, le conseil municipal vota 450 fr. à cet effet, plus 150 fr. pour gratifications annuelles, s'il y avait lieu. La compagnie comprenait : un capitaine, un lieutenant, deux sergents, deux caporaux, un tambour et vingt-quatre sapeurs.

En mai 1834, à l'occasion de la réorganisation de la subdivision, il fut décidé qu'on offrirait, à titre d'indemnité, à tout citoyen qui voudrait en faire partie, l'exonération du logement militaire, sauf quand il passerait un bataillon entier. En cas de peine disciplinaire, on supprimait cet avantage. Trente-neuf habitants faisant partie de la garde nationale se firent inscrire en refusant toute allocation, « ne demandant qu'à prendre la droite à tour de rôle dans les réunions avec la garde nationale, et à aller de la même manière au drapeau. »

La subdivision, dissoute par décret du 26 avril 1856, fut réorganisée le 8 août de la même année et reconnue le 3 janvier 1857.

L'organisation des gardes nationales fut aussi une source de dépenses pour les communes.

En octobre 1830, sur la demande de l'autorité, le conseil municipal et les plus imposés de la ville, votèrent 5.800 fr. pour équiper la garde nationale. Cette somme, bientôt élevée à 6.873 fr. 75 avec les intérêts, fut empruntée ; elle devait être remboursée en six ans au moyen d'une imposition extraordinaire de 11 centimes 1/2 sur les contributions foncière et mobilière.

Quelques désordres s'étant produits en France par des ennemis de la Révolution, les gardes nationales assurèrent la tranquillité, et dans un ordre du jour en date du 27 février 1831, le maire félicite les gardes nationaux de Ruffec de leur bonne attitude.

Au 25 janvier 1832, les deux bataillons de la garde nationale de Ruffec avaient un effectif de 350 hommes avec une réserve de 87.

Une partie des fusils et des sabres fut renvoyée à l'administration militaire en janvier 1840 ; le reste constitua une réserve pour parer à toute éventualité, et en septembre de la même année, on s'occupa de procéder au renouvellement triennal de la garde nationale.

A noter, l'historique du champ de foire aux bœufs.

Pour répondre à un besoin reconnu, le 10 décembre 1813, la municipalité passait un bail de neuf années avec le sieur Lavalette pour location de la moitié d'une pièce de terre située derrière les écuries de son auberge, qui devint plus tard l'hôtel des Ambassadeurs, afin de servir de champ de foire aux bœufs et aux veaux.

Ce n'est qu'à la sesion de mai 1823 que la municipalité décida de demander au préfet l'autorisation d'acquérir un champ de foire vaste, commode et bien situé. On s'arrêta au choix du terrain de Lordaget, dont on devait prendre 2 hectares 30 ares (dix boisselées). Cette autorisation ayant été donnée, la dépense de 7.000 fr. fut votée le 10 juillet 1825. — Il fut décidé qu'on établirait à frais communs un mur de séparation entre la partie vendue et la ferme de Lordaget.

L'agencement des promenades et des premières plantations d'arbres suivirent.

C'est en mars 1815 que fut établi un tarif de plaçage pour les foires et marchés, avec adjudication pour sept années. En 1837 ces droits furent étendus aux champs de foire et à la place des Halles. Cette même année, fut établi, sur la place de Jarnac, le marché aux cercles, claies, fourches et râteaux.

Le chapitre des fêtes, avec les charges qui en résultaient pour le budget communal, si obéré, n'est pas sans présenter quelques détails rétrospectifs assez curieux. Dans les registres du corps de ville, il est dit :

Le conseil, désirant faire parvenir aux pieds du trône l'expression bien sincère de son amour et de sa fidélité pour les véritables souverains, les dignes descendants de Saint-Louis et d'Henri IV, nomme dans son sein, le 22 avril 1814, une commission de trois membres, chargée de porter de suite à Bordeaux, aux pieds de Son Altesse Royale le duc d'Angoulême, l'expression des sentiments qui animent ses membres.

Apprenant, le 12 février 1815, que Mme la duchesse d'Angoulême, se rendant de Bordeaux à Paris, doit passer le 13 ou le 14 du mois prochain, la municipalité, pour manifester la joie des habitants, « heureux de posséder dans leurs murs l'unique rejeton de tant de rois, celle que la Providence, après tant d'années de malheurs, a ramenée en France pour cicatriser les plaies du pays et lui rendre enfin le bonheur, décide qu'il sera placé un arc de triomphe sur la grande route ; qu'une salve d'artillerie annoncera l'arrivée de la princesse ; qu'une garde d'honneur à cheval ira à son avance et l'escortera aussi à son départ jusqu'à la limite de la commune ; les autorités de la ville, réunis dans la maison du sieur Merceron, aubergiste, se présenteront à elle et la harangueront ; de jeunes demoiselles de la ville et des environs, désignées par le conseil municipal, lui offriront un bouquet et l'une d'elle lui adressera un compliment. Toutes ces demoiselles seront habillées en percale blanche, avec un ruban blanc en ceinture et coiffées en cheveux avec un nœud de rubans blancs seulement en forme de cocarde. Un détachement de la garde nationale assurera l'ordre.

Le 5 juin 1815, M. Frère, élu maire, prête le serment exigé par la loi, promettant obéissance aux constitutions de l'Empire et fidélité à l'Empereur.

Communication est donnée, le 12 juillet de la même année, d'une dépêche annonçant que le roi est entré dans la capitale et que le drapeau blanc doit être arboré partout.

Le 6 mai de l'année suivante, sur la proposition d'un de ses membres, le conseil municipal décide l'acquisition d'un buste du roi Louis XVIII, et chacun des assistants souscrit pour 10 fr. L'inauguration de ce buste eut lieu à la mairie le 8 juillet suivant. Un détachement de huit hommes de la garde nationale ouvre la marche. Le buste est porté par quatre membres du conseil municipal, escortés de quatre officiers en costume et l'épée nue ; les dames, habillées de blanc, sans mélange de couleurs, portant à la main une tige de lys, sont placées moitié devant, moitié derrière le buste ; les autorités civiles et militaires suivent et la gendarmerie ferme la marche, tandis que le surplus de la garde nationale forme la haie.

Le cortège ainsi disposé part du tribunal pour se rendre à l'église, en passant par la grande route, la rue de Valence, celles des Petits-Bancs et de St-André.

Salves d'artillerie depuis la veille et répétées pendant la messe, suivies d'un *Te Deum*. Le cortège reçoit le buste à l'entrée de l'église et l'accomgagne jusque dans le chœur où il est placé en avant de l'autel.

Retour du cortège par un autre itinéraire et installation du buste à la mairie.

Des danses publiques ont lieu aussitôt après la cérémonie, puis à la chute du jour feu de joie sur la place Saint-André, illuminations et enfin bals chez Chaléroux et chez Broussaud.

Le 25 avril 1821, le conseil vote un crédit de 5 à 600 fr. pour célébrer le 1er mai, jour du baptême de S. A. R. Monseigneur le duc de Bordeaux, en déclarant se trouver heureux d'être en cette circonstance solennelle, l'interprète des habitants, et de pouvoir, en leur nom, donner cette faible marque de son attachement à un prince qui vient d'agrandir les espérances de tout bon Français.

Un crédit nécessaire pour l'achat d'un buste de Charles X, est voté le 7 mai 1825 par le conseil municipal.

Le 18 octobre 1830, à quatre endroits différents : devant la mairie, à la jonction de la rue de Verteuil et de la grand'route, dans la rue Boistant et à la jonction de la rue de Valence avec la grand'route, la municipalité fait donner lecture, par des officiers de la garde nationale, de la charte constitutionnelle des Français, modifiée le 7 août précédent. Cette lecture est accueillie par les acclamations répétées de vive la Charte! vive le roi des Français!

Le 29 avril de l'année suivante, on arrête le programme de la fête du roi Louis-Philippe, à l'occasion de laquelle les officiers de la garde nationale prêteront serment, puis revue par le sous-préfet et *Te Deum*. Dans l'après-midi, mât de cocagne, ballon, danses, feu de joie et feu d'artifice, ce qui n'empêchera pas la fête des 27, 28 et 29 juillet pour célébrer l'anniversaire des « trois glorieuses » et honorer les morts qui ont succombé à cette occasion.

Un crédit pour célébrer comme fête nationale la fête commémorative des Journées de Juillet est voté le 24 juillet 1832.

Dans un vote de crédit pour cette même fête, en date du 19 juillet 1833, figure l'achat de la poudre nécessaire à la confection de 300 cartouches à étoiles qui seront employées par la garde nationale, à défaut d'un feu d'artifice, jugé trop coûteux.

Le 26 juin 1834, il est décidé que la fête des trois Journées de Juillet ne sera célébrée que le dimanche 29, avec un programme limité à une dépense de 50 fr. en raison des faibles ressources de la commune.

Il en fut de même en 1835.

A partir de cette époque, on ne vote plus, pour la fête du roi Louis-Philippe, que 120 fr., dont 50 fr. attribués à des secours aux indigents.

En juillet 1836, après avoir envoyé au roi une adresse de félicitations au sujet de l'attentat dont il a été victime, le conseil fixe au dimanche 31 la fête commémorative des Journées de Juillet. Le service funèbre sera cependant célébré le 27.

Un crédit de 110 fr. pour la fête du roi, avec le programme habituel, est voté le 27 avril 1837.

Le 8 mai suivant, 60 fr. sont votés pour la fête à célébrer à l'occasion du mariage de Mgr le duc d'Orléans.

La fête du 7e anniversaire des Journées de Juillet ainsi que la pose de la première pierre de la construction des halles et de la mairie eurent lieu le dimanche 30 juillet.

Deux crédits destinés à la fête de Louis-Philippe, le premier de 130 fr. et le deuxième de 125 fr., sont votés en mai 1838 et mai 1839.

Le 10 août de cette dernière année, le conseil est réuni pour délibérer sur les moyens de fêter le mieux possible le passage à Ruffec de Leurs Altesses Royales Mgr le duc d'Orléans et Mme la duchesse d'Orléans. On vote 180 fr., dont partie sera employée à secourir les indigents.

Le 27 avril 1841, une somme de 94 fr. est votée pour célébrer la double fête du 1er mai et du baptême du comte de Paris, payer la poudre à mine, les ménétriers et les illuminations, en décidant qu'en cas de besoin il serait pris sur le budget la somme suffisante pour assurer aux indigents une distribution convenable de pain.

En juillet de la même année 125 fr. sont votés pour la fête des Trois Journées, et le 22, une adresse est envoyée à l'occasion de la mort de Mgr le duc d'Orléans.

Le 6 août 1852, le maire est autorisé à prendre les fonds nécessaires pour recevoir convenablement le prince président de la République, en l'invitant à s'arrêter à Ruffec au cours de son voyage dans la partie méridionale de la France.

Une adresse est envoyée à Napoléon III, le 11 février 1853, à l'occasion de son mariage.

Le 18 juin de la même année, seize membres de la municipalité prêtent le serment exigé d'obéissance à la Constitution, et de fidélité à l'Empereur.

Un crédit de 120 fr. est voté le 13 mars 1855 pour aider à la solennité de la fête de l'Immaculée-Conception de la Très-Sainte Vierge, qui eut lieu le 6 mai.

A l'occasion de la naissance du prince impérial, une adresse de félicitations fut envoyée le 19 mars 1856, et une somme de 200 fr. votée en prévision des fêtes qui devaient avoir lieu à l'occasion du baptême est affecté à secourir les victimes des grandes inondations.

Depuis, en dehors des fêtes nationales, Ruffec fut en liesse dans les occasions suivantes :

14 mai 1864. — Grande fête de charité.

Août 1869. — Concours-exposition et grande fête, dont le maire d'alors, M. Gallais, était le principal organisateur (trois jours).

29 et 30 juin 1879. — Inauguration de l'usine à gaz.

Juin 1887. — Concours de pompes à incendie.

5 août 1888. — Inauguration du monument élevé à la mémoire des soldats de l'arrondissement ayant péri pendant la guerre de 1870-71, place de la Gare.

5 juin 1892. — Concours de musique.

16 octobre 1904. — Concours agricole.

24 mai 1908. — Fête de gymnastique.

10 juillet 1914. — Concours des Sociétés de gymnastique affiliées aux Patronages de France.

11 novembre 1923. — Inauguration du monument élevé à la mémoire des enfants de la commune morts pour la France pendant la Grande Guerre.

Vers la fin de 1839, l'opinion publique fut vivement préoccupée par une question nouvelle dont la solution ne pouvait avoir qu'une influence énorme sur la vie de notre petite cité.

Le 21 octobre de la même année, un arrêté du préfet ordonne qu'il sera fait une enquête sur l'avant-projet du chemin de fer de Paris-Bordeaux, partie comprise sur le département de la Charente.

L'assemblée municipale déclare manquer d'éléments d'appréciation, mais examinant la question au point de vue général, estime qu'un chemin de fer passant par Ruffec pouvait préjudicier au commerce de la commune, résultant de la grande route à laquelle viennent aboutir bon nombre de chemins vicinaux ; qu'un chemin de fer, d'ailleurs très avantageux pour les points extrêmes, présente par cela même des inconvénients pour ceux intermédiaires, qui ne seraient plus des lieux de station, de commerce, de séjour et de transactions diverses.

Elle est donc d'avis que pour la commune l'établissement d'un chemin de fer présente des inconvénients qui l'emportent sur les avantages qu'elle pourrait en retirer. Néanmoins, si le projet se réalise, le conseil demande que le chemin de fer conserve son tracé sur la commune.

Mais le 19 avril 1844, le conseil est revenu à de meilleures dispositions et le 16 octobre suivant il décide de faire une demande au ministre des travaux publics pour que le chemin de fer passe à Ruffec, et à la session de mai 1846, il se montre partisan de voir établir la gare à droite de la route royale venant de Paris, un peu plus près de la ville que le point prévu près la route de Melle.

En raison des travaux qui vont commencer et ne peuvent manquer de grouper à Ruffec un grand nombre d'ouvriers, étant donnée l'importance de la construction du tunnel de Touchabrant, le 18 novembre 1850 le conseil décide de réclamer de la troupe pour la durée des travaux du chemin de fer, mais en raison des frais que nécessiterait le logement des soldats, il propose d'attendre que l'ancien palais de justice soit vacant, ce qui n'empêche pas de demander une compagnie d'infanterie, en même temps qu'on vote 400 fr. pour le traitement d'un agent de police.

L'année 1851 fut principalement une période de grande animation en raison des travaux du chemin de fer. La section de Tours à Poitiers venait d'être terminée, ce qui avait déjà permis de réaliser une amélioration dans le service des postes ; le 1er juillet on adjugeait les travaux d'Angoulême à Ruffec, et au mois d'août il ne restait plus à établir que les travaux d'infrastructure comprenant le tunnel de Touchabrant. Dès ce moment toutes précautions étaient prises pour assurer l'ordre à Ruffec, qui comptait 3.654 habitants (dont 300 ouvriers étrangers), répartis en 772 ménages et 179 maisons formant 25 rues.

Ruffec avait alors une garnison de cavalerie (dragons) installée dans l'ancien rampeau (derrière l'hôtel des Ambassadeurs) avec sortie près du champ de foire, et des brigades de gendarmerie avaient été établies à Courcôme et Luxé. C'est dire qu'une grande activité régnait sur tous les chantiers autour de Ruffec.

Au cours de 1852, la section Angoulême-Bordeaux (130 kilomètres) ayant été livrée avec voie unique, l'administration des postes mettait en adjudication un service à faire en voiture en sept heures, entre Poitiers et Angoulême (108 kilomètres).

Dès ce moment, la télégraphie électrique fonctionnait entre Paris et Bordeaux.

En juin 1853 une voie unique venant d'Angoulême jusqu'à l'emplacement affecté à la gare de Ruffec, permettait la répartition du ballast et le 12 juillet la section Angoulême-Poitiers était mise en service sans solennité, permettant le parcours sur toute la grande ligne.

Le service des postes fut alors installé sans retard.

L'année suivante, la seconde voie était posée jusqu'à Couhé ; au début de 1855 elle était terminée sur toute la ligne, et à partir du 1er avril, les trains, au nombre de douze, dont deux express et trois omnibus, circulaient normalement.

L'ouverture de la ligne du chemin de fer Paris-Bordeaux, attira forcément les propriétaires à faire élever des immeubles du côté de la gare de Ruffec, établie au nord-ouest, et peu à peu, à mesure que les constructions devenaient plus nombreuses, on voyait disparaître la vieille terre de Lordaget, appartenant à la famille de Montgazon ; les bâtiments, achetés depuis par M. Adelphin Magnan, ont été transformés en fonderie à métaux et un peu plus tard, la création de l'avenue Gambetta, conduisant directement à la gare, permit aux bâtisses de se développer, changeant complètement l'aspect d'un vaste terrain dans lequel s'élevait, à flanc de coteau, un petit bois qui servait depuis longtemps de dépotoir à tous les déchets de la ville.

En 1853, on avait commencé les travaux d'installation de la machine qui fait monter l'eau dans les bassins de la gare. Cette question amena de nombreux pourparlers entre la municipalité et la Compagnie d'Orléans pour décider cette dernière à assurer en ville un service de distribution d'eau.

Ce n'était pas la première fois qu'on parlait de pareille affaire.

En février 1850, au conseil municipal, un membre avait proposé l'achat du moulin de Plaisance, appartenant au sieur Dupuis, boulanger, pour y installer une machine permettant l'ascension de l'eau en ville et assurant en même temps le service d'un abattoir et d'un lavoir public. La proposition fut prise en considération, mais ce n'est qu'en 1852 qu'il fut question de l'achat, avec offre de 14.000 fr. Rien ne fut conclu.

Du reste, les échanges de vues avec la Compagnie d'Orléans ont modifié la situation. En 1853, il est donné connaissance d'une lettre des ingénieurs du chemin de fer annonçant leur intention d'établir sur le *Lien* une machine à vapeur pour y puiser environ 20 mètres cubes d'eau par jour, si le conseil n'y voit pas d'opposition. Ils proposent en même temps de fournir à la ville telle quantité d'eau qu'on voudra, moyennant une juste rétribution à débattre. Le conseil se montre favorable à ces propositions et nomme une commission pour les examiner.

Un peu plus tard, l'affaire prend corps. Après conférences avec M. l'ingénieur en chef de la Compagnie et rapport de M. Fleurat, architecte de la ville, on s'arrête aux prévisions de douze bornes-fontaines pour le service public, avec une consommation prévue de 130 mètres cubes d'eau par jour. La part de dépense à supporter par la ville est évaluée à 25.000 fr. D'après le plan arrêté, le château d'eau devait être installé place du Synode, rue du Chenais.

A la session de mai de la même année, le maire est autorisé à traiter avec la Compagnie, mais, chose étrange, pour le vote d'une proposition si importante, c'est à peine si l'on réunit le nombre de conseillers indispensable.

Enfin le traité est signé le 3 décembre suivant, mais il n'eut pas de suites.

En mars 1855, la question revenait sur le tapis, dans des conditions tout autres. La dépense approximative s'élevait à 76.280 fr. et on élevait des doutes sur la possibilité d'avoir la quantité d'eau prévue.

En juillet, tout semble rompu. La commune réclame des indemnités pour la suppression du chemin des Morts, qui allait de Nouzières à Condac; l'emprise du terrain sur lequel est établi la machine-fixe; la création d'un puisard, les travaux d'installations des tuyaux de conduite et les réparations qui en sont les conséquences. Finalement on donne au maire l'autorisation de plaider pour défendre les intérêts de la commune.

Tout finit cependant par s'arranger, et le 19 janvier 1857 le maire signe un traité par lequel il est stipulé que la Compagnie doit verser 15.000 fr. à la ville pour toute indemnité. Le projet d'installation d'eau en ville est abandonné; il ne devait être repris que longtemps plus tard.

Mais revenons aux chemins de fer.

A la fin de 1854, il était question, pour la première fois, d'une enquête au sujet de la ligne de Nantes à Limoges, par Ruffec. Le conseil municipal émit un avis favorable malgré des protestations soulevées, car à ce moment les compétitions étaient nombreuses pour obtenir ces voies de communication.

En 1866 eut lieu l'inauguration de la ligne de Rochefort à Angoulême, tandis que se poursuivaient les études pour celle de Niort à Ruffec, dont les travaux, comprenant trois lots, ne s'adjugèrent qu'en février 1880. Ils furent commencés à la fin d'avril sur les trois lots. L'adjudication du ballastage fut faite le 4 décembre 1881, et l'inauguration de la ligne eut lieu le 1er mars 1885.

L'avenue de la gare, dite avenue Gambetta, commencée en 1883, ne fut acceptée par la ville qu'en 1887, et les travaux du pont métallique de 32m ainsi que ceux relatifs à un premier agrandissement des gares ne furent commencés qu'au printemps de 1889.

Dix ans plus tard, en novembre 1899, les pouvoirs publics prescrivirent l'enquête d'utilité publique sur l'avant-projet du chemin de fer de Ruffec à Roumazières, et en juin 1901 l'approbation ministérielle fut donnée au projet.

Les travaux, répartis en quatre lots, furent adjugés en juillet 1902 (3e lot); octobre 1903 (4e); février 1905 (2e), et 14 septembre 1907 (1er), avec délai réduit à deux ans pour l'exécution.

L'inauguration de la ligne eut lieu le 5 novembre 1911.

En 1907, une loi déclarant d'utilité publique un réseau de chemin de fer d'intérêt local comprenant sept lignes dont aucune ne concernait l'arrondissement de Ruffec, fut promulguée.

Une des plus anciennes questions qui préoccupa nos vieux ruffeccois, fut celle du puits de la place d'Armes, qui existait déjà avant la Révolution et semble bien avoir été contemporain des halles du Grand Canton. Son établissement fut l'objet d'un travail important, car il se trouve sur le plateau le plus élevé de la ville et a une profondeur de 25 mètres.

La disparition des halles ayant dégagé le puits, à

maintes reprises la municipalité chercha à y appliquer des moyens pratiques de puisage, tout en se préoccupant de l'esthétique pour l'ensemble.

En août 1836 on s'occupa d'y faire établir une pompe, ce qui ne fut pas sans causer de sérieux ennuis à la municipalité. On vota 700 fr. à ce sujet qui, ajoutés à 1.000 fr. produits par une souscription publique, permirent d'entamer des pourparlers avec un sieur Royer, de Poitiers, qui demandait 1.800 fr. pour élever l'eau par un jet continu à 16 ou 17 centimètres au-dessus d'une coupe en fonte terminant le monument, en même temps qu'il garantissait la fourniture de 600 à 2.400 litres à l'heure au moyen d'une force ne devant pas dépasser celle d'un homme.

Mais ces promesses n'étant pas réalisées, il faut discuter à nouveau, et pour éviter un procès on transige à 750 fr. pour indemniser de ses dépenses le fournisseur, qui promet encore de l'eau en modifiant quelques détails de l'installation.

Au mois de septembre, par suite de la sécheresse prolongée, la pompe ne fournit plus d'eau; on vote un nouveau crédit pour allonger le tuyau d'aspiration; c'est insuffisant.

En mars 1837 il est question de plans et devis présentés par MM. Cordier et Abadie, mais comme il s'agit encore d'une dépense de 2.000 fr., on hésite.

En juillet 1841, on constate que la pompe se dérangeant souvent, il en résulte des réparations coûteuses et on décide de faire appel à des spécialistes pour essayer d'en finir. On s'adresse à un industriel de Bordeaux, qui demande 2.300 fr., et sur ses indications on décide de placer dans le puits une échelle en fer, pour faciliter la descente des ouvriers, ainsi que l'établissement d'une construction en pierre de taille. La pompe sera enlevée et placée près de l'abreuvoir, où elle est encore.

En septembre 1843, l'industriel bordelais, M. Adam, n'ayant pas rempli ses engagements, il est question de lui faire sommation et il promet de s'exécuter; mais à la session de mai 1844 il faut reparler de poursuites pour obtenir satisfaction... Et on attend toujours.

En janvier 1846, la situation change. En raison du prix élevé du pain, la municipalité affecte la somme de 2.340 fr portée au budget pour la dépense de la pompe, à payer une partie du prix du pain aux indigents ou aux habitants provisoirement gênés ou manquant de travail. Le pain était fourni à ces derniers à raison de 30 c. le kilo, le surplus payé par la commune, qui à plusieurs reprises dut élever jusqu'à 7.000 fr. le crédit inscrit à cet effet, ce qu'elle put faire par l'ajournement du paiement à effectuer à un créancier de la ville, qui y consentit.

Ce n'était pas la première fois que cette situation se produisait. En 1817, le nombre des nécessiteux augmentant de jour en jour par suite de la cherté du blé, la commune dut voter 1.200 fr. pour leur venir en aide.

En 1847, le prix du pain ayant été porté à 35 c. le kilo, on désigna un agent qui, concurremment avec le commissaire de police, devait veiller au maintien de l'ordre. Le conseil retrancha les subsides à trois ménages et imposa des réductions à quatre-vingts autres.

En novembre 1853, il fallut faire un emprunt de 15.000 fr., remboursable en trois ans, pour les mêmes raisons, et en attendant la réalisation de cet emprunt on se servit, pour secours immédiats, des fonds votés en vue de l'établissement d'un service d'eau.

Un nouvel emprunt de 10.000 fr. est voté en septembre 1855 pour secours aux indigents.

Mais revenons à la pompe de la place d'Armes.

A la fin de novembre 1857 il est question de la supprimer en raison des dépenses multiples qu'elle occasionne et de la remplacer simplement par le puits actuel.

**

Fait peu banal. A la fin de janvier 1849, la commune de Ruffec avait pour garde-champêtre le comte Charles de Busserolles, descendant d'une vieille famille dont voici résumé l'historique, d'après un extrait de l'Armorial de la noblesse de France.

La famille de Busserolles, dont les armoiries étaient d'azur à une rose d'argent, accompagnée en chef de deux étoiles du même, et surmontées d'une couronne de comte, était originaire du Poitou, où son nom se retrouve dans les plus vieilles chroniques. Par ses services militaires et par ses alliances, elle occupait, dès le xiv° siècle, un rang distingué parmi la noblesse de ce pays.

Elle se répandit de là dans le Bourbonnais où, en 1443, on trouve Simon de Busserolles et Jean de Boux, faisant acte d'hommage pour leurs femmes, Jacquette et Catherine de Boux, du domaine de la Chenaud, commune de Mellem.

Jean de Busserolles, seigneur du Mesnil, est qualifié écuyer dans une transaction de 1474. Il épousa Marie de Rocquemont, d'une ancienne famille de la province, et en eut plusieurs enfants dont un, Guillaume de Busserolles, écuyer, seigneur du Mesnil, qui s'unit à Alix de Champlaisant, et dont le fils, Antoine de Busserolles du Mesnil, fut reçu chevalier de Malte en 1599, après preuves, et se fit remarquer par sa valeur dans diverses affaires sur les galères de l'Ordre.

François de Busserolles, écuyer, est cité, en 1591, dans une liste des gentilshommes du Poitou présents en armes au lieu dit le Monteil.

Les de Busserolles de La Chèvrerie, qui nous intéressent, avaient embrassé la religion protestante, ainsi que le prouve un acte original stipulant l'acquisition d'un champ par un Jean de Busserolles et plusieurs autres habitants de La Chèvrerie, pour servir de lieu de sépulture à leurs co-religionnaires. A l'époque de la révocation de l'édit de Nantes, cette famille, comme toutes celles de la même croyance, eut beaucoup à souffrir de la persécution, et plusieurs de ses membres quittèrent même la France. Ses titres furent, en grande partie, dispersés et anéantis. Plus tard, toute la famille revint à la foi de ses pères.

François de Busserolles eut pour fils Louis, né le 20 janvier 1753, au Bois-de-l'Eglise, commune de Villiers-le-Roux, près La Chèvrerie.

Louis de Busserolles, après avoir servi avec distinction dans l'armée du roi, suivit Lafayette dans la guerre de l'indépendance de l'Amérique et mourut à l'âge de 90 ans, ayant eu pour enfants Charles, Louis et Marie. Le premier eut pour fils, de son mariage avec Marie Mariette, Charles de Busserolles, né à Ruffec le 22 janvier 1830, qui devint le chef de cette branche. Dans l'acte de l'état civil, il est dénommé Charles Busserolles, manouvrier.

Une deuxième branche descendit de Jean de Busserolles, cousin issu de germain de Louis, cité plus haut, qui laissa un fils et trois filles. Pendant les dernières années de sa vie, il fut adjoint au maire de La Chèvrerie. Sur les registres de l'état civil, on trouve Françoise de Busserolles, née en 1847, et Léonie de Busserolles, née en 1853.

Une troisième branche part d'André de Busserolles, cousin germain de Jean et de François. Tous ses soins se portèrent vers l'agriculture, et La Chèvrerie, qui n'était avant lui qu'un pays stérile, lui doit sa fertilité actuelle ; il est mort en 1851, laissant un fils, André, deuxième du nom, qui remplit les fonctions d'adjoint au maire à la mort de son cousin. De son mariage avec Mᵉ Marie Epinoux-Chêne, il eut deux enfants : André, marié en 1854 à Mᵉ Marie Martin, et Charles, qui consacra sa vie à l'enseignement de l'agriculture et épousa en 1852 Mᵉ Marie-Adélaïde Barret, dont il eut trois enfants.

Louis de Busserolles, frère d'André, premier du nom, embrassa l'état militaire et ne laissa qu'une fille.

Pierre de Busserolles, de son mariage avec Mᵉ Marie Reynier, eut deux fils.

Jean de Busserolles, marié à Marie Sicard-Daniel, cousine germaine de Marie, laissa un fils.

Enfin, une quatrième branche des comtes de Busserolles, habitant les environs de Châtellerault, s'est éteinte en 1844 dans la personne de M. de Busserolles, fils de M. de Busserolles, chevalier de Saint-Louis, gentilhomme du roi Louis XVI, émigré en 1893, tué en combattant dans l'armée royale à côté du prince de Condé, et dont la femme était morte dans la prison de Châtellerault, où elle avait été enfermée, avec son fils et sa fille, comme suspecte.

Il eut été intéressant d'établir par quelle succession de faits le comte Charles de Busserolles, né à Ruffec en 1830 et devenu chef de la branche aînée de cette famille, en fut réduit sur ses vieux jours à devenir le garde-champêtre de la commune, où il est décédé le 9 décembre 1855.

Bien rares aujourd'hui sont ceux qui ont connu ce

beau vieillard, d'un accueil agréable, de belle stature, paraissant heureux de son sort et qui racontait en riant que pour se faire craindre des enfants dont il devait surveiller les écarts, il avait dû adopter un costume spécial. En effet, toujours vêtu d'un paletot de chasse, il s'était confectionné une coiffure en peau de renard dont la queue retombait par derrière, et quand il faisait ses gros yeux, personne ne songeait à lui résister. Avec cela, la bonté même. Peu de temps après sa mort, son fils, qui était ouvrier charpentier, a quitté le pays.

Les registres de l'état civil signalent, à la date du 11 juin 1862, l'acte de décès de Busserolles Marie, veuve de François Roy, dit Boidret, fille de feu Louis Busserolles, décédée à l'hospice, à l'âge de 65 ans ; et le 14 novembre 1866, le décès, à l'hospice, à l'âge de 65 ans, de Busserolles Charles, sans profession, fils de Louis, décédé, époux de Marie-Mariette, né à Verteuil.

Dans l'*Armorial* du Poitou il est beaucoup question de la famille Carré de Busserolles, dont un membre a réuni en plusieurs volumes publiés à Tours en 1867-68 et en 1887, sous le titre de *Catalogue Général. — Preuves de noblesse et armoiries des familles nobles du Poitou*, des détails curieux et intéressants.

Il y est dit que les armoiries des Carré de Busserolles portaient d'azur à deux étoiles d'or en chef et une rose de même en pointe. Supports : deux lions. Couronne de comte. Devise : *Gratum, superis, spirobit, odorem.* (Il soufflera une odeur agréable aux dieux).

Les Carré de Busserolles ont été signalés dans le calendrier de la noblesse en Touraine, en Anjou, dans le Maine et le Poitou.

L'auteur de l'*Armorial* du Poitou fait remarquer qu'il a mentionné autant que possible dans son travail

les couronnes, supports, devises, etc., ayant trait aux
armoiries, mais il fait remarquer que le droit de tim-
brer ses armoiries d'une couronne de comte, par exemple, ne prouve pas le droit à ce titre. De même, le
droit de porter des armoiries et celui de faire pré-
céder son nom de la particule, dite nobiliaire, ne prouvent pas la noblesse.

*
* *

Au cours de la première moitié du xix⁰ siècle, bien
des améliorations furent réalisées ou étudiées.

Ainsi la plantation des arbres de la belle place de
l'église fut faite la première année du règne de Louis-
Philippe.

A la fin de 1834, il était procédé à une enquête pour
l'acquisition de deux parcelles de terrains nécessaires
au redressement et à l'agrandissement de la route de
Melle, avec suppression de la mare de Lordaget, qui
ne devait disparaître que bien plus tard.

En septembre 1836, on s'occupe beaucoup de l'établissement de la nouvelle route départementale de Ruffec
à Confolens, dont le tracé était à l'étude et au sujet
de laquelle s'étaient créés deux courants d'opinions.
Les uns voulaient le maintien de la route par le
Pontereau, les autres préconisaient la voie actuelle.

Voici, à ce sujet, la copie du registre des délibérations, datée du 13 novembre 1844 :

Le conseil réclame de l'autorité que la route départementale n° 9,
de Confolens à Ruffec, passe en ville au lieu de rejoindre la route
de Jarnac par le sud, en dehors de Ruffec. Il voudrait aussi
qu'elle suive l'ancien chemin de Ruffec à Condac, par le cimetière et le Pontereau, pour éviter de payer des indemnités
d'achats de terrains. Il considère que dans l'intérêt moral de la
ville, il y a le plus grand avantage à faire disparaître des mai-

sons d'un aspect hideux, en grande partie habitées par une population misérable qui se trouverait totalement sans ressources si on la privait des voies de communication qu'elle possède déjà.

En août 1845, le conseil vote 2.000 fr. pour participer aux travaux de la route de Confolens, à condition qu'elle suive la rue Boistant et le Pontereau, et pour aider à l'élargissement de cette dernière rue, on vote encore, en juillet 1852, des indemnités de 100 et 140 fr. à des propriétaires qui, après discussion, consentaient à reconstruire les façades de leurs maisons, en reculant de plus de 4 mètres. Certains firent même l'abandon complet de leurs terrains.

Pendant les années 1852-53 fut exécutée la partie comprise entre l'entrée et la sortie de Nanteuil.

En avril 1850, le conseil demande un courrier direct de Ruffec à Confolens par la nouvelle route, qui ne fut complètement terminée qu'à la fin de 1855 et dont l'établissement modifia si profondément toute la partie est de notre ville.

En 1851, on procéda à l'amélioration de la route de Ruffec à Jarnac.

A la session de février 1855, la municipalité réclame que les travaux d'élargissement de la rue des Petits-Bancs pour le pavage de la route, soient poursuivis avec activité, et en effet commencèrent bientôt les reconstructions des maisons du côté droit, qui occupaient au moins la moitié de la chaussée actuelle. Le bel immeuble habité par M. Chataigner, président du tribunal, qui vient d'être acheté par M. Valade, avoué, fut un des premiers construits, par les soins de M. Mimaud-Grandchamps, propriétaire aux Adjots.

En mai 1857 furent commencés les travaux à faire sur la route de Civray, entre Ruffec et Chauffour.

En 1820 et 1826 un crédit de 600 fr. fut voté pour

faire établir un plan de la ville et fixer les aligne-
ments. Ce travail, approuvé, fut confié à M. Jean
François, géomètre de 1ʳᵉ classe à Jauldes, mais il
ne fut sans doute pas exécuté, car en février 1865 on
en parla à nouveau et celui qui existe aujourd'hui date
de cette époque.

A ce moment, Ruffec devait présenter un aspect
tout autre, car il est consigné que le 4 août 1829 le
conseil vota les crédits nécessaires pour paver les rues
Saint-André et des Petits-Bancs, soit 1.000 à 1.200ᵐ
de superficie, aux prix de 1 fr. 71 et 2 fr. 62 le mètre.

En juillet 1833, est décidé le pavage de la place du
Piolet et de la rue du Bois.

La question du *Lien*, toujours d'actualité dans les
années de sécheresse comme le fut 1921, n'est point
nouvelle. On s'en occupait dès les mois d'août 1812
et 1814, alors que la population de Ruffec ne comptait
guère que 2.000 habitants et qu'on payait 280 fr. pour
le traitement d'un garde-champêtre. Et le 15 mai 1822
fut adopté le projet de règlement présenté par M. l'ingénieur des ponts et chaussées au sujet du curage du
Lien et du canal de la *Péruse*.

En janvier 1825 une somme de 500 fr. est votée, pour
l'acquisition au sieur Bailloux, du terrain sur lequel
fut établi le magasin à poudres de l'administration des
contributions indirectes.

En 1831 il est question de mettre la rue du Synode
en communication directe avec la route nationale, à
travers les jardins, mais à la session de mai 1832, le
projet fut ajourné et on n'en n'entendit plus reparler.

Le 15 janvier de cette même année 1831 on vote
l'acquisition de terrains nécessaires à l'établissement
du boulevard du Nord pour la somme de 2.315 fr. à
répartir entre trois propriétaires. Plusieurs autres

parcelles de terrains furent abandonnées en février 1834
par Mme Duportal, M. Mimaud-Grandchamp et M. Bartholomé, afin de parfaire l'œuvre.

Le 6 janvier de la même année, une proposition est faite d'ouvrir une rue nouvelle partant du boulevard du Nord pour rejoindre, en face la maison Pinoteau, la rue qui va de la place du Marché à la route nationale par la rue de Valence.

La proposition, reprise le 14 février 1845, fut adoptée. C'est la rue Neuve actuelle, qui, en 1849, fut appelée rue de la République.

Cette rue, prévue à 8^m de largeur, n'eut d'abord que 2^m33 devant la maison Lamit, et 5^m66 plus loin. En face la maison Pinoteau existait déjà une impasse et le carrefour Pierronné. Une souscription ouverte pour la réalisation de ce projet réunit 250 fr.

Le nivellement de la rue Neuve et du boulevard du Nord ne fut terminé qu'en 1854.

A la session de mai 1834, le maire fut autorisé à faire procéder à l'application de plaques pour les noms des rues et à faire le numérotage des maisons.

Dès 1821, la question de l'éclairage public était au nombre des préoccupations de la municipalité et dans la session de mai fut voté un crédit de 1.500 fr. pour achat de quelques reverbères, plus 500 fr. pour l'entretien. L'année suivante on votait 1.260 fr. pour acheter onze reverbères, en même temps qu'on élevait à 1.000 fr. le crédit relatif à la dépense d'entretien.

En mai 1841, la municipalité, après avoir revisé le tableau de l'éclairage public, en comptant sur les jours de lune pour faire des économies, était autorisée à procéder à l'adjudication pour neuf années; de l'éclairage public, avec un système nouveau de reverbères, et moyennant la somme annuelle de 950 fr., étant stipulé qu'à l'expiration du bail le matériel installé deviendra la propriété de la ville, y compris le reverbère à placer devant l'hôtel de ville.

D'autres questions attirèrent l'attention de la municipalité.

Ainsi l'octroi date de plus d'un siècle, car en octobre 1818 on décide d'en affermer les droits par adjudication pour cinq ans.

En 1827 se pose la question de savoir s'il faut mettre en adjudication les nouveaux tarifs, ou les mettre en régie.

En 1855, on modifie l'emplacement des poteaux pour embrasser un plus grand périmètre en raison des constructions faites après l'établissement du chemin de fer et de la nouvelle route de Confolens.

L'édification d'un abattoir occupa aussi longtemps les esprits. Le 15 mai 1830, pour la première fois, il fut question de l'établir près du *Lien*, dans le jardin de M. Gendronneau, mais le 24 octobre le projet fut ajourné indéfiniment comme inopportun, en raison des dépenses à faire pour travaux d'urgence reconnue (achèvement du boulevard du Nord, pavage des rues et établissement d'un collège).

Depuis, il a été bien souvent question de l'abattoir, qui a enfin été construit en 1911 et mis en service le 5 février 1912.

L'installation d'une salle d'asile à l'hospice fut l'objet de préoccupations dès novembre 1835. En même temps qu'une souscription publique était ouverte, le conseil votait 300 fr. pour premier apport. En août 1836, nouvelle allocation de 600 fr., puis de 1.500 fr. l'année suivante et de 400 fr. un peu plus tard, mais en 1851 le projet est abandonné par suite de l'installation prochaine des Sœurs du Sacré-Cœur de Jésus, qui ont fait la déclaration de vouloir ouvrir une école libre avec salle d'asile et que la municipalité, à l'unanimité, a émis un avis favorable à ce projet, dont l'inauguration eut lieu le 20 mai 1853.

Le 23 avril 1836, le maire fut autorisé à faire toutes démarches pour obtenir une succursale de la caisse d'épargne.

Le 5 novembre 1839, 200 fr. sont votés pour la création d'un bureau de bienfaisance en vue de l'extinction de la mendicité.

Cette même année vit paraître le premier journal local, avec le titre de *Journal de Ruffec*, qui fut remplacé en 1844 par le titre de l'*Observateur*, qu'il a conservé depuis. C'est grâce aux renseignements qu'il a fournis en grande partie qu'ont pu être établis les faits saillants de ce chapitre.

Pour la première fois, le maire est autorisé, à la date du 3 octobre 1841, à adjuger le service des boues sur une mise à prix de 15 fr. par an.

C'est au cours de l'année 1845 que le tribunal et la sous-préfecture, qui se trouvaient situés en face l'église, furent transférés sur l'emplacement actuel, dépendant de la gendarmerie et appartenant au département.

Surgissent les événements politiques de 1848.

Le conseil municipal, recevant communication de la dépêche du 26 février, qui annonce la constitution du gouvernement provisoire, se déclare confiant dans les sentiments de la population.

M. Robert est nommé maire provisoire.

M. de Larevenchère, appelé au commandement de la garde nationale, répond de l'ordre.

Le 30 juin, vote d'une adresse à l'Assemblée nationale et ouverture d'un crédit de 2.000 fr. pour per-

mettre aux gardes nationaux qui en feront la demande,
de se rendre à Paris à titre de secours pour contribuer
à la défense de l'ordre.

1852 vit disparaître les pièces d'un et deux liards et
les vieux sous, remplacés par les centimes et leurs
multiples.

En septembre de la même année, le buste du prince-
président de la République est placé dans le grand
escalier de la mairie.

Le projet d'établir un lavoir public apparaît en 1849.
Un premier crédit est voté en 1850, et en 1852 on
s'occupe de cette installation qui fut poursuivie en 1854,
et terminée à la fin de novembre 1855. La dépense
totale s'était élevée à 2.900 fr. qu'on s'était efforcé de
réduire par la vente des peupliers qui longeaient le
Lien entre les deux ponts, mais qui dut être majorée
de 1.293 fr.

Bien que les registres du corps de ville n'en fassent
pas mention, à part les actes de l'état civil, Ruffec eut
à subir deux années de suite une épidémie de choléra.
Dans les premiers jours d'août 1854, à la suite de chaleurs intenses, l'épidémie se manifesta et on compta
jusqu'à vingt-cinq décès dans le mois, ce qui faisait
plus que de quadrupler la moyenne.

M. le docteur Bessette, d'Angoulême, et deux sœurs
hospitalières s'installèrent à la sous-préfecture, dont
le titulaire, M. Jules du Champ-Renou, était mort
quelques semaines avant, à l'âge de 39 ans.

Une souscription publique pour venir au secours des
malades produisit 1.400 fr. Malgré ces soins, le total
des décès pour cette année s'éleva à cent quarante.

1855 vit reparaître et s'étendre l'épidémie qui, malgré
les mesures d'hygiène prescrites par la maire d'alors,

M. Modenel, avoué, gagna un certain nombre de communes, surtout Manslé.

On compta trente-sept décès en septembre.

En juin 1859 une dépêche officielle annonçait l'heureuse issue pour nos armées, de la grande bataille de Solférino, qui devait amener la fin de la guerre d'Italie.

« Toute l'armée autrichienne a donné, disait la » dépêche ; la ligne de bataille avait cinq lieues d'étendue. Nous avons enlevé toutes les positions, pris » beaucoup de canons, de drapeaux et de prisonniers. « La bataille a duré de 4 h. du matin à 8 h. du soir. »

Dépêche historique, qui ne devait pas se renouveler de longtemps pour la France.

L'*Observateur* d'alors, qui venait d'augmenter son format, relate l'enthousiasme avec lequel fut accueillie cette nouvelle.

Le commissaire de police, suivi de son agent portant le drapeau tricolore, devancé par le tambour des sapeurs-pompiers et escorté par un détachement de cet utile corps, en fit l'annonce par toute la ville, en même temps que l'artillerie municipale (la même que celle d'aujourd'hui), envoyait des salves réitérées.

En un clin d'œil, les maisons furent pavoisées aux couleurs nationales, et le dimanche 3 juillet un *Te Deum* d'actions de grâces réunissait à l'église paroissiale les fonctionnaires de tous ordres et les autorités locales.

Le soir, les illuminations furent nombreuses et brillantes ; non seulement la sous-préfecture, l'hôtel de ville furent pavoisés et illuminés, mais sur beaucoup de maisons particulières ce furent des étoiles, des bustes de l'Empereur, des transparents, des lumières partout.

Les souscriptions publiques, les envois de linge
pour les blessés se produisirent dans toutes les communes.

400 prisonniers autrichiens arrivèrent à Angoulême.

Après l'arrondissement d'Angoulême, celui de Ruffec
fut celui qui contribua le plus à l'emprunt national.

Le 7 juillet, une dépêche de Valeggio annonçait une
suspension d'armes, prélude de la paix, qui fut signée
le 12 du même mois à Villafranca.

A cette occasion, l'allégresse générale se reproduisit
avec autant d'intensité et dans les mêmes conditions
que pour la victoire de Solférino.

Dans les campagnes, la nouvelle fut saluée par des
feux de joie et des danses.

M. Pierre-Armand Pinoteau, capitaine d'état-major,
était nommé chevalier de la Légion d'honneur; 14 ans
de services et 2 campagnes.

M. Ferdinand de Béhagle, chef de bataillon au
84e d'infanterie, était promu lieutenant-colonel du
14e de ligne.

M. de Saluces Aristide, ex-sous-lieutenant d'infanterie légère, sous Charles X, maire d'Aizecq, était fait
chevalier de la Légion d'honneur.

En 1864, le Conseil est appelé à donner son avis sur
une demande de défrichement de la forêt de Ruffec,
sollicitée par M. le marquis de Marcieu, Mme la marquise de Bourdeille et Mme la comtesse de Bizemont,
sous prétexte que cette forêt est constamment ravagée;
que les moyens de répression contre les maraudeurs
sont insuffisants; que le chemin de fer qui est venu
la partager en rend l'administration plus coûteuse et
que le sol rendu à la culture deviendrait une source
nouvelle de richesses pour la commune.

Adoptant les conclusions de M. l'inspecteur général des forêts et de M. le conservateur des forêts de Niort, le Conseil, croyant se faire l'interprète de la population pour divers motifs, refuse son autorisation.

Cette affaire revint à la session de février 1865, sur la demande de M. le marquis de Bourdeille, petit-fils de Mme la marquise de Marcieu, mais il n'y fut pas donné suite.

Le 12 juin 1870 fut signé par M. Gallais, maire, le traité qui concédait à M. Cail, propriétaire du domaine des Plants, moyennant la somme de 10.000 fr., le droit d'établir une conduite d'eau partant du *Lien* pour assurer un service régulier à la propriété des Plants et aux bâtiments de servitudes.

La guerre de 1870-71 eut sa répercussion douloureuse à Ruffec, où quelques années plus tard fut érigé le monument de la place de la Gare, à la mémoire des soldats de l'arrondissement morts pour la Patrie.

Tels sont les faits saillants du XIXe siècle.

Le XXe siècle a continué son œuvre.

Divers projets, adoptés par la municipalité, ne tarderont pas à être réalisés, notamment le transfert de l'école communale de filles, actuellement derrière l'église, en un immeuble à construire près du boulevard Duportal, avec emprise dans la propriété Arnaud, tout proche de l'ancienne halle aux grains, incendiée en 1919 et aujourd'hui disparue; la démolition du pâté de maisons avoisinant le marché couvert et parmi lesquelles figure l'ancienne habitation Pinoteau; — l'élargissement de la rue de Valence à sa jonction avec la place du Marché.

Dans la marche du temps, chaque époque laisse son

empreinte particulière, ce qui permet, en cherchant, de retrouver des jalons précieux.

Ainsi, après la guerre de 1870-71, l'avenue de la Gare devint l'avenue Gambetta.

Pendant la guerre de 1914-1918 plusieurs noms de rues et places furent modifiés ainsi :

La route de Montjean, rue Joffre ;

La partie qui longe la gare des marchandises, rue de Strasbourg ;

La partie du boulevard du Nord non comprise dans le boulevard Duportal, est désigné boulevard d'Alsace-Lorraine ;

La route de Civray, rue de Verdun ;

La rue de l'Hôpital, avenue du Maréchal-Foch ;

La route de Confolens, rue du Maréchal-Pétain ;

La place de la halle aux grains, place Clémenceau ;

La rue de la gare des marchandises, rue des Poilus.

Enfin, la rue des Petits-Bancs est dénommée rue Galliéni ;

Et la rue de Valence s'appelle rue Jean-Jaurès.

Mais tant qu'on n'aura pas mis des plaques, les vieilles dénominations restent usitées.

Si l'on remonte plus haut on trouve encore un point de comparaison assez curieux. Au pied de la tour monumentale du château (tour Sainte-Catherine), sur l'autre rive du *Lien*, dans des bâtiments mis à la disposition du « cercle catholique d'études, » par Mlle de Greigueil, pour tenir ses séances et abriter la Société de gymnastique qui en relève, a été aménagée une vaste salle de théâtre qui réunit assez souvent un public nombreux et permet aux habitants de la ville et des environs d'applaudir des pièces à la mode et des chefs-d'œuvre trop peu connus.

Ainsi donc, où nos aïeux faisaient le guet et veillaient

à la défense de leur suprême refuge, les Ruffeccois d'aujourd'hui trouvent délassements dans des réunions parfois très brillantes et toujours morales.

Ce temps vaut bien l'autre !

Voici, croyons-nous, un résumé fidèle du passé de Ruffec, qui pourra servir de point de départ à ceux qui voudront continuer notre œuvre, car le progrès marche à pas plus grands que jamais.

**

Donnons quelques chiffres comparatifs de la période ancienne avec celle d'aujourd'hui.

En 1789, le prix d'un dîner à table d'hôte, dans les hôtels d'Angoulême, était de 1 fr. 75 ; 2 fr. en 1801, 2 fr. 50 en 1818, y compris le vin, qui était la seule boisson consommée.

Le cultivateur s'habillait de serge ou de droguet, ordinairement de couleur grise, étoffes grossières fabriquées dans le département. Pendant bien longtemps, Aunac eut le monopole de ces fabrications, ainsi que celle de la toile. La même pièce d'étoffe, achetée à Pâques ou à la Saint-Jean, servait à habiller toute la famille, à faire gilets, culottes, vestes sans parements, brassières, jupés, confectionnées d'après des modèles invariables, dont les types ont disparu. La façon d'un vêtement coûtait 12 fr. pour costume de ville et de 5 à 5 fr. 50 pour la campagne.

Comme chaussures, une paire de sabots en bois, bien ferrés, qui pesaient de 5 à 6 livres et coûtaient de 1 à 2 fr. Une paire de souliers de ville 6 fr. et de sabots 80 cent. et 1 fr.

La coiffure, presque unique, était un énorme chapeau rond de 20 à 24 pouces de largeur.

Le luxe de toilette des femmes était les belles coiffures et les mouchoirs de cou bigarrés, de couleurs éclatantes.

De 1801 à 1818, le pain blanc valait 18 centimes la livre et le pain second 14 centimes. La viande de bœuf et de veau 40 centimes la livre ; le porc frais 45 cent. ; le beurre 1 fr. 10 ; la douzaine d'œufs de 40 à 45 cent.

L'arrondissement de Ruffec comptait alors 35 ouvriers employés au peignage du lin, dont le salaire moyen était de 2 à 3 fr. par jour, et 260 tisserands qui, n'exerçant ce métier que lorsqu'ils n'avaient pas autre chose à faire, arrivaient à peine à se faire 1 fr. ou 1 fr. 50 par jour. On y fabriquait un total de 60 à 80.000 mètres de toile dite « de lorin » représentant une valeur de 100 à 150,000 fr.

Le drap ainsi fait valait couramment 2 fr. 60 le mètre à la sortie du foulon. Les draps fins provenaient des magasins de Paris.

En ce temps-là, on comptait à Ruffec et aux environs, notamment à Verteuil et Nanteuil, 27 fosses de tanneries, dans lesquelles les peaux de bœufs séjournaient dix mois avant d'être livrées au commerce.

Il y avait en Charente 867 moulins à eau, dont 116 pour l'arroudissement de Ruffec, et 124 à vent (dont 25 pour nous).

En 1801, on comptait en Charente 45 magistrats ou officiers judiciaires, dont les traitements s'élevaient annuellement à 56.762 fr. 50, et 287 notaires, dont le chiffre était réduit à 170 dix ans plus tard, soit encore 6 par canton.

La maréchaussée comptait une dizaine de brigades, dont une à Ruffec et l'autre à Mansle.

Les perceptions étaient au nombre de 153, dont 21 pour l'arrondissement de Ruffec.

Dès ce temps-là, on se plaignait du mauvais entretien des routes, fatiguées par un roulage intensif. Nos aïeux n'avaient pas prévu les automobiles et camions d'aujourd'hui.

Dans notre région, les ponts n'étaient qu'au nombre d'une quinzaine, dont ceux de Verteuil, Condac, Aunac, sur la *Charente.*

Dans le département, on comptait 125 prisons en 1812 et 210 en 1817.

Pendant la période de 1809 à 1817, il avait été détruit 657 loups de toutes tailles, pour la destruction desquels on payait de 100 à 300 fr. de prime par tête, suivant la taille.

Il y avait en Charente, à cette époque, dix à douze familles appartenant à la plus haute et à la plus riche noblesse du royaume. Elles venaient souvent dans leurs terres et y tenaient un train de maison proportionné à leur grande fortune. Cette fortune a été en grande partie anéantie et c'est surtout dans les petites villes de La Rochefoucauld, Ruffec, Jarnac et Chalais, que cette perte fut sensible. Les autres familles nobles de l'Angoumois n'étaient pas riches et presque toutes ne devaient leur illustration qu'aux charges dont elles étaient pourvues. D'autres, qui n'avaient pas émigré au moment de la Révolution, furent ruinées par la suppression des droits féodaux.

**

Voici épuisés, à propos de Ruffec, les sujets qui pouvaient offrir quelque intérêt. Aux notes que nous avons eu à consulter, viennent s'ajouter quelques renseignements relatifs aux environs.

Consignons-les :

GREIGUEIL

La seigneurie de Greigueil était située au lieu de ce nom. La maison noble de Greigueil se trouvait au sommet du coteau qui domine la *Charente*, au point où a été construit le moulin qui porte ce nom. Il est entré avec le fief de la Guionnerie, par un mariage, d'une famille de Quintrie.

Plus tard, la terre de Greigueil s'augmenta de la terre et maison noble de la Fuye qui, en 1682, appartenait à M. Isaac Donnier, avocat au Parlement, seigneur de la Leigne et de la Fuye, qui la donna en dot à son fils Pierre Donnier, lequel contracta mariage avec une demoiselle Jacobé, fille de Me Jacobé, avocat au Parlement, et de Mlle de Marolles.

Dans le contrat de mariage qui fut dressé à l'occasion de cette union, se trouve la description détaillée des immeubles bâtis et non bâtis, tels que cours, jardins, fruitières entourées de murs, allée plantée en avant de la principale entrée de la propriété de la Basse-Tarde, située en face, provenant d'un démembrement du fief du Magnou, et qui avait été bâtie par Isaac Donnier. On trouve encore dans ce contrat la désignation des objets mobiliers meublant ou garnissant ladite maison.

Cette propriété de la Fuye resta un certain temps en la possession de la famille Mimaud, famille que nos recherches nous portent à considérer comme originaire du pays d'Argonne qui, sous l'ancienne monarchie, était si célèbre par l'industrie du verre que le roi Henri IV crut devoir l'encourager en donnant la qualité de gentilshommes aux verriers qui étaient alors en exercice dans ce pays. On trouve en effet, sur les registres paroissiaux de l'église Saint-André de

Ruffec, que les fils aînés des Mimaud portent tous le nom de Mimaud de la Fuye ou Mimaud, seigneur de la Fuye. Cette appellation leur a été conservée jusque vers 1865, époque à laquelle mourut à Ruffec, à un âge très avancé, M. Pierre Mimaud de la Fuye, aîné de sa branche, et qui est mort sans laisser d'enfant mâle.

Cette terre et maison noble de la Fuye passa, dans le cours du XVIII⁰ siècle à M. Avril de Greigueil, qui lui donna alors son nom de Greigueil, qu'il porte actuellement. Le pré qui se trouve à droite de l'allée plantée conduisant au grand portail, conserva seul son nom de pré de la Fuye.

La terre de Greigueil conserva son ancien aspect jusqu'au commencement du XIX⁰ siècle, époque à laquelle, par suite du mariage avec Mⁱˡᵉ de Clairvaux, tant à l'intérieur qu'à l'extérieur, des aménagements y furent apportés. Vers 1895 ou 1896, grâce à l'initiative de Mᵐᵉ Anatole de Greigueil, elle reçut des modifications importantes qui en ont fait la charmante résidence actuelle, avec les pavillons nouveaux, une avenue d'accès traversant un bois de buis aux arbres élevés et garnis de pendentifs de mousse très verte et très légère, un parc merveilleusement tracé et des perspectives du plus heureux effet, ménagées sur la terrasse du bord de l'eau, sur la vallée de la *Charente*, en amont et en aval.

Du moulin, qui est au-dessous de la terrasse du bord de l'eau, partent deux voies d'accès permettant de descendre à droite et à gauche, vers la *Charente*. L'une d'elles, qui suit le coteau de Martreuil, permet d'arriver à l'exploitation agricole de Refousson, au moulin de ce nom et à l'église de Condac, en face laquelle elle débouche sur la route de Ruffec à Confolens.

VILLEGATS

A la Leigne, dans la paroisse de Condac, il existait au lieu où se trouve aujourd'hui le siège de l'exploitation agricole de M. d'Hémery, une exploitation qui était la propriété de la Commanderie de Villegâts, qui avait à sa tête, commé commandeur des chevaliers de Malte, M. le comte de La Roche - Brochart. Il résulte d'un acte dressé par le notaire de la Commanderie, en résidence à Villegats (car la Commanderie avait son notaire), que cette terre changea plusieurs fois de propriétaire.

La Commanderie de Villegats qui, depuis la Révolution, a passé en différentes mains, était donc à ce moment en la possession des chevaliers de l'ordre de Malte. Elle a pu être construite par les chevaliers du Temple, mais cet ordre ayant été détruit sous Philippe le Bel, depuis ce temps elle a été donnée aux chevaliers de Malte, qui subsistent encore en Italie. Le siège de cet ordre devait être d'abord à Rhodes, puis il a passé à Malte, pour revenir à Rome.

Il existe encore une voie d'accès pour piétons qui, de la Commanderie, conduit à la vieille église de Villegats, aboutissant au parvis existant devant la principale entrée de l'église, par une ouverture ornée de deux larges pilastres sur lesquels sont deux lions en pierre sculptée, dont l'un a la tête brisée. L'un a dû être donné par M. Planteau du Breuil à M. Baud, des Martres, son régisseur. La présence de ces deux lions, attribut de la souveraineté, indiquait qu'à cet endroit la Commanderie rendait la justice dans les différends qui s'élevaient entre ses tenanciers. On voit encore à Poitiers, devant le parvis de la porte principale de Sainde-Radégonde, un véritable prétoire avec estrade de pierre ornée d'un lion en pierre sculptée de chaque côté et de bancs installés tout autour. C'était là que les officiers de la collégiale fondée par Sainte-Radégonde rendaient la justice avec leurs tenanciers.

LOGIS DES ADJOTS

Du côté des Adjots se trouve une sorte de tour carrée, dite Pavillon des Adjots. Cet édifice a donné son nom au village d'alentour. Il consiste en une énorme construction rectangulaire, avec façade au midi et à l'est. Les murs sont construits avec des matériaux de bel appareil et ont une épaisseur de 2^m60. Le grès de la pierre de taille indique qu'elle a été extraite d'une carrière ouverte encore dans la commune de Saint-Martin-du-Clocher.

On n'y trouve pas trace de cave.

L'intérieur se compose à chaqne étage d'une vaste pièce rectangulaire qui, au rez-de-chaussée, est voûtée. La voûte est disposée de telle sorte que quand deux interlocuteurs se placent aux angles opposés, ils peuvent s'entendre en parlant à voix basse. A gauche de cette salle et correspondant avec elle, une petite pièce également rectangulaire ayant environ comme surface la moitié de la grande salle. Au bout de cette petite pièce et communiquant avec la grande, est une cage d'escalier dont les marches sont en pierre dure à l'état de neuf. Cet escalier conduit à tous les étages.

Au premier, dont la distribution est la même qu'au rez-de-chaussée, l'étage a 4 mètres au moins de hauteur. Le plafond est fermé par deux belles poutres moulurées sur lesquelles reposent des poutrelles échantillonnées au même calibre. Grande cheminée en pierre de beau style. Il en est de même au deuxième étage. L'escalier n'a pas de rampe.

Ce pavillon devait être évidemment voûté et recouvert à sa partie supérieure. Le sommet des murs a tous ses machicoulis, mais il n'a pas la balustrade en pierre qu'ils étaient destinés à supporter. La toiture qui le recouvre a été évidemment une toiture provisoire et qui n'est en aucune façon en harmonie· avec le style du bâtiment. Sa construction doit remonter vers le règne de Louis XIII ou de Louis XIV.

Antérieurement à cette construction il y avait un modeste castel qui existe encore à côté, entouré d'un mur d'enceinte assez élevé, soutenu par de petites tours.

X

EN POITOU

Pour terminer, il est bon de grouper les documents recueillis sur le Poitou. Ils ont leur intérêt et ce n'est point sortir de notre cadre, puisque la région de Ruffec faisait partie de l'ancienne province.

Comme l'a fait remarquer M. H. Beauchet-Filleau dans une causerie publiée en septembre 1888, il fut un des premiers à provoquer l'attention des érudits sur ce genre d'études et à tenter de vulgariser la connaissance de notre vieux langage, si leste, si énergique, mais aussi dédaigné qu'il est peu connu.

Le patois poitevin, disait-il, est loin d'être une langue ; ce n'est qu'un composé, un produit hybride, un mélange de dialectes auxquels le roman et le picard ont fourni la plus grande part. Placé sur les confins de la langue d'*oc* et de la lange d'*oïl*, il a pris, puisé à pleines mains dans l'une et l'autre et choisi ce qui convenait le mieux à son génie particulier.

Dans la partie du Poitou avoisinant Ruffec, on a conservé pour le mot « oui » la prononciation du nord *(ouail, oueil)*. La langue des troubadours a laissé des traces plus profondes que celle des trouvères ; bien des mots qui lui furent empruntés sont encore usités et l'on est tout étonné de retrouver dans la bouche de quelques paysans qui parlent encore purement le patois de leurs ancêtres, des expressions, des tours de phrases que ne désavouerait pas le bon vieux René d'Anjou, ce troubadour couronné, comme le constate M. L. Favre dans l'introduction de son *Glossaire du Poitou, de l'Aunis et de la Saintonge.*

Mais le patois poitevin, effronté pillard, ne s'est pas contenté d'emprunter au roman et au picard, il a retenu une petite partie de la langue du vieux picton ; le grec et le latin lui ont légué quelques termes ; l'anglo-saxon, par suite de son long séjour dans notre région aux XIIe, XIIIe et XIVe siècles, a laissé comme épaves un petit nombre de ses expressions ; l'allemand lui-même s'y retrouve dans quelques mots provenant sans doute du contact des habitants de ces contrées avec les reitres et les carmagnauds que les chefs protestants avaient appelé à leur aide, au XVIe siècle, dans les luttes contre le catholicisme et la royauté, ce qui justifie les multiples origines de *nout' parlange,* lequel même est loin d'être uniforme dans toutes les parties de notre ancienne province.

Les écrivains qui se sont occupés de son histoire le divisent en plusieurs dialectes distincts, ayant certainement bien des points de contact, mais que différencie souvent et profondément la prononciation. L'un d'eux attribue au patois parlé dans les environs de Melle une douceur, une sonorité, une harmonie que l'on ne retrouve pas ailleurs. Les habitants de Poitiers, de Saint-Maixent, de Niort, de Civray, de Fontenay-le-Comte, ont une prononciation rude et gutturale qui dénote une influence celtique. Quant au langage populaire des Sables-d'Olonne, il se ressent de l'origine espagnole que l'on attribue aux Sablais.

Tel est le rapide historique de l'origine de notre

patois, dont on a pu dire qu'il est un peu comme les mulasses qui naissent sur son sol, capricieux, têtu, réfractaire à la prescription et rétif en tout ce qui voudrait l'empêcher de vagabonder à sa guise.

Sans rien affirmer, on peut bien supposer que l'origine de notre patois poitevin, produit du mélange de la langue d'*oc* et de la langue d'*oïl*, doit remonter à l'époque à laquelle notre Poitou avait son autonomie et était gouverné par des comtes. Ces derniers étaient comme on le sait, tout à la fois comtes du Poitou et ducs d'Aquitaine; en appelant à leur cour les barons de leurs provinces du Midi, ils favorisaient ainsi, d'une manière inconsciente mais incontestable, la fusion des deux idiomes.

Cette action s'étendit sur les productions littéraires des écrivains poitevins, qui ont excellé à tirer parti de leur langage énergique pour dépeindre les mœurs et les coutumes d'alors. Voici un échantillon de ces essais copié sur l'une des Fables de La Fontaine : *La Grenouille qui veut se faire aussi grosse que le Bœuf* :

> Combein de greneuillons thi visant à l'esprit,
> Thi se gonfliant d'orgueil et thi fasant les crânes,
> En creveriant anneut si dans leu propre écritt,
> On preuvait bein qu'hiar l'étiant d'au teites d'ânes.

M. Aug. Gaud, originaire de Javarzay, qui a beaucoup aidé au développement du théâtre populaire en Poitou, a décrit ainsi le pays mellois dans ses *Impressions et Souvenirs* :

Après avoir quitté, du côté de l'est, les champs d'ajoncs et de genêts où gambadent des troupeaux de chèvres, et les bois de châtaigniers au feuillage sombre qui couvrent une partie du canton de Sauzé-Vaussais, le pays poitevin change brusquement d'aspect et l'on

pénètre dans une région moins pittoresque que celle
que l'on vient de traverser, mais qui nous séduit par la
calme beauté de ses paysages et le charme mélan-
colique qui s'en dégage.

Du sommet d'un vaste plateau qui domine toute
la contrée, on aperçoit, dans le lointain, une chaîne de
collines aux arêtes dénudées qui s'étagent en amphi-
théâtre et bornent l'horizon du côté du midi.

Mais, à mesure que l'on s'avance dans cette direction,
l'on découvre successivement une plaine rocailleuse
où ondulent des luzernes, des trèfles et des sainfoins ;
et une longue file de coteaux incultes où parmi les
buissons rabougris et des arbres poussiéreux, pousse
une herbe courte et rare qui jaunit et se recroqueville
dès les premières chaleurs de l'été.

Soudain, comme au fond d'un gigantesque enton-
noir, la vallée de la Boutonne vous apparaît et c'est,
dans l'éloignement, comme une masse houleuse de
verdure, où l'on distingue les cîmes élancées des
peupliers et les frissonnantes chevelures des saules.

Comme un ruban d'argent clair, la rivière, aux
éaux limpides, s'y déroule capricieusement ; elle fait
tourner de nombreux moulins et arrose les ambiantes
prairies où paissent, accroupis dans l'herbe, de grands
bœufs roux aux yeux rêveurs et des génisses à la robe
bringelée et aux cornes noires.

Puis elle se divise en une multitude de minces ruis-
selets qui s'éloignent, se rejoignent et portent partout
aux alentours la fécondité et la fraîcheur.

La vallée, dans toute sa longueur, est d'une remarquable fertilité qui contraste singulièrement avec la
stérilité des pays environnants.

On y récolte en abondance du chanvre, du colza, des
légumes ; ses vergers, plantés de pruniers et de pom-

miers, à l'ombre desquels s'alignent des ruches, produisent d'excellents fruits ; et dans ses gras pâturages,
clôturés de haies touffues, le bétail trouve une nourriture abondante et peu coûteuse. Puis, ce sont des
cultures de maïs et de topinambours dont les tiges
fleuries de soleils d'or et les fines aigrettes se balan-
cent au souffle de la brise ; et des champs de blé qui
étalent, sous le ciel bleu, la nappe blonde de leurs
épis.

Le paysan de cette partie du Poitou se montre moins
sauvage et plus expansif que celui des cantons voisins.
Ses mœurs sont plus douces et sa gaieté plus bru-
yante. Il aime le plaisir, la bonne chère, fréquente as-
sidument les foires et ne manque jamais, le dimanche,
de jouer aux quilles sur la place de son village.

Les femmes sont généralement jolies. Elles portent
la coiffe de dentelles arrondie au sommet et qui,
coquettement posée sur leur chevelure soigneusement
lissée, donne à leur physionomie une expression charmante.

Les hommes, eux, sont faciles à reconnaître à leur
longue blouse bleue, fermée au col par des agrafes
d'argent, à leur accent lent et traînard, ainsi qu'à
leurs manières embobelineuses.

Ce sont de bons laboureurs, fortement attachés à la
terre natale et qui sont demeurés fidèles à leurs vieilles
coutumes que la civilisation, cependant, tend chaque
jour à faire disparaître ; ils ont conservé leur vieux
patois, aux tournures si expressives et dont la ver-
deur et l'originalité nous reportent au temps de Villon
et de Rabelais.

Et vers le soir, à la tombée du crépuscule, quand les
pastoures ramènent leurs troupeaux vers l'étable, des
voix vibrent dans la vallée et l'on entend le refrain

d'une de ces vieilles chansons poitevines, dont la musique au rythme lent et berceur s'harmonise si bien avec le paysage aux teintes indécises qui nous paraît encore plus triste à l'heure où le soleil descend lentement sur l'horizon.

A l'occasion du congrès tenu à Niort en 1896, la Société d'ethnographie nationale et d'art populaire a fait publier, sous le titre : *La Tradition en Poitou et Charentes*, un volume fort intéressant.

Son président, M. Gustave Boucher, y a tracé le but de cette association : Grouper les habitants d'une province restée pieusement fidèle aux vieilles coutumes locales, compatriotes de cette fée Mélusine que les folkloristes ont prise comme symbole de leur amour pour la restauration des traditions nationales; tenter de réveiller dans les diverses provinces de France le culte de l'art et la littérature populaire, sans se faire d'illusions sur la possibilité de provoquer complètement tous les détails de l'ancienne vie provinciale, qui sont de deux sortes : les unes purement d'ordre matériel : expositions d'objets relatifs à une industrie, à un art populaire existant encore ou ayant déjà disparu, coutumes, coiffures, meubles, ustensiles domestiques, instruments de travail, etc.; les autres d'un caractère plutôt intellectuel : musique religieuse, chansons paysannes, exécutions de danses anciennes, représentations d'œuvres dramatiques ou de cérémonies locales.

Sans doute, comme a dit M. André Theuriet, nous ne nous leurrons pas de faire revivre les industries locales disparues, de remettre à la mode les costumes provinciaux abandonnés ; faire apprendre aux enfants les patois que leurs pères eux-mêmes ne parlent plus ! Nous savons que les plus religieux efforts humains ne parviennent pas à redonner la vie aux choses mortes ou moribondes, car, comme le chantait Pierre Dupont :

> Les ans sont comme les rivières,
> Nul n'en peut remonter le cours.

Mais ces choses mortes ont vécu et ont été associées à la vie de nos prédécesseurs. Nos pères ont grandi, aimé et souffert parmi ces curieux meubles de hêtre, de chêne et de noyer, que façonnait le menuisier du pays ; les boîtes oblongues de ces horloges décorées de rustiques peintures ont sonné pour eux les heures graves ou joyeuses ; ils ont parlé ce patois local à la rude mélodie et aux vocables pittoresques ; ils ont été bercés par ces chansons populaires si pleines de naturel et de mélancolie, et s'il est vrai que le milieu ambiant influe sur la pensée, le sentiment et l'imagination, ces reliques du passé ont pour nous autres un double intérêt historique et familial.

Le profit à retirer des efforts tentés par la Société d'ethnographie ne devait pas se borner là. Comme ajoutait M. André Theuriet, en rassemblant les reliques de l'existence d'autrefois, en inventoriant son patrimoine, chaque province se reprendra d'amour pour ces mille objets familiers qui constituaient son originalité et qu'une excessive décentralisation avait fait dédaigner.

Et l'éminent académicien terminait ainsi une conférence faite à Niort en mars 1896, au théâtre du Manège :

« L'audition de nos chansons paysannes ne sera pas sans profit pour les musiciens et les poètes. Ils s'apercevront mieux, en les écoutant, que le secret d'émouvoir et de charmer ne consiste pas dans la recherche des sonorités ou des vocables bizarres, mais dans la justesse de l'accent et la sincérité de l'inspiration ; ils y apprendront à chérir le naturel et à détester la rhétorique et la déclamation.

« Pour ceux qui aiment la langue française et s'intéressent à ses origines, nos vieux patois seront également une étude rafraîchissante et neuve. Nos jeunes
écrivains y pourront découvrir tout un trésor de jolis
mots expressifs, faisant image et imprégnés d'une
savoureuse odeur de terroir. Ce sera un rajeunissement
et un enrichissement pour leur vocabulaire, et ces
richesses seront d'autant plus appréciables pour eux,
qu'ils les puiseront dans le sol national, au lieu de
les aller chercher vainement en des terres exo-
tiques.

« Car ne l'oublions pas, de même que l'âme de la nation
se compose de toutes les âmes éparses sur le territoire,
la grande patrie française est faite de toutes les petites
patries qui enserrent nos forêts, qu'arrosent nos fleuves
et qu'abritent nos montagnes. C'est à la chaleur de ces
humbles foyers locaux que s'allume la belle et pure
flamme du patriotisme. »

Après une série de jolies gravures réprésentant des
intérieurs poitevins, l'ouvrage contient toute la série
des coiffures et des vêtements qui figurèrent à l'exposition de Niort et composant la riche collection de la
Société d'Ethnographie.

Il y a là plus d'une pièce curieuse, depuis l'ancienne
coiffe, dite *grisette* et autres *cayons* et *câlines*, jusqu'aux
coiffes gigantesques du pays de La Mothe - Saint-
Héraye, avec leurs broderies variées aux combinaisons
multiples qui ont donné naissance aux *goulus*, aux
traînées, aux *fusées*, aux *dents de rat*, aux *étarcis en œil
d'oiseau*, *étarcis à la pèleboise*, *étarcis en becs d'amour*,
et autres variétés de coutume *crugée*.

On peut voir à Niort, dans les salles du Donjon, une
exposition permanente des costumes poitevins qui est
intéressante à plus d'un titre,

La Tradition en Poitou et Charentes contient également des détails assez curieux sur l'ensemble des mœurs et coutumes du pays poitevin, mais leur reproduction nous entraînerait trop loin; nous nous bornerons donc à lui faire quelques emprunts :

Après avoir fait une description minutieuse des coiffes, des étoffes pour vêtements et de leur fabrication, l'un des auteurs de la *Comédie-Revue: les Pésans de d'aut' fait*, dit que toutes les pièces du costume dont il parle sont authentiques. Un certain nombre paraîssent remonter au dernier quart du xviiiᵉ siècle, mais toutes ont dû être portées pendant le premier quart du xixᵉ. De 1820 à 1830, l'introduction des cotonnades dans le vêtement, la substitution du pantalon à la culotte, du chapeau rond au chapeau à claque, et un peu plus tard, l'adoption générale de la blouse bleue ont modifié d'une façon complète la physionomie générale des costumes rustiques.

L'Exposition de Niort avait permis de réunir, grâce à des collections particulières, de précieux souvenirs des guerres de Vendée, des pièces rares de bijoux poitevins, des portraits de généraux, des gravures et des eaux-fortes, des objets divers : armes et drapeaux, ordres de marche et de réquisitions, ainsi qu'un grand nombre d'ouvrages anciens du plus haut intérêt.

Elle avait également réuni bien des objets intéressants, relatifs à l'habitation poitevine, à l'ameublement rustique du Poitou depuis le *coffre* jusqu'aux *cabinets* et *bahuts* à loger la vaisselle, les *chenets* ou *landiers* en fer forgé par le maréchal de l'endroit qui, monopolisant la fabrication de tous les ustensiles en fer, étaient très volumineux.

Dans les maisons où l'on pouvait mettre alternativement la poule au pot et le chapon à la broche, le landier était muni de dents où s'accrochait une S soutenant à des hauteurs diverses, selon les dimensions de la volaille, la broche à rôtir, et le sommet de ce même landier s'évasait et se divisait en branches réunies supérieurement par un cercle horizontal, ce qui constituait une sorte de réchaud d'un usage très commode.

Les moyens d'éclairage étaient peu variés. On brûlait des chandelles de résine que l'on façonnait soi-même et qui se plaçaient dans une *lioube* plantée au mur de la cheminée et munie en avant d'un *mors* où s'engageait la chandelle allumée.

Toutefois, l'éclairage poitevin par excellence consistait dans l'emploi du *chareuil* ou *chorail*, petite lampe en fer ou en cuivre ayant la forme de la lampe grecque, mais qui, au lieu de reposer sur un pied, se suspendait à l'aide d'un crochet. On ne brûlait anciennement dans le chareuil que de l'huile de noix récoltée dans le pays et plus tard des huiles de colza et d'œillette.

En poursuivant nos investigations, dit M. Gelin, conservateur du Musée de la Société du Costume poitevin, nous trouvons encore divers meubles et accessoires : la *maie* ou pétrin, quelquefois placée dans la pièce principale ; dans l'intervalle des fournées elle sert de garde-manger ou de réceptacle pour les vases à lait : *ponettes*, terrasses, pots de grès, etc.

Quand la famille avait des bébés, la maison était envahie par les berceaux, promenoirs, *bourgnes* ou haillottes, virounoux. Au-dessus de la cheminée, le vieux fusil à *pierre*, à un seul coup, transformé fréquemment en fusil à *piston*. Dans un coin, la ménagère accrochait la poche à caillé, où s'égoutte le fromage, en attendant de se mouler dans la *faisselle* en terre ou en bois et de sécher sur la planche à fromages à côté du tenailler.

Enfin sur la question du costume, un régionaliste a écrit dans le *Mellois*, en juillet 1921 :

Y a-t-il jamais eu un costume Poitevin ? c'est-à-dire un costume porté exclusivement par les paysans du Poitou, et nettement différencié des costumes portés dans les autres provinces ? Oui, très probablement, surtout si l'on considère certaines régions et certaines époques. C'est ainsi que le vêtement porté au xviii° siècle par les pellebois et caractérisé par l'immense chapeau de feutre dont le félibre Mélivier a réuni tant d'exemplaires, semble bien une caractéristique du pays mellois à cette époque.

Cependant, si nous mettons à part le chapeau, et si nous considérons sans parti-pris le costume en lui-même, nous le trouvons composé d'une culotte serrée aux genoux, d'un gilet et d'une veste courte qui, sous Louis XV, deviendra un habit à la française.

C'était en somme ainsi que l'on s'habillait partout en France. Seulement, le bourgeois portait du drap, le gentilhomme du satin, tandis que nos bons campagnards portaient tous, comme un uniforme, une sorte de droguet gris bleu, doublé de forte toile, très analogue aux tissus de mauvaise qualité dont nous avons vu nos soldats vêtus pendant la guerre et que nous voyons encore sous le nom de bleu horizon.

Les femmes portaient des jupes plissées à la taille et se couvraient le buste d'une sorte de casaquin. Allez au théâtre Français entendre une pièce de Molière, et vous y verrez les accortes servantes de cet immortel répertoire accoutrées exactement de cette même façon.

Enfin, jusqu'à ces tout dernières années les femmes de La Mothe portaient un élégant costume qui passait pour être absolument local. Or, en réalité, ce costume était exactement celui des grisettes de 1830, comme on peut s'en assurer en consultant les dessins de Gavarni.

En somme, à y regarder d'un peu près, nos paysans et artisans Poitevins s'habillaient jadis suivant la mode du temps et ne se distinguaient sans doute de leurs contemporains des autres provinces que par l'étoffe employée. Seulement, ils demeuraient pendant une longue période fidèles à la même coupe et celle-ci était depuis longtemps abandonnée par les citadins alors qu'elle demeurait toujours en faveur dans nos bourgades. C'est ainsi que nos Mothaises ont conservé jusqu'à ces dernières années des ajustements adoptés au commencement du xixᵉ siècle par leurs bisaïeules.

La même chose s'est produite pour la coiffure, mais avec beaucoup plus de lenteur encore.

La coiffe fut universellement portée en France par les femmes de toutes conditions, depuis une époque extrêmement reculée jusqu'à la Révolution. Au moyen-âge et particulièrement sous Charles VI, la coiffe vit s'accroître ses dimensions et se compliqua de toutes sortes d'ornements. L'Eglise, à cette époque, crût même devoir s'élever contre l'extravagance de ces parures, où le velours se mêlait aux dentelles et aux pierreries. Il est à croire que nos paysannes cherchèrent à imiter de loin les grandes dames et adoptèrent alors, dans chaque région, le type de coiffe qù'elles avaient habituellement sous les yeux. Puis, peu à peu, le modèle adopté se fixa, perpétué dans chaque village par une tradition que se transmettaient les lingères. Un érudit comme M. Gelin pourrait seul nous dire à quelles dates probables ont paru les différentes coiffes de chez nous : le capot, la crèchoise, la saintongeoise, le petit bonnet de Lezay, le caillon de La Mothe et la toute récente Malvina.

Tout cela est en train de disparaître sous nos yeux, au grand désespoir des artistes, et redeviendra peut-être à la mode un jour ou l'autre, quand nos élégantes citadines ayant épuisé tous les genres de coiffures que leur extravagance pourra leur suggérer, reviendront au linge et à la dentelle, abandonnant les divers paillassons dont elles se couvrent aujourd'hui le chef.

L'esthétique ne pourra qu'y gagner.

Malheureusement nous sommes à une époque de transition et cela est surtout sensible à la campagne. Les filles de nos riches fermières n'hésitent pas à payer fort cher des chapeaux souvent ridicules, mais conformes à la mode du jour. Les autres, moins fortunées, semblent vouloir adopter une sorte de canotier simple et, somme toute, assez pratique, mais, à dire vrai, peu seyant. Beaucoup n'ont un chapeau que pour les grandes circonstances. En temps ordinaire, elles sortent volontiers la tête nue ou simplement enveloppée d'un voile. Il y a peut-être là une indication pour l'avenir.

Au total, pour les femmes comme pour les hommes, la question du costume campagnard est en suspend et la solution reste à trouver.

Après une notice sur la Mélusine, femme-serpent dont les auteurs attribuent l'existence à l'Orient et autour de laquelle ont été développées bien des légendes, vient, dans *La Tradition en Poitou et Charentes*, le récit de faits relatifs à la superstition en Poitou. M. Casimir Puichaud, sollicité d'écrire ce chapitre, disait : « Le mysticisme a toujours existé chez nous. Il y aura longue vie encore ; j'en acquiers chaque jour la preuve. »

Et il parle des farfadets, des trésors cachés, dont il explique la présence en grand nombre dans les arrondissements de Bressuire et de Parthenay où la guerre, depuis des milliers d'années a sévi constamment, et où autour de chaque habitation notable sont enterrés, selon la tradition, des trésors.

Puis il y a la légende des feux follets et de la Chasse Gallery, dont on parle encore parfois dans nos campagne.

Un sire de Gallery, en expiation de la faute qu'il avait commise, de chasser le dimanche pendant la grand'messe, fut condamné à chasser de nuit dans les plaines éthérées jusqu'à la consommation des siècles. Sa meute endiablée descend quelquefois sur la terre.

Il y a aussi la légende de ceux qui vendent leur âme au diable ; celles du cheval Mallet ; du Garou ; de l'homme en peine, etc.

Au commencement du xvie siècle, le fils d'un chambellan du roi Louis XVI, François de Rochechouart, ancien gouverneur de Gêne, fit construire à Javarzay un superbe château dont on aperçoit les murailles crénelées, surmontées de deux tourelles en poivrière à travers les feuillages sombres des ifs et des pins séculaires.

On y remarque vers le milieu, au-dessus du porche qui conduit à l'ancienne chapelle, une vieille tour carrée où, d'après une antique légende, un époux cruel et jaloux fit enfermer sa femme, la blonde Yolande, après avoir fait poignarder sous ses yeux le page Amaury, son amant.

L'église de Javarzay, qui appartient au style romano-bysantin, fut construite au XII° siècle et s'élève à peu de distance du château.

Sous le patronage de Saint-Chartier, dont la statue était l'objet d'une grande vénération de la part des fidèles, elle était, à l'époque de sa fête, visitée par de nombreux pèlerins, car elle possédait de précieuses reliques qui lui avaient été léguées par un contemporain de Rabelais, le cardinal Péraud, et qui disparurent pendant les guerres de religion.

Les femmes, qui portaient la jupe de droguet bleu clair et la haute coiffe de percale, marchaient en tête du cortège en égrenant leurs chapelets, tandis que les hommes, au teint couleur de brique et vêtus de la longue blouse luisante d'un bleu sombre, suivaient la procession.

Tous pénétraient dans la nef et s'agenouillaient dévotement devant la statue du saint dont ils imploraient la puissante protection, à la lueur vacillante des cierges qui brûlaient dans des chandeliers de bois avec bobèches de cuivre, et déposaient leurs offrandes, qui consistaient, pour les laboureurs, en une gerbe de blé ou un gâteau du pure farine de froment; les jeunes époux lui faisaient hommage d'un pot de miel ou de deux tourterelles, et d'autres, parmi les plus riches, apportaient un jeune chevreau ou la toison d'une brebis.

A l'ombre du clocher revêtu d'ardoises et dont le coq de bronze reluit au soleil, s'étend une petite

place, ombragée de tilleuls, où les paysans se rassem-
blaient chaque dimanche, en attendant l'heure de la
messe, pour y causer de l'état des récoltes et des
événements du jour.

Mais tout cela est bien loin et comme l'a dit le poète
Emile Dutiers, nous verrons disparaître, en même
temps que la dernière coiffe blanche, cet oiseau de linge
dont les ailes frissonnantes effleuraient le front des
paysannes et rehaussaient l'éclat de leur teint et de
leur beauté, toute la poésie de vie provinciale.

Un chapitre curieux de la *Tradition en Poitou et
Charentes* est celui relatif aux pratiques empiriques
sur les personnes et les animaux, témoignages de cau-
deur et de naïveté chez nos bons aïeux.

Si, au xviiie siècle et pendant une bonne partie
du xixe, les médecins, communément désignés sous le
nom de *silugiens* ou chirurgiens, assez rares d'ailleurs
à la campagne, n'étaient guère réclamés que des gens
riches ou aisés, il y avait cependant tout un monde de
praticiens dont l'art et le talent, passablement équivoques, faisaient merveille parmi le peuple.

Outre les charlatans ou arracheurs de dents, qui
couraient les foires, opéraient en public et vendaient
force drogues et onguents merveilleux, attirant l'attention de la foule par leur musique étourdissante et
leurs jongleries, on voyait dans chaque bourg et village
des sorciers, des devins, des panseurs, des panseuses,
des toucheurs, des toucheuses pour tous les maux,
tant à l'usage des personnes que des animaux; de
bonnes commères aux remèdes infaillibles; des rebou-
teurs pour les luxations, entorses ou foulures; enfin,
par dessus tout, le guérisseur universel, qui n'était
pas commun.

Suivent les indications de divers remèdes employés dans cetains cas ! Il y en avait de fort curieux, assez malpropres, mais aussi de fort simples, parmi lesquels il en est un toujours en usage : faire *godaille* ou faire *chabrole* c'est-à-dire rincer son assiette à soupe avec un coup de vin rouge pur que l'on avale d'un trait, c'était gagner quarante sous sur le médecin.

La sorcellerie en Poitou a fourni à M. Gustave Boucher une trentaine de pages qui relatent les exploits de deux hommes du temps : Gilles de Retz, qui chercha le secret de la fabrication de l'or, et Urbain Grandier, contemporain de Jeanne d'Arc, auquel on a reproché de nombreux meurtres d'enfants.

Les gâteaux du Poitou, longtemps renommés, ont encore bonne réputation et on les trouve assez fréquemment dans nos frairies.

En premier lieu sont les *échaudés*, d'origine très ancienne ; la *fouace*, qui se fait un peu partout, variée suivant les régions, et que Rabelais qualifiait de délicieux mangier ; les *casse-gueules*, les *casse-museaux*, d'origine angoumoisine, ainsi nommés parce que celui qui les servait aux autres les jetait au visage d'une manière grotesque ; enfin les *cornuelles*, gâteau triangulaire, percé de trois trous, dont les enfants n'ont cessé de garnir les buis bénis du dimanche des Rameaux ; les *mélusines*, qui se faisaient en gâteaux à un sou et de grande dimension pour les fêtes et banquets. Ce dernier modèle, qui se faisait sur commande, au prix d'un écu, avait un diadème sur la tête, et formait un corps écailleux terminé en queue de poisson.

Un dessert qui se rencontrait chaque dimanche sur la table de tous les artisans poitevins, c'était le *plat de mil.* Il se composait de laitage additionné de la graine écorcée du millet et cuit à une douce chaleur. Chaque cultivateur ensemençait jadis son *carré* de millet, et bien que le riz ait supplanté depuis environ cinquante ans la graminée indigène, on trouve encore fréquemment, accoté à quelque pilier de hangar, dans les fermes, une sorte de mortier de pierre d'un peu moins de un mètre de haut, et où la graine de millet était pilée et décortiquée à l'aide d'un pilon de bois muni à son extrémité inférieure d'un clou à tête très large garnie de canelures.

TABLE DES CHAPITRES

www.ingramcontent.com/pod-product-compliance
Lightning Source LLC
LaVergne TN
LVHW021940060726
842528LV00001B/240